KAREL ČAPEK

DER KRIEG MIT DEN MOLCHEN

KARAL ČAPEK Válka s mloky (1936)

Deutsch von Eliška Glaserová
Illustrationen von Hans Ticha

KAREL ČAPEK

DER KRIEG MIT DEN MOLCHEN

BÜCHERGILDE
GUTENBERG

ERSTES BUCH ANDRIAS SCHEUCHZERI

ZWEITES BUCH STUFE UM STUFE ZUR ZIVILISATION

DRITTES BUCH DER KRIEG MIT DEN MOLCHEN

ERSTES BUCH

ANDRIAS SCHEUCHZERI

1 Das absonderliche Wesen des Kapitäns van Toch

Kapitän van Toch

Wer die Insel Tana Masa auf der Landkarte suchte, fände sie genau am Äquator, ein wenig westlich von Sumatra; fragt man aber Kapitän J. van Toch an Bord der Kandong Bandoeng, was es mit dieser Tana Masa, wo er soeben vor Anker ging, auf sich hat, wird er zunächst mächtig schimpfen und dann sagen, dies sei das dreckigste Loch auf den ganzen Sundainseln, noch viel gottverlassener als Tana Bala, aber zumindest ein ebenso verdammter Fleck Erde wie Pini oder Banjak; der einzige Mensch, der dort lebe – die lausigen Bataks natürlich nicht mitgerechnet – sei ein betrunkener Agent, eine Kreuzung zwischen Kubu und Portugiesen und ein noch größerer Gauner, Heide und Schweinehund als ein ganzer Kubu und ein ganzer Weißer zusammengenommen; und wenn es etwas Verdammtes auf der Welt gäbe, dann sei es das verdammte Leben auf dieser verdammten Tana Masa, Herr. Worauf man ihn offenbar fragen würde, warum er denn hier seinen verdammten Anker geworfen habe, als wollte er verdammte drei Tage lang dableiben. Und er würde zornig fauchen und etwas in dem Sinne brummen, daß die Kandong Bandoeng bloß wegen der verdammten Kopra oder des Palmöls bestimmt nicht hierhergekommen wäre, das versteht sich von selbst, und übrigens geht Sie das nichts an, Herr, kümmern Sie sich freundlichst um Ihre eigenen Angelegenheiten. Und er würde so ausgiebig und weitschweifig fluchen und schimpfen, wie es sich für einen älteren, aber für sein Alter noch rüstigen Kapitän geziemt.

Wenn man aber, statt vorwitzige Fragen zu stellen, es lieber Kapitän van Toch überließe, nach Herzenslust für sich zu brummen und zu fluchen, würde man vielleicht mehr erfahren. Sieht man es ihm denn nicht an, daß er seinem Herzen Luft machen muß? Laßt ihn nur, seine Erbitterung wird schon von selbst ein Ventil finden. »Also bitte, Herr«, bricht es aus ihm hervor, »diese verdammten Kerls da oben in Amsterdam besinnen sich auf einmal, Perlen sollen es sein, Mensch, schauen Sie sich nach Perlen um. Die Leute sind jetzt ganz verrückt auf Perlen, sagen sie, und überhaupt.« Hier spuckt der Kapitän erbittert aus. »Versteht sich, Pinkepinke in Perlen anlegen! Das kommt davon, daß ihr alle fortwährend Krieg führen wollt, oder was weiß ich. Angst ums Geld, darum dreht sich's. Und das nennt man dann Krise, Herr.« Kapitän J. van Toch zögert einen Augenblick, ob er sich in ein Gespräch über volkswirtschaftliche Fragen einlassen soll; heutzutage spricht man ja über nichts anderes. Nur ist man in dieser Hitze vor Tana Masa zu träge; Kapitän van Toch macht nur eine Handbewegung und brummt: »Leicht gesagt, Perlen, Herr, auf Ceylon ist schon alles auf zehn Jahre ausgepowert, auf Formosa ist das Perlenfischen verboten. – Na, dann sehen Sie eben zu, Kapitän van Toch, kriegt man gesagt, daß Sie neue Fundstätten entdecken. Fahren Sie doch mal zu diesen verdammten Inseln, vielleicht finden Sie da ganze Muschelbänke ...« Der Kapitän trompetet verächtlich in sein himmelblaues Taschentuch. »Diese Landratten in Europa stellen sich vor, daß man hier noch was finden kann, wovon niemand weiß! Donnerwetter noch mal, sind das Hornochsen! Ein Wunder, daß sie nicht von mir verlangen, ich soll den Bataks in die Nasenlöcher gucken, ob sie nicht Perlen ausschneuzen. Neue Fundstätten! In Padang ist ein neues Bordell, das ja, aber neue Fundstätten? Herr, ich kenn die ganzen Inseln hier wie meine Hosentasche ... von Ceylon bis zu dem verdammten Clipperton Island und noch weiter ... Wenn sich jemand einbildet, hier findet sich noch was, woran sich verdienen läßt, dann glückliche Reise, Herr! Dreißig Jahre fahre ich diese Route, und jetzt wollen die Trottel, daß ich hier etwas entdecke!« Kapitän van Toch erstickte fast an dieser beleidigenden Zumutung. »Sollen sie doch irgendein Greenhorn herschicken, der wird ihnen was entdecken, daß sie die Augen nur so aufreißen; aber so etwas von jemandem verlangen, der sich hier auskennt wie Kapitän van Toch ... Na, sagen Sie selbst, Herr! In Europa, ja, da ließe sich noch allerhand entdecken, aber hier ... Hierher kommen die Leute doch nur, um herauszuschnüffeln, ob es was zu fressen gibt, und nicht einmal zu fressen: zu kaufen und zu verkaufen, Herr. Wenn in den ganzen verdammten Tropen noch was wäre, was eine Dubbeltje wert ist, gleich stehen drei Agenten dabei und winken mit ihren verrotzten Schnupftüchern den Schiffen von sieben Staaten, damit sie dort anlegen. So ist das, mein Herr. Ich kenn mich hier besser aus als das Kolonialamt Ihrer Majestät der Königin, mit Verlaub.« Kapitän van Toch überwindet nur mit Mühe seinen gerechten Zorn, was ihm erst nach längerem Poltern gelingt. »Sehen Sie die beiden elenden Faulenzer dort? Das sind Perlenfischer aus Ceylon, Gott steh mir bei, Singhalesen, wie sie der Herrgott erschaffen hat; aber warum er sie erschaffen hat, weiß ich wirklich nicht. Das führ ich jetzt mit mir herum, Herr, und wo ich irgendein Stückchen Küste finde, an dem nicht Agency oder Bata oder Zollamt geschrieben steht, lasse ich das ins Wasser hinunter, um Perlmuscheln zu suchen. Der kleinere Gauner taucht bis achtzig Meter tief; drüben auf den Prince Islands hat er aus einer Tiefe von neunzig Metern die Kurbel von einem kinematographischen Apparat herausgefischt, Herr, aber Perlen, wo denken Sie hin! Nicht die Spur! Ein elendes Gesindel, diese Singhalesen. Also sehen Sie, solch eine verdammte Arbeit hab ich, tun, als ob ich Palmöl kaufen wollte, und dabei neue Perlenfundstätten suchen. Am Ende werden sie noch von mir verlangen, daß ich einen jungfräulichen Kontinent entdecke! Ist das eine Arbeit für einen rechtschaffenen Handelsmarinekapitän, Herr? J. van Toch ist doch kein verfluchter Abenteurer, Herr. Nein, mein Herr.« Und so weiter. Das Meer ist groß und der Ozean der Zeit hat keine Grenzen; du spuckst ins Meer, Mensch, und es schwillt nicht an, du haderst mit deinem Schicksal und änderst es nicht; und so sind wir nach vielen Vorbereitungen und Umständen endlich so weit, daß der Kapitän des holländischen Dampfers Kandong Bandoeng, J. van Toch, unter Seufzen und Fluchen in das Boot hinabklettert, um beim Kampong auf Tana Masa auszusteigen und mit der betrunkenen Kreuzung zwischen Kubu und Portugiesen über geschäftliche Angelegenheiten zu verhandeln.

»Sorry, Captain«, sagte schließlich die Kreuzung zwischen Kubu und Portugiesen, »aber hier auf Tana Masa wachsen keine Muscheln. Die dreckigen Bataks«, sagte er mit maßlosem Ekel, »fressen sogar Medusen, sie sind mehr im Wasser als auf dem Land, die Frauen stinken nach Fisch, das können Sie sich überhaupt nicht vorstellen – was hab ich sagen wollen? Aha, Sie haben nach Weibern gefragt.«

»Und gibt es nicht irgendein Stückchen Küste«, fragte der Kapitän, »wo diese Bataks nicht ins Wasser gehen?«

Die Kreuzung zwischen Kubu und Portugiesen schüttelte den Kopf. »Nein, Herr. Höchstens Devil Bay, aber das ist nichts für Sie.«

»Warum nicht?«

»Weil ... dort niemand hin darf. Soll ich Ihnen einschenken, Kapitän?«

»Thanks. Sind Haifische dort?«

»Haifische und überhaupt«, murmelte der Mischling. »Ein schlechter Platz, Herr. Die Bataks würden es nicht gern sehen, wenn sich dort jemand zu schaffen machte.«

»Warum?«

»... Es sind Teufel dort, Herr. Seeteufel.«

»Was ist ein Seeteufel? Ein Fisch?«

»Nein, kein Fisch«, erwiderte der Mischling ausweichend. »Eben ein Teufel, Herr. Ein Seeteufel. Die Bataks nennen ihn Tappa. Tappa. Sie sollen dort eine ganze Stadt haben, die Teufel. Darf ich einschenken?«

»Und wie sieht so was aus ... so ein Seeteufel?«

Die Kreuzung zwischen Kubu und Portugiesen zuckte die Achseln. »Wie ein Teufel, Herr. Ich hab einmal einen gesehen ... das heißt, nur den Kopf. Ich kam im Boot von Cape Haarlem ... und auf einmal steckt er vor mir den Schädel aus dem Wasser.«

»Na und? Wie sieht er aus?«

»Also einen Schädel hat er ... wie ein Batak, Herr, aber ganz kahl.«

»War es nicht wirklich ein Batak?«

»Nein, Herr. An der Stelle geht doch kein Batak ins Wasser. Und dann ... es hat mir mit den *untren Augenlidern* zugezwinkert, Herr.« Der Mischling schüttelte sich vor Grauen. »Mit den untren Lidern, sie gehen über das ganze Auge. Das ist der Tappa.«

Kapitän J. van Toch drehte das Glas mit dem Palmwein in seinen dicken Fingern. »Und waren Sie nicht vielleicht betrunken? Besoffen waren Sie nicht?«

»Aber natürlich, Herr. Sonst wär ich doch dort nicht vorbeigerudert. Die Bataks sehen es nicht gern, wenn man den ... Teufeln in die Quere kommt.«

Kapitän van Toch schüttelte den Kopf. »Mensch, Teufel gibt's keine. Und wenn, dann müßten sie wie Europäer aussehen. Es war vielleicht bloß ein Fisch oder so was.«

»Ein Fisch«, stotterte die Kreuzung zwischen Kubu und Portugiesen, »ein Fisch hat keine Hände, Herr. Ich bin kein Batak, Herr, ich bin in Badjoeng in die Schule gegangen ... vielleicht kann ich sogar noch die Zehn Gebote und andere wissenschaftlich bewiesene Lehren; ein gebildeter Mensch erkennt doch, was ein Teufel und was ein Tier ist. Fragen Sie nur die Bataks, Herr.«

»Das ist bloß Aberglaube, das haben Sie von den Schwarzen«, erklärte der Kapitän mit dem jovialen Übergewicht des gebildeten Mannes. »Wissenschaftlich ist es Unsinn. Ein Teufel kann doch nicht im Wasser leben. Was soll er dort? Du darfst nichts auf das Geschwätz von Eingeborenen geben, mein Junge. Jemand hat der Bucht den Namen Teufelsbai gegeben, und seitdem fürchten sich die Bataks davor. So ist das«, sprach der Kapitän und schlug mit seiner dikken Hand auf den Tisch. »Nichts ist dort, Junge, das ist doch wissenschaftlich einwandfrei klar.«

»Ja, Herr«, stimmte die Kreuzung bei, die in Badjoeng zur Schule gegangen war. »Aber kein vernünftiger Mensch hat in der Devil Bay etwas zu suchen.«

Kapitän van Toch wurde rot. »Was?« schrie er. »Du dreckiger Kubu, du glaubst wohl, ich werde mich vor deinen Teufeln fürchten? Das wollen wir doch einmal sehen«, sagte er und erhob sich in der ganzen mächtigen Fülle seiner rechtschaffenen zweihundert Pfund. »Ich werde mit dir hier nicht meine Zeit vertrödeln, ich habe business zu tun. Aber eins merk dir: In den holländischen Kolonien gibt es keine Teufel; wenn es welche gibt, dann in den französischen. Dort könnten schon welche sein. Und jetzt ruf mir mal den Vorsteher von diesem verdammten Kampong.«

Der besagte Würdenträger mußte nicht lange gesucht werden; er hockte neben dem Laden des Mischlings und kaute Zuckerrohr. Es war ein nackter älterer Herr, aber weit magerer als Gemeindevorsteher in Europa zu sein pflegen. Hinter ihm hockte, unter Einhaltung der gebührenden Distanz, das gesamte Dorf mit Frauen und Kindern, augenscheinlich in Erwartung, gefilmt zu werden.

»Also, hör mal, Junge«, sprach ihn Kapitän van Toch auf malaiisch an (er hätte ebensogut Holländisch oder Englisch sprechen können, denn der ehrwürdige alte Batak konnte kein Wort Malaiisch, und die Kreuzung zwischen Kubu und Portugiesen mußte die ganze Rede des Kapitäns ins Batakische verdolmetschen; aber aus irgendwelchen Gründen hielt der Kapitän Malaiisch für geeigneter. »Also hör mal, Junge, ich würde ein paar große, starke, mutige Burschen zum Fischen brauchen. Zum Fischen, verstehst du?«

Der Mischling übersetzte, und der Vorsteher nickte, ja, er habe verstanden, worauf er sich an das übrige Auditorium wandte und eine Rede hielt, die sichtlich von Erfolg begleitet war.

»Der Häuptling sagt«, dolmetschte der Mischling, »daß das ganze Dorf mit dem Tuan Kapitän fischen geht, wohin der Tuan will.«

»Na, siehst du. Sag ihnen also, wir gehen in die Devil Bay, Muscheln fischen.«

Kapitän van Toch

Mischling zwischen Kubu und Portugiesen

Es folgte ein viertelstündiges aufgeregtes Hin und Her, an dem sich das ganze Dorf beteiligte, besonders die alten Frauen. Endlich wandte sich der Mischling dem Kapitän zu. »Sie sagen, Herr, in die Devil Bay kann man nicht.«

Der Kapitän lief rot an. »Und warum nicht?«

Der Mischling zuckte die Achseln. »Weil Tappa-Tappa dort sind. Teufel, Herr.«

Der Kapitän begann violett anzulaufen. »Dann sag ihnen, wenn sie nicht gehen ... schlag ich ihnen alle Zähne aus ... reiß ich ihnen die Ohren ab ... häng ich sie auf ... und verbrenn ihren lausigen Kampong, verstanden?«

Der Mischling übersetzte redlich, worauf wieder eine längere, lebhafte Beratung folgte. Endlich wandte sich der Mischling dem Kapitän zu. »Sie sagen, Herr, sie werden sich in Padang bei der Polizei beschweren, daß ihnen der Tuan gedroht hätte. Dafür, sagen sie, gibt es Paragraphen. Der Häuptling sagt, er läßt das nicht auf sich beruhen.«

Kapitän van Toch lief blau an. »Dann sag ihm«, brüllte er, »daß er ...«, und er sprach ohne Atempause gute elf Minuten lang.

Der Mischling übersetzte, soweit sein Wortschatz reichte, und nach einer neuerlichen, zwar langen, aber sachlichen Beratung der Bataks, verdolmetschte er dem Kapitän: »Sie sagen, Herr, sie wären also bereit, von einer gerichtlichen Verfolgung abzusehen, wenn der Tuan Kapitän der hiesigen Behörde eine Strafe zahlt. Sie verlangen«, er zögerte, »zweihundert Rupien, aber das ist etwas viel, Herr. Bieten Sie ihnen fünf an.«

Die Farbe Kapitän van Tochs begann sich in braunrote Flecken aufzulösen. Zuerst bot er die Ausrottung aller Bataks auf der ganzen Welt an, dann ging er auf dreihundert Fußtritte herunter, und schließlich wollte er sich damit begnügen, den Häuptling für das Kolonialmuseum in Amsterdam ausstopfen zu lassen. Die Bataks dagegen gingen von zweihundert Rupien auf eine eiserne Pumpe mit Radantrieb zurück, und schließlich bestanden sie auf einem Benzinfeuerzeug. (»Geben Sie es ihnen, Herr«, redete ihm die Mischung zwischen Kubu und Portugiesen zu, »ich habe drei Feuerzeuge auf Lager, aber ohne Docht.«)

So wurde der Friede auf Tana Masa wiederhergestellt, aber Kapitän J. van Toch wußte, daß nun das Prestige der weißen Rasse auf dem Spiel stand.

Am Nachmittag stieß von dem holländischen Schiff Kandong Bandoeng ein Boot ab, in welchem insbesondere anwesend waren: Kapitän J. van Toch, der Schwede Jensen, der Isländer Gudmundson, der Finne Gillemainen und die beiden singhalesischen Perlenfischer. Das Boot fuhr geradewegs zur Devil Bay.

Um drei Uhr, als die Ebbe ihren Tiefstand erreicht hatte, stand der Kapitän am Ufer, das Boot kreuzte etwa hundert Meter vor der Küste, um nach Haifischen Ausschau zu halten, und die Singhalesen warteten, das Messer in der Hand, auf das Zeichen, ins Wasser zu springen.

»So, jetzt du«, befahl der Kapitän dem größeren der beiden nackten Männer. Der Singhalese sprang ins Wasser, watete einige Schritte und versank in der Tiefe. Der Kapitän schaute auf die Uhr.

Nach vier Minuten zwanzig Sekunden tauchte etwa sechzig Meter links ein brauner Kopf auf; in seltsamer, verzweifelter und doch paralysierter Hast klomm der Singhalese an den Felsblöcken empor, in der einen Hand das Messer zum Abschneiden der Muscheln, in der andern eine Perlmuschel.

Der Kapitän runzelte die Stirn. »Na, was ist denn?« sagte er scharf.

Immer wieder glitt der Singhalese ab, von einem Felsblock zum andern, sein Atem ging laut und stoßweise vor Grauen.

»Was ist geschehen?« fragte der Kapitän.

»Sahib, Sahib«, stöhnte der Singhalese und sank keuchend aufs Ufer. »Sahib . . ., Sahib . . .«

»Haifische?«

»Dschinns«, stöhnte der Singhalese auf. »Teufel, Herr. Tausende, Tausende Teufel.« Er bohrte die Fäuste in die Augen. »Lauter Teufel, Herr!«

»Zeig mal die Muschel her«, befahl der Kapitän und öffnete sie mit dem Messer. Eine kleine, reine Perle lag darin. »Mehr hast du nicht gefunden?«

Der Singhalese zog drei weitere Muscheln aus dem Beutel, der ihm am Hals hing. »Muscheln sind da, Herr, aber die Teufel bewachen sie . . . Sie haben mir zugeschaut, als ich sie abschnitt . . .« Sein buschiges Haar sträubte sich vor Entsetzen. »Sahib, hier nicht!«

Der Kapitän öffnete die Muscheln; zwei waren leer, die dritte enthielt eine erbsengroße Perle, rund wie ein Quecksilbertropfen. Kapitän van Toch blickte abwechselnd auf die Perle und den auf der Erde zusammengesunkenen Singhalesen. »Du«, sagte er zögernd, »möchtest du nicht noch einmal hinunter?«

Der Singhalese schüttelte wortlos den Kopf.

Kapitän J. van Toch hatte schon einen starken Fluch auf der Zunge; zu seiner eigenen Überraschung jedoch hörte er sich leise, fast sanft sprechen: »Hab doch keine Angst, Junge. Wie sehen sie denn aus ... deine Teufel?«

»Wie kleine Kinder«, hauchte der Singhalese. »Sie haben einen Schwanz, Herr, und so groß sind sie«, er zeigte etwa einen Meter zwanzig vom Boden. »Sie standen um mich herum und guckten zu, was ich mache ... rundherum standen sie ...« Der Singhalese schlotterte. »Sahib, Sahib, hier nicht!«

Kapitän van Toch überlegte. »Hör mal, und zwinkern sie nicht vielleicht mit dem untren Augenlid?«

»Ich weiß nicht, Herr«, antwortete der Singhalese heiser. »Es sind, es sind ... zehntausend!«

Der Kapitän sah sich nach dem anderen Singhalesen um; der stand etwa hundertfünfzig Meter entfernt und wartete gleichgültig, die Hände auf den Schultern gekreuzt. Nun ja, wohin soll ein nackter Mensch auch mit seinen Händen? Er kann sie nur auf die Schultern legen. Der Kapitän gab ihm schweigend das Zeichen, und der kleine Singhalese sprang ins Wasser. Nach drei Minuten fünfzig Sekunden tauchte er wieder auf und klomm an den Felsblöcken empor, aber seine Hände glitten immer wieder ab.

»Na, komm doch schon«, schrie der Kapitän, aber dann sah er aufmerksamer hin, und schon sprang er über die Felsblöcke zu den verzweifelt tappenden Händen. Es ist schier unglaublich, wie solch ein unförmiger Körper springen kann. Im letzten Augenblick packte er den Singhalesen an einer Hand und zog ihn schnaufend aus dem Wasser. Dann legte er ihn auf einen Felsblock und wischte sich den Schweiß ab. Der Singhalese lag vollkommen reglos; das eine Schienbein war bis auf den Knochen abgeschürft, offenbar durch einen Stein, aber sonst war er heil. Der Kapitän hob sein Augenlid, man sah nur das Weiße der starren Augen. Er hatte weder Muscheln noch Messer.

»Das Boot mit der Besatzung steuerte näher zum Ufer. »Herr«, rief der Schwede Jensen, »Haifische! Tauchen Sie weiter?«

»Nein«, sagte der Kapitän. »Kommen Sie die zwei da abholen.«

»Schauen Sie, Herr«, machte Jensen aufmerksam, als sie mit dem Boot zum Schiff zurückkehrten, »wie seicht es hier auf einmal ist. Und das zieht sich von hier geradeaus bis zum Ufer«, zeigte er, indem er das Ruder ins Wasser stieß. »Als ob unter Wasser ein Damm wäre.«

Erst auf dem Schiff kam der kleine Singhalese zu sich. Er saß, die Knie unter das Kinn gezogen, und zitterte am ganzen Körper. Der Kapitän schickte die Leute fort und setzte sich mit weit gespreizten Beinen nieder.

»Also heraus mit der Sprache«, sagte er. »Was hast du gesehen?«

»Dschinns, Sahib«, flüsterte der kleine Singhalese; jetzt begannen auch seine Augenlider zu zittern, und seinen ganzen Körper überlief eine Gänsehaut.

Kapitän van Toch räusperte sich. »Und ... wie sehen sie aus?«

»Wie ... wie ...« In den Augen des Singhalesen erschien wieder ein weißer Streifen. Kapitän van Toch schlug ihn unvermutet mit Handfläche und -rücken gewandt auf beide Wangen, um ihn wieder zu sich zu bringen.

»Thanks, Sahib«, hauchte der kleine Singhalese, seine Pupillen schwammen ins Weiße zurück.

»Wieder gut?«

»Ja, Sahib.«

»Waren Muscheln dort?«

»Ja, Sahib.«

Kapitän J. van Toch fuhr in seinem Kreuzverhör mit nicht wenig Geduld und Gründlichkeit fort. Ja, Teufel seien dort. Wieviel? Tausende und Tausende. Sie sind ungefähr so groß wie ein zehnjähriges Kind, Herr, und beinahe schwarz. Sie schwimmen im Wasser, aber auf dem Grund gehen sie auf zwei Beinen, Sahib, wie Sie oder ich, nur wiegen sie dabei den Körper, hin und her, immer hin und her ... Ja, Herr, sie haben auch Hände, wie Menschen. Nein, Krallen haben sie nicht, es sind eher Kinderhände. Nein, Sahib, sie haben keine Hörner und auch keine Schuppen. Ja, einen Schwanz haben sie, so eine Art Fischschwanz, aber ohne Schwanzflosse. Und einen großen Kopf, rund, wie die Bataks. Nein, gesagt haben sie nichts, Herr, nur so etwas wie geschnalzt. Als der Singhalese in einer Tiefe von unge-

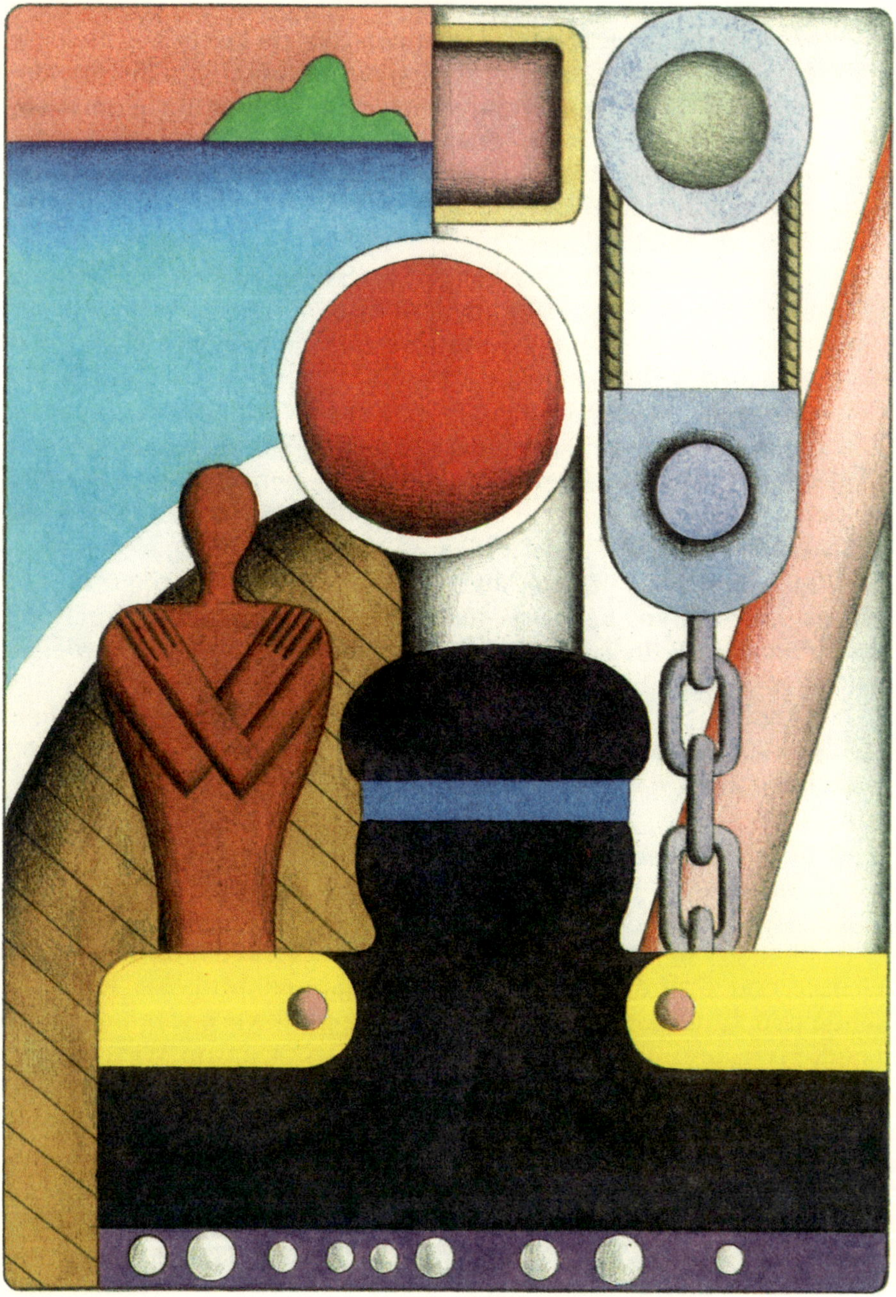
Kapitän van Toch

Singhalese

fähr sechzehn Metern Muscheln abschnitt, spürte er auf einmal etwas am Rücken, als ob ihn kleine, kalte Finger berührten. Er drehte sich um, und da waren Hunderte und Hunderte rings um ihn. Hunderte und Hunderte, Herr, schwimmend und auf Steinen stehend, und alle schauten zu, was der Singhalese dort machte. Da ließ er Messer und Muscheln los und trachtete nur, möglichst schnell wieder an die Oberfläche zu kommen. Dabei war er an einige Teufel gestoßen, die über ihm schwammen, und was dann geschah, das wisse er nicht mehr, Herr.

Kapitän J. van Toch sah den zitternden kleinen Taucher nachdenklich an. Der Bursche wird nie wieder etwas taugen, sagte er sich, von Padang schicke ich ihn heim nach Ceylon. Brummend und schnaufend ging er in seine Kabine. Dort schüttete er aus einem Papiersäckchen zwei Perlen auf den Tisch. Die eine war klein wie ein Sandkorn, die andere erbsengroß, silbrig glänzend, mit einem Hauch von Rosa. Der Kapitän des holländischen Schiffes schnaubte und holte seinen irischen Whisky aus dem Schrank.

Gegen sechs Uhr ließ er sich wieder im Boot zum Kampong fahren und ging direkt zu der Kreuzung zwischen Kubu und Portugiesen. »Toddy«, sagte er, und das war das einzige Wort, das er sprach. Er saß auf der Wellblechveranda, hielt ein dickwandiges Glas in den dicken Fingern und trank und spuckte und glotzte aus buschigen Brauen die gelben, mageren Hühner an, die auf dem schmutzigen, festgestampften Hof irgend etwas unter den Palmen aufpickten. Der Mischling hütete sich zu sprechen, er schenkte nur ein. Allmählich bekam der Kapitän blutunterlaufene Augen, und seine Finger bewegten sich nur noch sehr schwerfällig. Es war beinahe Dämmerung, als er aufstand und die Hosen zurechtschob.

»Gehen Sie schon schlafen, Kapitän?« fragte die Kreuzung zwischen Teufel und Satan höflich.

Der Kapitän stieß einen Finger in die Luft. »Das möcht ich mir doch mal anschauen«, sagte er, »daß es auf der Welt Teufel geben soll, die ich noch nicht kenne. Du, wo ist hier dieser verdammte Südwesten?«

»Dort«, zeigte der Mischling. »Wohin gehen Sie, Herr?«

»In die Hölle«, grunzte Kapitän J. van Toch. »Devil Bay ansehen.«

An diesem Abend begann das absonderliche Wesen Kapitän J. van Tochs. In den Kampong kam er erst mit der Morgendämmerung zurück. Er sprach kein Wort und ließ sich zum Schiff fahren, wo er sich bis zum Abend in seine Kabine einschloß. Das fiel vorläufig noch niemandem auf, denn die Kandong Bandoeng hatte eine Menge von dem Segen der Insel Tana Masa zu verladen (Kopra, Pfeffer, Kampfer, Guttapercha, Palmöl, Tabak und Arbeitskräfte). Als er jedoch am Abend die Meldung empfing, die gesamte Ware sei verladen, schnaubte er nur und sagte: »Das Boot. Zum Kampong.« Und wieder kehrte er erst mit der Morgendämmerung zurück. Der Schwede Jensen, der ihm an Bord half, fragte eigentlich nur aus Höflichkeit: »Also heute geht es weiter, Kapitän?« Der Kapitän drehte sich um, als hätte er ihn in den Hintern gestochen. »Was geht dich das an?« fertigte er ihn ab. »Kümmere dich um deine eigenen verdammten Angelegenheiten!« Den ganzen Tag lag die Kandong Bandoeng, einen Knoten von der Küste Tana Masas entfernt, untätig vor Anker. Am Abend trudelte der dicke Kapitän aus seiner Kabine und befahl: »Das Boot. Zum Kampong.« Der kleine Grieche Zapatis blickte ihm mit einem blinden und einem schielenden Auge nach. »Jungs«, krähte er, »entweder hat unser Alter drüben ein Frauenzimmer oder er ist rein verrückt geworden.« Der Schwede Jensen runzelte die Stirn. »Was geht dich das an?« fertigte er Zapatis ab. »Kümmre dich um deine eigenen verdammten Angelegenheiten!« Dann nahm er zusammen mit dem Isländer Gudmundson einen kleinen Kahn, und sie ruderten in der Richtung Devil Bay davon. Sie verbargen sich mit ihrem Kahn hinter Felsblöcken und warteten. In der Bucht ging der Kapitän auf und ab, er schien jemanden zu erwarten. Von Zeit zu Zeit blieb er stehen und rief etwas wie »ts, ts, ts«. – »Schau mal«, sagte Gudmundson und wies auf das Meer, das nun strahlend rot und golden im Sonnenuntergang lag. Jensen zählte zwei, drei, vier, sechs sichelscharfe Flossen, die zur Devil Bay zogen. »Herrgott«, brummte Jensen, »Haifische gibt's hier!« Ab und zu tauchte eine der Sicheln unter, über dem Wasser schlug der Schwanz, unter dem Wasser gab es einen heftigen Wirbel. Dann sprang der Kapitän J. van Toch am Ufer wütend herum, fluchte was das Zeug hielt und drohte den Haifischen mit der Faust. Danach kam die kurze tropische Abenddämmerung, und der Mond stieg über der Insel auf; Jensen ergriff das Ruder und lenkte den Kahn näher zum Ufer, bis auf einen Furlong. Der Kapitän saß nun auf einem Felsblock und machte »ts, ts, ts«. Etwas bewegte sich rings um ihn, aber was, konnte man nicht recht erkennen. Sieht wie Seehunde aus, dachte Jensen, aber Seehunde kriechen anders. Das da tauchte aus dem Wasser zwischen den Felsblöcken auf, tappelte am Ufer herum und wiegte den Körper wie Pinguine. Jensen ruderte leise und hielt einen halben Furlong vom Kapitän entfernt. Ja, der Kapitän sagte etwas, aber der Teufel soll verstehen, was; wahrscheinlich war es Malaiisch oder Tamulisch. Jetzt streckte er die Arme aus, als ob er den Seehunden etwas zuwürfe. (Aber es sind ja gar keine Seehunde, sagte sich Jensen hartnäckig.) Und dazu quasselte er Chinesisch oder Malaiisch. In diesem Augenblick entglitt Jensen das erhobene Ruder und klatschte auf das Wasser. Der Kapitän hob den Kopf, stand auf und ging ungefähr dreißig Schritte zum Wasser; plötzlich begann es zu blitzen und zu krachen; der Kapitän schoß mit seinem Browning in Richtung des Bootes. Beinahe gleichzeitig rauschte, wirbelte, klatschte es in der Bucht, als sprängen tausend Seehunde ins Wasser; aber da legten sich Jensen und Gudmundson schon in die Riemen und jagten ihr Boot um die nächste Ecke, daß es nur so pfiff. Als sie auf das Schiff zurückkamen, sagten sie nichts. Diese Nordländer können schweigen! Gegen Morgen kehrte auch der Kapitän zurück, finster und wutschnaubend, aber er sprach kein Wort. Nur als ihm Jensen an Bord half, begegneten sich zwei Paare blauer Augen in einem kühlen, forschenden Blick.

»Jensen«, sagte der Kapitän.

»Ja, Herr.«

»Heute fahren wir.«

»Ja, Herr.«

»In Surabaja bekommen Sie Ihr Buch.«

»Ja, Herr.«

Das war alles. An jenem Tage fuhr die Kandong Bandoeng nach Padang. Von Padang sandte Kapitän J. van Toch seiner Firma nach Amsterdam ein Päckchen, das er auf zwölfhundert Pfund Sterling versicherte. Zugleich das telegrafische Gesuch um ein Jahr Urlaub. Dringende gesundheitliche Gründe und so weiter. Dann streifte er in Padang herum, bis er den Mann fand, den er suchte. Es war ein Wilder aus Borneo, ein Dajak, den von Zeit zu Zeit englische Reisende als Haifischjäger mieteten, des Schauspiels halber; denn der Dajak arbeitete noch in der alten Weise, nur mit einem langen Messer bewaffnet. Sicher war er ein Menschenfresser, aber er hatte seine feste Taxe: fünf Pfund für den Haifisch außer der Verpflegung. Übrigens bot er einen furchteinflößenden Anblick, seine beiden Arme, die Brust und die Oberschenkel waren von der Haut der Haifische abgeschürft, in Nase und Ohren trug er Haifischzähne als Schmuck. Er wurde allgemein Shark genannt.

Mit diesem Dajak übersiedelte Kapitän J. van Toch auf die Insel Tana Masa.

2 Herr Golombek und Herr Valenta

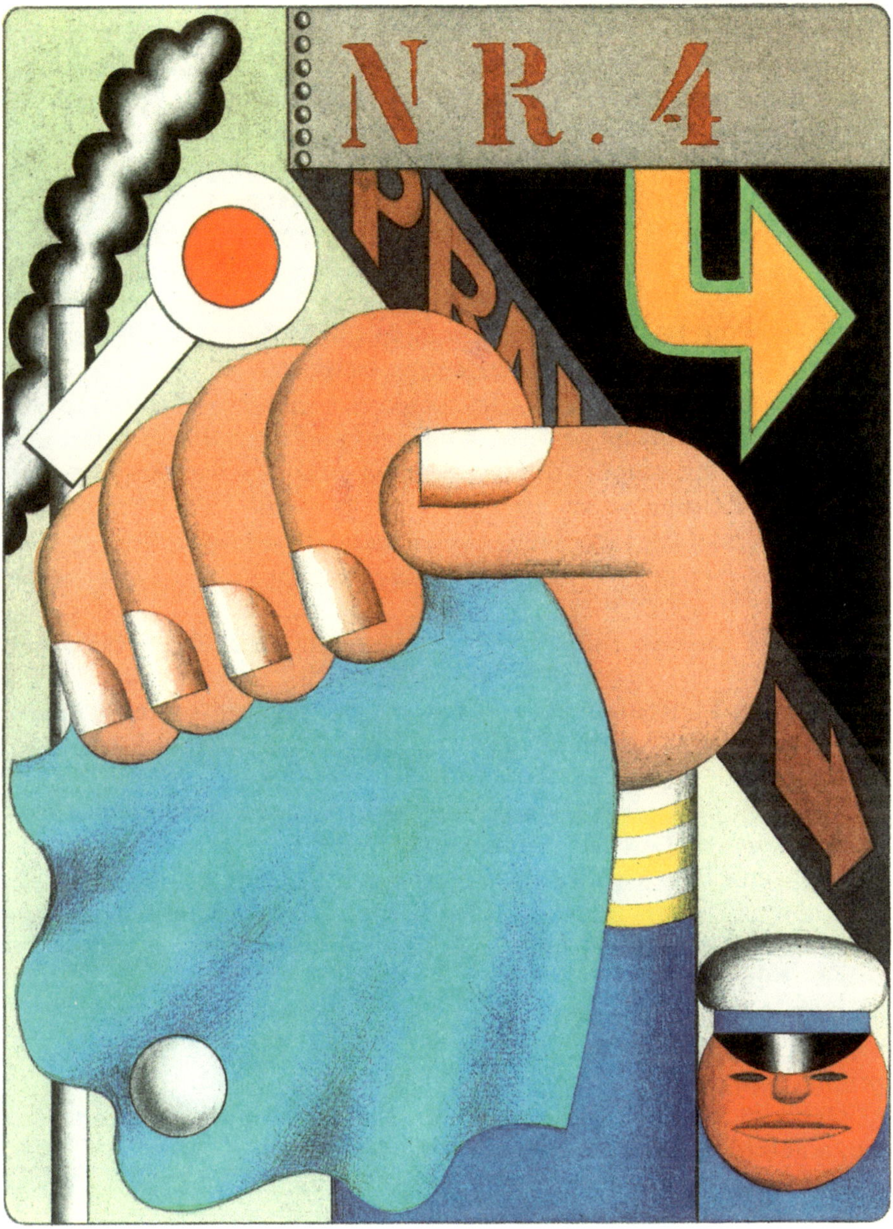

Kapitän van Toch

Es war ein heißer Redaktionssommer, in dem sich nichts, aber auch rein gar nichts ereignet, in dem keine Politik gemacht wird, in dem es nicht einmal eine europäische Situation gibt. Und doch erwarten auch in dieser Zeit die Zeitungsleser, die in einer Agonie von Langeweile an den Ufern der Gewässer oder im spärlichen Schatten der Bäume liegen, von Hitze, Natur, ländlicher Ruhe und überhaupt dem gesunden und einfachen Urlauberleben demoralisiert, täglich neu enttäuscht, wenigstens in der Zeitung etwas Neues, Erfrischendes zu finden, etwa einen Mord oder einen Krieg oder ein Erdbeben, kurz *etwas*; und wenn sie es nicht finden, werfen sie die Zeitung hin und erklären empört, daß in dieser Zeitung nichts, aber auch rein gar *nichts* steht, und daß es überhaupt nicht die Mühe lohnt, sie zu lesen und daß sie sie nicht mehr abonnieren werden.

Inzwischen sitzen in den Redaktionen einsam und verlassen fünf bis sechs Leute, denn die übrigen Kollegen sind auch auf Urlaub, und auch sie werfen empört die Zeitung hin und beschweren sich, daß jetzt in der Zeitung nichts, aber auch rein gar *nichts* steht. Und aus der Setzerei kommt der Herr Metteur und sagt vorwurfsvoll: »Meine Herren, meine Herren, wir haben für morgen noch keinen Leitartikel.«

»Na, dann geben Sie, sagen wir ... den Artikel ... über die wirtschaftliche Lage in Bulgarien hinein«, meint einer der verlassenen Herren.

Der Herr Metteur seufzt tief auf: »Und wer soll so etwas lesen, Herr Redakteur? Schon wieder wird im ganzen Blatt *nichts zu lesen* sein.«

Die sechs verlassenen Herren heben die Augen zur Decke, als ob man dort *etwas Lesbares* entdecken könnte.

»Ja, wenn *irgend etwas* los wäre«, meint der eine unsicher.

»Oder ... wenn man ... irgendeine ... interessante Reportage hätte«, wirft der andere hin.

»Worüber?«

»Das weiß ich nicht.«

»Oder man könnte ... sich ein neues Vitamin ausdenken«, brummt ein dritter.

»Jetzt im Sommer?« entgegnet der vierte. »Mensch, Vitamine, das ist zu gebildet, das paßt eher für den Herbst ...«

»Himmel, ist das eine Hitze«, gähnt der fünfte. »Es müßte etwas aus dem Polargebiet sein.«

»Aber was?«

»Ach, so etwas wie dieser Eskimo-Welzl. Erfrorene Finger, ewiges Eis und solches Zeugs.«

»Leicht gesagt«, meint der sechste. »Aber woher nehmen?« In der Redaktion verbreitete sich hoffnungslose Stille.

»Ich war Sonntag in Jevíčko ...«, ließ sich endlich zögernd der Herr Metteur vernehmen.

»Na, und?«

»Dort, erzählt man, ist irgendein Kapitän Vantoch auf Urlaub. Er soll in Jevíčko geboren sein.«

»Was für ein Vantoch?«

»So ein dicker. Er soll Kapitän eines Schiffes sein. Man sagt, er hat dort irgendwo Perlen gefischt.«

Herr Golombek sah Herrn Valenta an.

»Und wo hat er sie gefischt?«

»Auf Sumatra ... und Celebes ... überhaupt irgendwo dort unten. Dreißig Jahre soll er schon da unten leben.«

»Mensch, das ist eine Idee«, sagte Herr Valenta. »Das könnte eine prima Reportage geben. Golombek, fahren wir?«

»Na, wir können's ja versuchen«, meinte Herr Golombek und glitt von dem Tisch, auf dem er gesessen hatte.

»Der Herr dort ist es«, sagte der Wirt in Jevíčko.

An einem Tisch im Garten saß dick und behäbig mit gespreizten Beinen ein Herr mit einer weißen Mütze, trank Bier und kritzelte versonnen mit seinem dicken Zeigefinger auf dem Tisch herum. Die beiden Herren traten näher.

»Redakteur Valenta.«

»Redakteur Golombek.«

Der dicke Herr hob die Augen. »What? Was?«

»Ich bin Redakteur Valenta.«

»Und ich Redakteur Golombek.«

Der dicke Herr erhob sich würdevoll. »Captain van Toch. Very glad. Setzt euch, Jungs.«

Die beiden Herren setzten sich bereitwillig und legten die Schreibblocks vor sich auf den Tisch.

»Was wollt ihr zu trinken, Jungs?«

»Himbeerwasser«, sagte Herr Valenta.

»Himbeerwasser?« wiederholte der Kapitän ungläubig. »Warum? Herr Wirt, bringen Sie Bier. – Also was wollt ihr eigentlich?« fragte er und stützte die Ellbogen auf den Tisch.

»Ist es wahr, Herr Vantoch, daß Sie hier geboren sind?«

»Yes. Bin hier geboren.«

»Und wie sind Sie eigentlich aufs Meer gekommen?«

»Tjaa, via Hamburg.«

»Wie lange sind Sie schon Kapitän?«

»Zwanzig Jahre, Junge. Hier hab ich die Papiere«, sagte er mit Nachdruck und schlug an seine Brusttasche. »Ich kann sie euch zeigen.«

Herr Golombek hatte die größte Lust, sich einmal die Papiere eines Kapitäns anzusehen, unterdrückte sie jedoch. »In diesen zwanzig Jahren haben Sie sicher ein schönes Stück Welt gesehen, Herr Kapitän, nicht wahr?«

»Yes. 'n schönes Stück. Tjaa!«

»Was denn?«

»Java, Borneo, the Philippines. Fidji Islands. Salomon Islands, Carolines, Samoa. Damned Clipperton Islands. A lot of damned islands, Jungs. Warum?«

»Nur so. Weil es interessant ist. Wir möchten gern mehr von Ihnen hören, wissen Sie?«

»Yes. Also nur so, hm?« Der Kapitän heftete seine hellblauen Augen auf die beiden. »Also Sie sind von der P'lis, was die Polizei ist, wie?«

»Nein, Herr Kapitän. Wir sind von der Zeitung.«

»Ach so, von der Zeitung, reporters, wie? Also schreiben Sie: Captain J. van Toch, Kapitän des Schiffes Kandong Bandoeng.«

»Wie?«

»Kandong Bandoeng, Hafen Surabaja. Zweck der Reise: vacances – wie sagt man das?«

»Urlaub.«

»Yes. Donnerwetter noch mal, Urlaub. Also dann geben Sie's eben in diese Zeitung, wo drin steht, wer angekommen ist. Und jetzt steckt die notes in die Tasche, Jungs. Your health.«

»Herr Vantoch, wir sind zu Ihnen gekommen, damit Sie uns etwas aus Ihrem Leben erzählen.«

»Warum?«

»Wir wollen das in die Zeitung geben. Die Leute interessieren sich sehr dafür, von fernen Inseln zu lesen, und was ein Landsmann von ihnen, ein Tscheche aus Jevíčko, dort alles gesehen und erlebt hat.«

Der Kapitän nickte. »Das ist wahr. Junge, ich bin der einzige Captain aus ganz Jevíčko. Tjaa, stimmt schon. Angeblich soll ja noch ein Kapitän von hier sein, von . . . von . . . den Riesenschaukeln, aber ich glaube«, fügte er vertraulich hinzu, »der ist gar kein richtiger Captain. Das wird nämlich nach der Tonnage gemessen, weißt du?«

»Und was für eine Tonnage hatte Ihr Schiff?«

»Zwölftausend Tonnen, junger Mann.«

»Da waren Sie ein großer Kapitän, nicht wahr?«

»Ja, sehr groß«, sagte der Kapitän würdevoll. »Jungs, habt ihr Geld?«

Die beiden Herren sahen einander etwas unsicher an. »Ja, aber nur wenig. Brauchen Sie welches, Kapitän?«

»Yes. Ich könnt schon welches gebrauchen.«

»Also schauen Sie! Wenn Sie uns recht viel erzählen, schreiben wir es in die Zeitung, und Sie bekommen Geld dafür.«

»Wieviel?«

»Na, kann sein . . . so um tausend herum«, sagte Herr Golombek großzügig.

»Pounds Sterling?«

»Nein, Kronen.«

Kapitän van Toch schüttelte den Kopf. »Also dann nicht. Die hab ich selber, junger Mann.« Er fischte aus seiner Hosentasche ein dikkes Bündel Banknoten. »See?« Dann stützte er die Ellbogen auf den Tisch und neigte sich zu den beiden Herren vor. »Hört mal, ich hätte für euch a big business. Wie sagt man das?«

»Ein großes Geschäft.«

»Yes. Ein großes Geschäft. Aber da müßten Sie mir fünfzehn . . . halt, wart mal, fünfzehn, sechzehn millions Kronen geben. Na?«

Die beiden Herren sahen einander wieder unsicher an. Redakteure haben ihre Erfahrungen mit den sonderbarsten Sorten von Narren, Schwindlern und Erfindern.

»Halt«, sagte der Kapitän. »Ich kann euch etwas zeigen.« Er fischte mit seinen dicken Fingern in der Westentasche herum, zog etwas heraus und legte es auf den Tisch. Es waren fünf rosig angehauchte, kirschkerngroße Perlen. »Versteht ihr was von Perlen?«

»Was kann so etwas kosten?« hauchte Herr Valenta.

»Well, lots of money, Junge. Aber die da hab ich nur . . . als Probe mitgebracht, als Muster. Also macht ihr mit?« fragte er und reichte ihnen über den Tisch seine breite Hand.

Herr Golombek seufzte. »Herr Vantoch, soviel Geld . . .«

»Halt«, unterbrach ihn der Kapitän. »Ich weiß, du kennst mich nicht; aber frag in Surabaja, in Batavia, in Padang oder wo du willst, nach Captain van Toch . . . Geh nur hin und frag, und jeder wird dir sagen, yes, Captain van Toch, he is as good as his word.«

»Herr Vantoch, wir glauben Ihnen«, protestierte Herr Golombek. »Aber . . .«

»Halt«, befahl der Kapitän. »Ich weiß, du willst dein gutes Geld nicht so ohne weiters hineinstecken; brav, mein Junge. Aber du legst es in einem Schiff an, see? Du kaufst das Schiff, du bist selbst der ship-owner, und mitfahren kannst du auch; ja, kannst du, damit du siehst, wie ich für dein Geld damit wirtschafte. Aber das Geld, das wir dabei machen, wird fifty-fifty geteilt. Das ist doch ein ehrliches business, oder nicht?«

»Aber Herr Vantoch«, brachte schließlich Herr Golombek etwas bedrückt hervor, »so viel Geld haben wir ja gar nicht!«

»Tjaa, das ist etwas anderes«, sagte der Kapitän. »Sorry. Na, dann weiß ich aber wirklich nicht, warum ihr eigentlich zu mir gekommen seid.«

»Damit Sie uns etwas erzählen, Kapitän. Sie müssen doch so allerlei Erfahrungen gemacht haben . . .«

»Hab ich, hab ich, Junge. Verdammt viel Erfahrungen hab ich gemacht.«

»Haben Sie einmal einen Schiffbruch erlebt?«

»What? Meinen Sie ship-wrecking? Na also, das denn doch nicht. Was denkst du dir eigentlich? Wenn du mir ein gutes Schiff gibst, dann kann ihm nichts passieren. Kannst ja in Amsterdam nach meinen references fragen. Geh nur hin und frag.«

»Und die Eingeborenen? Haben Sie die Eingeborenen kennengelernt?«

Kapitän van Toch schüttelte den Kopf. »Nichts für gebildete Leute. Das kann ich euch nicht erzählen.«

»Dann erzählen Sie uns doch etwas anderes.«

»Tjaa, erzählen«, brummte der Kapitän argwöhnisch. »Und ihr

Herr Golombek

Herr Valenta

Kapitän van Toch

verkauft es dann irgendeiner Company, und die schickt ihre eigenen Schiffe. Ich sage dir, my lad, die Menschen sind große Gauner. Und die größten Gauner sind die bankers in Colombo.«

»Waren Sie oft in Colombo?«

»Ja, oft. Und in Bangkok auch, und in Manila. – Jungs«, sprach er plötzlich, »ich wüßte von einem Schiff. 'n feines Schiff, und für das Geld billig. Es liegt in Rotterdam. Kommt es euch doch mal ansehen. Rotterdam ist gleich da drüben.« Er wies mit dem Daumen über die Schulter. »Schiffe werden jetzt spottbillig verkauft, Jungs. Als altes Eisen! Es ist nur sechs Jahre alt und mit Dieselmotor. Wollt ihr's euch nicht ansehen?«

»Wir können nicht, Herr Vantoch.«

»Seid ihr aber komische Leute«, seufzte der Kapitän und schneuzte sich schallend in sein himmelblaues Taschentuch.

»Und wißt ihr nicht hier vielleicht jemand, der so 'n Schiff kaufen möchte?«

»Hier in Jevíčko?«

»Tjaa, oder irgendwo hier im Dreh. Ich möchte nämlich das große Geschäft jemandem hier zuschanzen, in my country.«

»Das ist wirklich schön von Ihnen, Kapitän . . .«

»Tjaa, die andern da drüben sind mordsmäßige Gauner. Und sie haben kein Geld. Ihr von den newspapers müßt doch die großen Leute hier kennen, so 'ne bankers und ship-owners, wie nennt man das nur schnell? Reeder, nicht wahr?«

»Ja, Reeder. Aber wir kennen keine, Herr Vantoch.«

»Schade«, der Kapitän wurde ganz traurig.

Herrn Golombek fiel plötzlich etwas ein. »Kennen Sie nicht vielleicht Herrn Bondy?«

»Bondy? Bondy?« überlegte Kapitän van Toch. »Wart mal, den Namen müßt ich irgendwie kennen. Bondy. Tjaa, in London gibt es eine Bond Street, dort leben sehr reiche Leute. Hat er nicht ein Geschäft in der Bond Street, euer Herr Bondy?«

»Nein, er lebt in Prag, aber geboren ist er, glaube ich, hier in Jevíčko.«

»Teufel noch mal«, rief der Kapitän erfreut, »du hast ganz recht, Junge. Der hatte am Marktplatz einen Schnittwarenladen. Ja, Bondy – wie hieß er nur? Max. Max Bondy. Also er hat jetzt ein Geschäft in Prag?«

»Nein, das war wohl sein Vater. Dieser Bondy heißt G. H. Präsident G. H. Bondy, Kapitän.«

»G. H.?« Der Kapitän schüttelte den Kopf. »G. H. war hier keiner. Höchstens der Gustel Bondy – aber der war kein Präsident. War so ein sommersprossiges Jüngelchen. Der kann's also nicht gut sein.«

»Er wird es schon sein, Herr Vantoch. Sie haben ihn doch jahrelang nicht gesehen.«

»Tjaa, da hast du recht. Wie die Zeit vergeht«, pflichtete der Kapitän bei. »Vierzig Jahre, Junge. Kann schon sein, daß der Gustel jetzt groß ist. Und was ist er?«

»Er ist Präsident des Verwaltungsrates der MEAS, wissen Sie, das ist die große Fabrik für Kessel und solche Sachen, und auch Präsident von ungefähr zwanzig anderen Aktiengesellschaften und Kartellen. Ein sehr großer Herr, Herr Vantoch. Man nennt ihn allgemein einen Kapitän unserer Industrie.«

»Kapitän?« wunderte sich Captain van Toch. »Da bin ich also doch nicht der einzige Kapitän aus Jevíčko! Teufel, Teufel, also ist der Gustel auch Captain. Da möcht ich aber sehr gern mit ihm zusammenkommen. Und hat er Geld?«

»Du lieber Himmel! Geld wie Heu, Herr Vantoch. Der hat gut und gern seine paar hundert Millionen. Der reichste Mann im Land.«

Kapitän van Toch wurde tiefernst. »Und auch Captain. Da dank ich dir, Junge. Werd also mal zu ihm hinsegeln, zu diesem Bondy. Tjaa, Gustel Bondy, I know. So 'n kleines Kerlchen. Und jetzt ist er Captain G. H. Bondy. Ja, ja, wie die Zeit vergeht«, seufzte er melancholisch.

»Herr Kapitän, wir müssen gehen, damit uns der Abendzug nicht davonfährt . . .«

»Na, da begleit ich euch natürlich zum Hafen«, sprach der Kapitän und begann den Anker zu lichten. »Hat mich sehr gefreut, daß Sie gekommen sind, meine Herren. Ich kenne einen Redakteur in Surabaja, ein braver Mensch, ja, a good friend of mine. Schrecklicher Säufer, Jungs. Wenn ihr wollt, kann ich euch eine Stellung bei der Zeitung in Surabaja verschaffen. Nein? Na, wie ihr wollt.«

Und als der Zug sich in Bewegung setzte, winkte Kapitän van Toch langsam und feierlich mit seinem riesigen blauen Taschentuch. Dabei fiel ihm eine große, unregelmäßige Perle in den Sand. Eine Perle, die nie wieder gefunden wurde.

3 G. H. Bondy und sein Landsmann

Lizards

Je größer der Herr, desto weniger steht bekanntlich auf dem Schild an seiner Tür. Beim alten Herrn Max Bondy in Jevíčko zum Beispiel mußte noch über dem Laden, zu beiden Seiten der Tür und sogar auf den Schaufenstern in großen Buchstaben gemalt stehen, dies sei das Geschäft Max Bondys, Schnittwaren aller Art, Brautausstattungen, Webwaren, Handtücher, Geschirrtücher, Tischtücher und Bettüberzüge, Kattun und Gradel, I a Tuch, Seide, Vorhänge, Lambrequins, Posamenterie und sämtliches Schneiderzubehör. Gegründet 1885. – Sein Sohn, G. H. Bondy, der Industriekapitän, Präsident der Aktiengesellschaft MEAS, Kommerzienrat, Börsenrat, Vizepräsident des Industriellenverbandes, Consuláto de la República Ecuador, Mitglied zahlreicher Verwaltungsräte usw. usw., hat an seinem Haus nur eine kleine schwarze Glastafel mit der Aufschrift in Goldbuchstaben:

Nichts weiter. Nur Bondy. Mögen andere an ihr Tor schreiben Julius Bondy, Vertreter der Firma General Motors, oder MUDr. Ervín Bondy oder S. Bondy & Co.; aber es gibt nur einen einzigen Bondy, der einfach Bondy ist ohne nähere Einzelheiten. (Ich glaube, der Papst hat an seinem Tor auch nichts als Pius stehen, ohne Titel und ohne Zahl. Und Gott hat überhaupt keine Tafel, weder im Himmel noch auf Erden. Du mußt von selbst erkennen, Mensch, daß *ER* da wohnt. Aber das gehört eigentlich nicht hierher und sei nur nebenbei bemerkt.)

Vor dieser Glastafel blieb eines Tages ein Herr in einer weißen Matrosenmütze stehen und wischte sich mit einem blauen Taschentuch die mächtige Fleischmasse seines Nackens. Verdammt vornehmes

Haus, dachte er sich, und zog etwas unsicher an dem Messingknopf der Glocke.

In der Tür erschien der Portier Povondra, maß den dicken Herrn mit den Augen von den Schuhen bis zu den goldenen Tressen der Mütze und sagte reserviert: »Bitte?«

»Sag mal, Junge«, rief der Herr mit fröhlich schallender Stimme, »wohnt hier ein Herr Bondy?«

»Sie wünschen?« fragte Herr Povondra eisig.

»Sagen Sie ihm, Captain J. van Toch aus Surabaja möcht mit ihm sprechen. Tjaa«, erinnerte er sich, »da ist meine Karte.« Und er überreichte Herrn Povondra eine Visitenkarte mit geprägtem Anker und dem Namen in Druckschrift:

Captain J. van Toch

E. J. P. L. CO. S. KANDONG BANDOENG

SURABAYA NAVAL CLUB

Herr Povondra senkte den Kopf und zögerte. Soll ich ihm sagen, Herr Bondy ist nicht zu Hause? Oder: Bedaure, aber Herr Bondy hat gerade eine wichtige Konferenz? Es gibt Besuche, die man melden muß, und andere, die ein rechtschaffener Portier selbst erledigt. Herr Povondra fühlte ein peinliches Versagen seines Instinkts, nach dem er sich in solchen Fällen zu richten pflegte; dieser dicke Herr paßte in keine der gewohnten Kategorien unangemeldeter Besuche; er schien weder ein Handelsvertreter noch Funktionär eines Wohltätigkeitsvereins zu sein. Unterdessen schnaufte Kapitän van Toch und wischte sich mit dem Taschentuch über die Glatze. Dazu zwinkerte er so arglos mit seinen blaßblauen Augen, daß Herr Povondra sich plötzlich entschloß, die ganze Verantwortung auf sich zu nehmen. »Bitte, treten Sie ein«, sagte er, »ich werde Sie dem Herrn Kommerzienrat melden.«

Captain J. van Toch wischte sich mit seinem blauen Taschentuch die Stirn und sah sich in der Eingangshalle um. Donnerwetter, ist der Gustel eingerichtet! Das ist ja wie der saloon auf einem der ships, die von Rotterdam nach Batavia fahren. Eine Stange Geld muß das gekostet haben. Und so ein kleines, sommersprossiges Jüngelchen war er, wunderte sich der Kapitän.

Inzwischen betrachtete G. H. Bondy in seinem Arbeitszimmer versonnen die Visitenkarte des Kapitäns. »Was will er?« fragte er argwöhnisch.

»Ich weiß nicht, Herr Kommerzienrat«, murmelte Herr Povondra ehrerbietig.

Herr Bondy hält noch immer die Visitenkarte in der Hand. Geprägter Schiffsanker. Captain J. van Toch, Surabaja – wo liegt eigentlich dieses Surabaja? Irgendwo auf Java? Ein Hauch der Ferne berührte Herrn Bondy. Kandong Bandoeng. Das klingt wie ein Gongschlag. Surabaja. Und gerade heute ist solch eine tropische Hitze. Surabaja. »Ich lasse bitten«, befiehlt Herr Bondy.

In der Tür steht ein Koloß von einem Mann mit Kapitänsmütze und salutiert. G.H.Bondy geht ihm entgegen. »Very glad to meet you, Captain. Please come in.«

»Nazdar, nazdárek, 'n Tag, Herr Bondy«, ruft der Kapitän erfreut.

»Sie sind Tscheche?« fragt Herr Bondy verwundert.

»Yes, Tscheche. Aber wir kennen uns doch, Herr Bondy. Von Jevíčko her. Kaufmann Vantoch, do you remember?«

»Richtig, richtig«, freut sich G. H. Bondy etwas zu laut, er verspürt eine leichte Enttäuschung. (Also ist er gar kein Holländer!) »Kaufmann Vantoch, am Marktplatz, nicht wahr? Sie haben sich gar nicht verändert, Herr Vantoch. Immer noch der alte. Was macht das Geschäft?«

»Thanks«, sagte der Kapitän höflich. »Mein Vater ist schon lange gegangen, wie sagt man –«

»Gestorben? Aber, aber! Ganz richtig, Sie müssen der Sohn sein ...« Herrn Bondys Augen beleben sich in plötzlicher Erinnerung. »Menschenskind, sind Sie nicht der Vantoch, der sich in Jevíčko immer mit mir gebalgt hat, als wir noch Jungs waren?«

»Yes, das werd ich schon sein, Herr Bondy«, nickte der Kapitän ernst. »Deshalb mußt ich ja von zu Hause fort, nach Moravská Ostrava.«

»Wir haben uns tüchtig gebalgt. Aber Sie waren der Stärkere«, erkannte Herr Bondy sportlich an.

»Yes, stimmt. Sie waren halt so ein schwacher Knirps, Herr Bondy. Ich hab Ihnen gehörig den Hintern verhauen, ganz gehörig.«

»Das haben Sie, alles was wahr ist«, schwelgte G. H. Bondy bewegt in Jugenderinnerungen. »Aber setzen Sie sich doch, alter Freund! Nett von Ihnen, daß Sie an mich gedacht haben! Wo kommen Sie denn plötzlich her?«

Kapitän van Toch ließ sich würdevoll in einem Ledersessel nieder und legte die Mütze auf den Fußboden. »Ich nehme hier meine Ferien, Herr Bondy. So ist das, tjaa. That's so.«

»Wissen Sie noch«, versenkte sich Herr Bondy in Erinnerungen, »wie Sie mir immer nachgerufen haben: ›Stinkerter Jud‹ ...?«

»Yes«, sprach der Kapitän und schneuzte sich laut und gerührt in sein blaues Taschentuch. »Oh, yes. Das waren schöne Zeiten, Junge. Aber was nützt das alles, die Zeit vergeht. Jetzt sind wir beide alte Leute und beide Captains.«

»Richtig, Sie sind Kapitän«, erinnerte sich Herr Bondy. »Wer hätte das gedacht! Captain of long distances – so sagt man doch, nicht wahr?«

»Yeah, Sir. A highseaer. East India and Pacific Lines, Sir.«

»Ein schöner Beruf«, seufzte Herr Bondy. »Ich würde gleich mit Ihnen tauschen, Kapitän. Erzählen Sie doch!«

»Oh, yes, recht gern.« Der Kapitän wurde lebhaft. »Ich möchte Ihnen schon etwas erzählen, Herr Bondy. Sehr interessante Sache, junger Mann.« Kapitän van Toch schaute sich unruhig um.

»Suchen Sie etwas, Kapitän?«

»Yes. Du trinkst wohl kein Bier, Herr Bondy? Auf der Reise von Surabaja hab ich nämlich so einen Durst gekriegt!« Der Kapitän begann in seinen geräumigen Hosentaschen zu wühlen und zog ein blaues Taschentuch, ein prall gefülltes Leinensäckchen, einen Tabaksbeutel, ein Messer, einen Kompaß und ein Bündel Banknoten heraus. »Ich möcht gern jemand nach Bier schicken. Vielleicht den Steward, der mich in deine Kabine gebracht hat.«

Herr Bondy läutete. »Lassen Sie nur, Kapitän. Zünden Sie sich inzwischen eine Zigarre an ...«

Der Kapitän nahm eine Zigarre mit rot-goldener Binde und roch daran. »Tabak von Lombok. Mordsdiebe sind sie da unten, alles was wahr ist.« Worauf er zum Entsetzen Herrn Bondys die kostbare Zigarre in seiner mächtigen Faust zerdrückte und den Tabak in die Pfeife stopfte. »Yes, Lombok. Oder Sumba.«

Inzwischen war in der Tür lautlos Herr Povondra erschienen.

»Bringen Sie Bier«, befahl Herr Bondy.

Herr Povondra zog die Augenbrauen in die Höhe. »Bier? Wieviel?«

»A gallon«, brummte der Kapitän und zertrat das brennende Zündholz auf dem Teppich. »In Aden war eine fürchterliche Hitze, Junge. – Da hab ich nämlich ganz was Neues, Herr. Von den Sunda Islands, see? Dort könnte man ein fabelhaftes Geschäft machen, Sir. A big business. Aber das müßte man von Anfang an erzählen, die ganze, wie sagt man story?«

»Geschichte.«

»Yes. Das ist nämlich so 'ne Geschichte, Sir. Wart mal.« Der Kapitän drehte seine vergißmeinnichtblauen Augen zur Decke. »Jetzt weiß ich bloß nicht, wo ich anfangen soll.«

(Wieder ein Geschäft, dachte G. H. Bondy. Mein Gott wie widerwärtig! Jetzt wird er mir gleich sagen, er könnte Nähmaschinen nach Tasmanien ausführen oder Dampfkessel und Stecknadeln auf die Fidjiinseln. Fabelhaftes Geschäft, ich weiß. Dazu bin ich euch gut genug. Zum Teufel noch mal, ich bin doch kein Krämer. Ich bin ein Phantast. Auf meine Art ein Dichter. Erzähle, Seefahrer Sindbad, von Surabaja oder von den Phönixinseln. Hat dich nicht der Magnetberg angezogen, hat dich nicht der Vogel Greif in sein Nest entführt? Kommst du nicht zurück mit einer Ladung von Perlen, Zimt und Bezoar? Na also, Mensch, fang schon an zu lügen!)

»Ich werd also mit dem Viechzeug anfangen«, erklärte der Kapitän.

»Viechzeug?« wunderte sich Herr Kommerzienrat Bondy.

»Na, bei den Viechern, wie heißen sie nur? Lizards.«

»Eidechsen.«

»Yes, Herrgott noch mal, Eidechser. Dort sind nämlich so 'ne Art Eidechser, Herr Bondy.«

»Wo?«

»Auf so 'ner Insel dort unten. Den Namen kann ich dir nicht sa-

Herr Bondy

Kapitän van Toch

gen, mein Junge. Der ist ein sehr großes secret, worth of millions.« Kapitän van Toch wischte sich mit dem Taschentuch den Schweiß von der Stirn. »Zum Teufel, wo bleibt denn das Bier?«

»Gleich wird es kommen, Kapitän.«

»Yes. Also gut. Und damit Sie's wissen, Herr Bondy, sie sind sehr liebe und brave Tierchen, diese Eidechser. Ich kenn sie doch, Himmelherrgott!« Der Kapitän schlug heftig auf den Tisch. »Und daß sie Teufel sein sollen, ist eine infame Lüge. A damned lie, Sir. Da sind eher Sie oder ich, Captain van Toch, ein Teufel, Sir. Das können Sie mir ruhig glauben.«

G. H. Bondy erschrak. Delirium, dachte er. Wo bleibt nur der verflixte Povondra!

»Ein paar tausend gibt es dort, nämlich von diesen Eidechsern, aber viele haben die – Herrgott, wie nennt man denn das hier? Sharks.«

»Haifische.«

»Yes. Die Haifische gefressen. Darum sind diese Eidechser auch so selten, Sir, und nur an einer einzigen Stelle, eben in der Bucht, die ich nicht nennen kann.«

»Ja, leben denn diese Eidechsen im Meer?«

»Yes, im Meer. Ans Land kommen sie nur in der Nacht, aber sie müssen bald wieder ins Wasser.«

»Und wie sehen sie aus?« (Herr Bondy trachtete, Zeit zu gewinnen, bis der verflixte Povondra zurückkam.)

»Also groß sind sie, sagen wir, wie Seehunde, aber wenn sie so auf den Hinterpfoten getappelt kommen, dann sind sie so groß«, zeigte der Kapitän. »Daß sie schön wären kann man nicht gerade sagen. Sie haben keine Schluppen am Körper.«

»Schuppen?«

»Yes, Schluppen. Ganz kahl sind sie, Herr Bondy, wie Frösche oder so 'ne Salamanders. Und ihre Vorderpfoten, die sind wie Kinderhändchen, aber sie haben bloß vier Finger. So 'ne arme Dingerchen«, fügte Kapitän van Toch mitleidig hinzu. »Aber sehr kluge und liebe Tiere, Herr Bondy.« Der Kapitän hockte auf den Boden nieder und begann in dieser Stellung vorwärtszuschwanken. »So kommen sie getappelt.«

Der Kapitän bemühte sich, seinen mächtigen Körper hockend in wiegende Bewegung zu versetzen, die Hände hielt er vor sich hin wie ein bittender Hund, der Männchen macht, und seine vergißmeinnichtblauen Augen, die um Sympathie zu flehen schienen, waren auf Herrn Bondy gerichtet. G. H. Bondy fühlte sich tief berührt und irgendwie menschlich beschämt. Überdies erschien in der Tür der lautlose Herr Povondra mit einem Krug Bier und zog entrüstet die Augenbrauen in die Höhe, als er das unwürdige Betragen des Kapitäns bemerkte.

»Stellen Sie das Bier her und gehen Sie«, rief Herr Bondy schnell.

Der Kapitän stand schnaufend auf. »Sehen Sie, solche Tierchen sind das, Herr Bondy. Your health«, sagte er und trank. »Gutes Bier hast du, Junge. Alles was wahr ist, so 'n Haus, wie du hast . . .« Der Kapitän wischte sich den Schnurrbart ab.

»Und wie sind Sie zu diesen Eidechsen gekommen, Kapitän?«

»Das ist ja eben die Geschichte, Herr Bondy. Das war nämlich so. Ich habe Perlen gefischt auf Tana Masa –« Der Kapitän hielt erschrocken inne. »Oder dort irgendwo. Yes, es war eine andere Insel, aber das ist vorderhand mein secret, junger Mann. Die Menschen sind schreckliche Gauner, Herr Bondy. Da heißt es, Maul halten. Und wie die beiden verdammten Singhalesen unter Wasser die Perlenshells abschnitten –«

»Muscheln?«

»Yes. So 'ne Muscheln, die sich an den Steinen festhalten wie Kletten, man muß sie mit dem Messer abschneiden. Und dabei haben die Eidechser den Singhalesen zugeschaut, und die Singhalesen haben geglaubt, es sind Seeteufel. Ein ungebildetes Pack diese Singhalesen und die Bataks. Sie schwören Stein und Bein, dort sind Teufel. Yes.« Der Kapitän trompetete mächtig in sein Taschentuch. »Tjaa, mein Junge, so etwas läßt einem nun mal keine Ruh. Ich weiß nicht, ob nur wir Tschechen so neugierig sind, aber wo ich auch immer einem Landsmann begegnete, überall mußte er seine Nase hineinstecken, weil er wissen wollte, was dahintersteckt. Ich denke, das kommt davon, daß wir Tschechen nichts glauben wollen. Ich hab mir also in meinen dummen Schädel gesetzt, daß ich mir diese Teufel mal näher ansehen will. Besoffen war ich auch, stimmt, aber nur weil mir dauernd die dummen Teufel im Kopf herumgespukt haben. Da unten am Äquator ist allerhand möglich, mein Lieber. Am Abend bin ich mir also diese Devil Bay ansehen gegangen . . .«

Herr Bondy versuchte, sich eine tropische, von Felsen und Urwald umsäumte Bucht vorzustellen. »Nun und?«

»Ich sitze also dort und mache ›ts, ts, ts‹, damit die Teufel kommen, weißt du? Und, Junge, nach einer Weile kommt wirklich so 'n Eidechs aus dem Meer gekrochen, stellt sich auf die Hinterfüße und wiegt den ganzen Körper, immer hin und her und hin und her. Und schaut mich an und macht ›ts, ts, ts‹. Wenn ich nicht besoffen gewesen wär, hätt ich vielleicht danach geschossen, aber ich war sternhagelvoll wie ein Engländer, und so sag ich nur, ›du, komm her, Tappaboy, ich tu dir nichts‹.«

»Sie haben Tschechisch mit ihm gesprochen?«

»Nein, Malaiisch. Malayan wird dort unten am meisten gesprochen. Der Kerl rührt sich nicht, tritt nur von einem Fuß auf den anderen und dreht und windet sich, wie wenn ein Kind sich schämt. Rings im Wasser waren noch ein paar hundert und haben die Mäuler herausgesteckt und mich angegafft. Und ich, na ja, ich war tatsächlich besoffen, ich hock mich also hin und fang an, mich auch hin und her zu wiegen wie der Eidechs, damit er sich nicht vor mir fürchtet. Und dann kam ein zweiter aus dem Wasser, vielleicht so groß wie ein zehnjähriger Junge, und ist auch so herumgetappelt. Und in der Vorderpfote hielt er so 'ne Perlmuschel.« Der Kapitän tat einen Schluck. »Prost, Herr Bondy. Stimmt schon, ich war sternhagelvoll, und da sag ich also: ›Du Schlaufuchs, du willst wohl, daß ich dir die Muschel aufmache? Also komm her, mit meinem Messer geht's.‹ Aber der Bursche rührt sich nicht, er traut sich immer noch nicht. Also da hab ich mich wieder ein bißchen hin und her gewiegt, als ob ich ein kleines Mädel wär, das sich vor jemandem schämt. Und da kommt er herangetappelt, und ich streck langsam die Hand aus und nehm ihm die Muschel aus der Pfote. Na ja, Angst haben wir alle beide gehabt, das kannst du dir ja denken, Herr Bondy. Aber ich war besoffen, stimmt. Da hab ich also mein Messer genommen und die Muschel aufgemacht. Ich steck erst den Finger hinein, ob keine Perle drin ist, 's war aber keine drin, nur das scheußliche Zeugs, der glitschige Mollusk, der in der Muschel lebt. Ich sag also ›ts, ts, ts, da hast du, friß, wenn's dir schmeckt‹. Und ich werf ihm die offene Muschel hin. Das hättest du sehen sollen, Junge, wie der sie ausgeschleckt hat. Das muß für diese Eidechser ein kolossales tit-bit sein, wie sagt man das?«

»Leckerbissen.«

»Ja, Leckerbissen. Nur daß die armen Kerle mit ihren Fingerchen nicht in die harte Schale hineinkönnen. Ein schweres Leben, tjaa.« Der Kapitän trank einen Schluck. »Ich hab mir's dann in meinem Kopf zurechtgelegt, junger Mann. Die Eidechser haben gesehen, wie die Singhalesen die Muscheln abschneiden, da haben sie sich wahrscheinlich gesagt, aha, die fressen das, und da wollten sie sehen, wie die Singhalesen die Muscheln aufmachen. Ein Singhalese sieht im Wasser ganz ähnlich aus wie so 'n Salamander, aber ein Salamander ist gescheiter als ein Singhalese oder ein Batak, denn er will etwas lernen. Ein Batak lernt sein Leben lang nichts als lauter Diebereien«, fügte Kapitän J. van Toch voll Empörung hinzu. »Aber wie ich am Ufer ›ts, ts, ts‹ gemacht und mich wie so 'n Eidechs hin und her gedreht hab, da haben sie wohl gedacht, ich bin vielleicht bloß ein großer Salamander. Drum haben sie sich auch nicht allzusehr gefürchtet und sind mit der Muschel zu mir gekommen, damit ich sie ihnen aufmache. So kluge und zutrauliche Tierchen sind sie.«

Kapitän van Toch wurde rot. »Als ich sie besser kennenlernte, Herr Bondy, hab ich mich nackt ausgezogen, damit ich ihnen ähnlicher sehe, nämlich genauso kahl; aber ihnen ist es immer komisch vorgekommen, daß ich so 'ne haarige Brust hab und so 'ne Sachen. Tjaa.« Der Kapitän fuhr sich mit dem Taschentuch über den geröteten Nacken. »Aber ich weiß nicht, ob's dir nicht zu lang ist, Herr Bondy.«

G. H. Bondy war bezaubert. »Nein, nein. Erzählen Sie ruhig weiter, Kapitän.«

»Na schön. Die andern schauten also zu, wie mein Eidechs die Muschel ausleckte, und kamen auch heraus ans Ufer. Manche hatten Muscheln in den Pfoten – es ist wirklich zu sonderbar, Junge, wie sie es fertiggebracht haben, sie mit solchen Patschhändchen ohne Daumen von den cliffs loszureißen. Zuerst waren sie noch scheu, aber dann ließen sie sich die Muscheln aus den Pfoten nehmen. Also lauter Perlmuscheln waren es ja nicht, aller möglicher Dreck, wilde Austern und so Zeugs, aber die warf ich ins Wasser und sagte, ›nein, Kinder, das hat keinen Wert, das mach ich euch mit meinem Messer nicht auf‹. Aber wenn es eine Perlmuschel war, machte ich sie auf und befühlte sie zuerst mal nach Perlen. Die Muschel gab ich ihnen dann zum Auslecken. Da saßen schon ein paar hundert von den lizards um mich herum und schauten zu, wie ich das Ding aufmache. Manche haben's auch selbst versucht, nämlich sie mit irgendeiner harten

Schale, die dort herumlag, aufzukriegen. Also das kam mir doch zu sonderbar vor, Junge. Kein Tier versteht mit instruments umzugehen, was wollen Sie, ein Tier, das ist eben nur Natur. Na ja, in Buitenzorg hab ich 'nen Affen gesehen, der konnte mit einem Messer so 'n tin, 'ne Konservendose, aufmachen, aber ein Affe ist gar kein richtiges Tier mehr, Herr. Also stimmt, komisch kam mir die Geschichte vor.« Der Kapitän nahm einen Schluck. »In dieser Nacht, Herr Bondy, hab ich in den shells an die achtzehn Perlen gefunden, kleinere und größere, drei so groß wie Kirschkerne, wie Kirschkerne.« Kapitän van Toch nickte ernst. »Wie ich dann am Morgen zu meinem Schiff zurückkam, hab ich mir gesagt, Captain van Toch, das hat dir doch nur geträumt, Sir, du warst sternhagelvoll, Sir, und solcherlei. Ja aber ... in dieser Tasche hier hatte ich die achtzehn Perlen. Tjaa.«

»Das ist die beste Geschichte«, sagte Herr Bondy tief aufatmend, »die ich je gehört habe.«

»Na siehst du, mein Junge«, sagte Kapitän van Toch erfreut. »Den ganzen Tag hab ich mir's im Kopf zurechtgelegt. Die Eidechser zähmen, nicht? Ja, zähmen und abrichten, und sie bringen mir pearlshells. Dort in der Bay muß es eine Unmenge von diesen Muscheln geben. Am Abend ging ich also wieder hin, aber etwas früher. Wenn die Sonne anfängt unterzugehen, stecken die Eidechser das Maul aus dem Wasser, bald da, bald dort, bis alles voll ist davon. Ich sitze also am Ufer und mache ›ts, ts, ts‹. Auf einmal reiß ich die Augen auf. Ein Haifisch! Nur die Flosse guckt aus dem Wasser. Dann klatscht es, und ein Eidechs ist weg. Zwölf Haifische hab ich gezählt, die sich bei Sonnenuntergang an die Devil Bay heranmachten. Herr Bondy, diese Luders haben mir an einem Abend über zwanzig von *meinen* Eidechsern weggefressen«, stieß der Kapitän hervor und schneuzte sich wütend. »Yes, über zwanzig! Ist ja klar, so 'n nackter Eidechs mit seinen kleinen Pfötchen kann sich nicht wehren. Man könnte weinen, wenn man so etwas mit anschauen muß. Junge, du müßtest mal selbst sehen ...«

Der Kapitän verfiel in Sinnen. »Ich hab nämlich Tiere sehr gern, Mensch«, sagte er schließlich und sah G. H. Bondy aus seinen himmelblauen Augen treuherzig an. »Ich weiß nicht, wie Sie die Sache ansehen, Captain Bondy ...«

Herr Bondy nickte zum Zeichen der Zustimmung.

»Na, dann ist's gut«, freute sich Kapitän van Toch. »Sie sind ja so liebe, kluge Tiere, die Tappa-boys. Wenn man etwas zu ihnen sagt, hören sie aufmerksam zu wie ein Hund seinem Herrn. Und ihre Kinderhändchen! Weißt du, Junge, ich bin ein alter Kerl und hab keine Familie ... Tjaa, ein alter Mensch ist so sehr allein«, brummte der Kapitän, seine Rührung überwindend. »Schrecklich nett sind sie, diese Eidechser, ja, ja. Wenn nur die Haifische nicht so hinter ihnen her wären! Als ich Steine nach ihnen warf, nämlich nach den sharks, ob du's glaubst oder nicht, Herr Bondy, *warfen meine Tappa-boys auch Steine.* Na, stimmt schon, weit haben sie nicht getroffen, sie haben eben sehr kurze Arme. Aber sonderbar ist es doch, Mensch. ›Wenn ihr so geschickt seid, Jungs‹, sag ich, ›dann versucht doch einmal selbst, mit meinem Messer 'ne Muschel aufzumachen‹. Und ich leg das Messer auf die Erde. Erst waren sie noch scheu, aber dann hat's einer versucht und die Messerspitze zwischen die Schalen gesteckt. Du mußt sie aufbrechen, sag ich, aufbrechen, see? So mußt du das Messer drehen, und schon hast du's. Und der arme Teufel probiert und probiert, bis es endlich knackt und die Muschel aufgeht. Na siehst du, sag ich. Es ist doch gar nicht so schwer. Wenn es so ein heidnischer Batak oder Singhalese fertigbringt, soll's ein Tappa-boy nicht können? – Ich werd den Eidechsern doch nicht sagen, Herr Bondy, daß es ein *unglaubliches* marvel, ein Wunder, ist, wenn so ein Tier so was zuwege bringt. Aber jetzt kann ich's ja sagen, ich war – ich war – also einfach thunderstruck.«

»Ganz weg«, soufflierte Herr Bondy.

»Ja, richtig. Ganz weg. Aber die Sache ließ mir keine Ruhe, so daß ich mit meinem Schiff noch einen Tag länger vor Anker blieb. Und am Abend ging's wieder in die Devil Bay, und wieder muß ich zuschauen, wie die sharks mir meine Eidechser wegfressen. In dieser Nacht hab ich geschworen, Junge, daß sich das ändern muß. Auch *ihnen* hab ich mein Ehrenwort gegeben, Herr Bondy. *Tappa-boys, Captain J. van Toch verspricht euch hier unter diesen furchtbaren Sternen, daß er euch helfen wird.«*

4 Kapitän van Tochs Handelsunternehmung

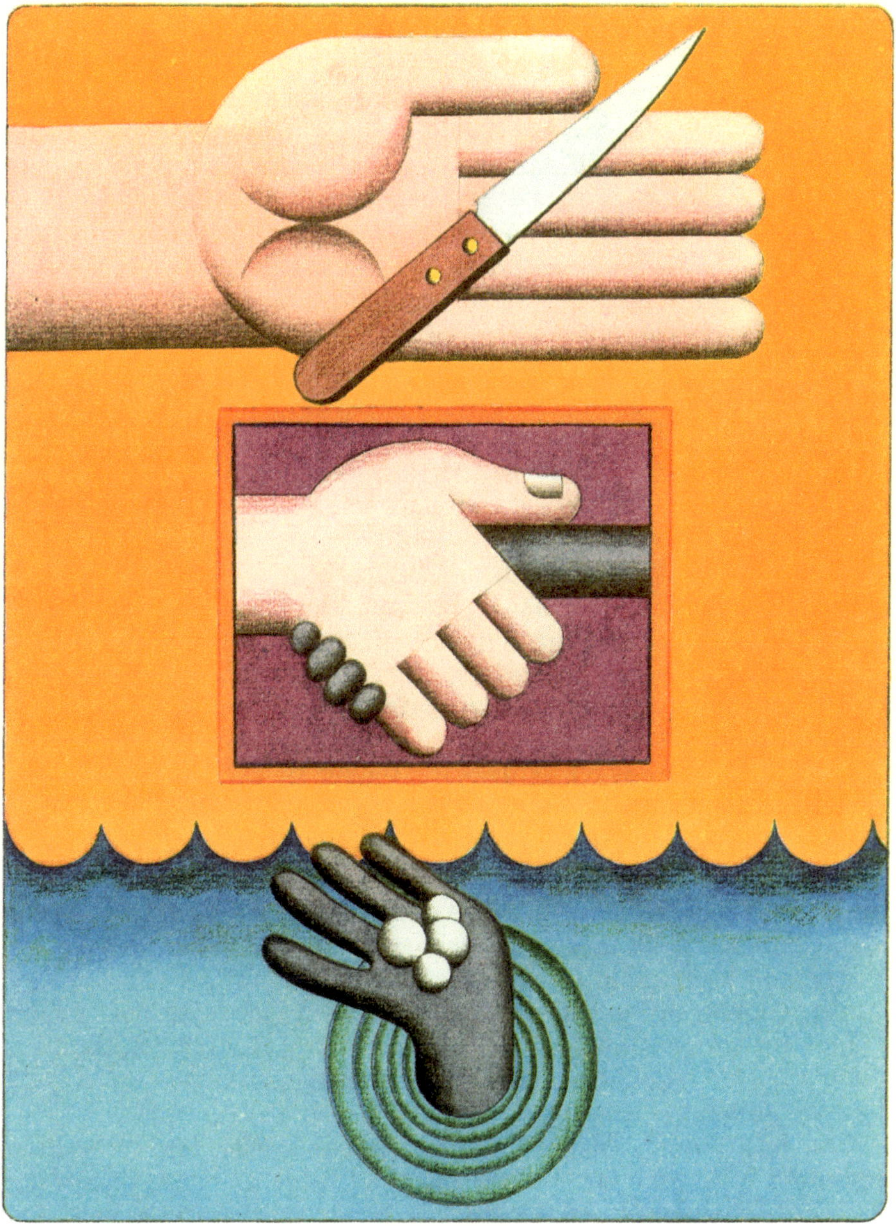

Kapitän van Toch

Tappa-boys

Als Kapitän van Toch in seiner Erzählung bei diesem Punkt angelangt war, sträubten sich ihm die Nackenhaare vor Bewegung und Aufregung.

»Yes, Sir, das hab ich ihnen geschworen. Und seit der Zeit, Junge, hab ich keinen Augenblick mehr Ruhe. In Batang also ging ich auf Urlaub und schickte den Leuten da oben in Amsterdam hundertsiebenundfünfzig Perlen, alles, was mir die Tiere gebracht hatten. Dann fand ich so einen Kerl, ein Dajak war es, ein shark-killer, der im Wasser mit dem bloßen Messer auf die Haifische losgeht. Ein Mordsgauner, dieser Dajak. Und dann ging's in einem kleinen Trampdampfer mit ihm zurück nach Tana Masa, und jetzt, fella, gehst du mit diesem Messer auf Haifischjagd. Er sollte die sharks ausrotten, damit sie meine Eidechser in Ruhe lassen. War das ein Mörder und Heide, dieser Dajak! Nicht einmal aus den Tappa-boys hat er sich was gemacht! Teufel oder nicht, ihm war alles eins. Und ich machte inzwischen mit den lizards meine observations und experiments – aber wart mal, darüber hab ich ein Logbuch, da hab ich's jeden Tag reingeschrieben.« Der Kapitän zog ein umfangreiches Notizbuch aus der Brusttasche und begann darin zu blättern.

»Also, der wievielte ist heute? Stimmt, der 25. Juni. Also zum Beispiel am 25. Juni, ich meine den im vergangenen Jahr. Ja, hier. Dajak hat Haifisch getötet. Lizards großes interest für den Kadaver. Toby – also das war so ein kleiner Tappa-boy, aber sehr gescheit«, erklärte der Kapitän. »Ich mußte ihnen alle möglichen Namen geben, weißt du, damit ich in dem Buch über sie schreiben konnte. – Also Toby steckte die Finger in das Loch, wo das Messer getroffen hatte. Am Abend brachten sie mir trockene Zweige zum Feuermachen. – Das ist nichts«, brummte der Kapitän. »Ich werd einen andern Tag suchen. Nehmen wir mal den 20. Juni. Die lizards bauen weiter an dem – an dem – wie sagt man jetty?«

»Damm wohl, nicht wahr?«

»Ja, Damm. So 'n Damm. Also sie bauen weiter an dem neuen Damm im nordwestlichen Ende der Devil Bay. Mensch«, erklärte er, »das war eine fabelhafte Sache! Ein richtiger breakwater.«

»Wellenbrecher?«

»Ja. Auf dieser Seite legten sie nämlich ihre Eier, und da wollten sie stilles Wasser haben, weißt du? Und dort so einen Damm zu bauen, das haben sie sich selbst ausgedacht. Aber ich kann dir sagen, kein Beamter oder Ingenieur von der Waterstraat in Amsterdam könnt einen besseren Plan für einen Damm unter Wasser machen. Kolossal geschickt gemacht, nur hat ihn das Wasser weggeschwemmt. Sie graben sich auch unter Wasser tiefe Löcher ins Ufer, und da drinnen leben sie bei Tag. Schrecklich kluge Tiere, Herr, genau wie die beavers.«

»Biber.«

»Yes, diese großen Mäuse, die Dämme in Flüssen bauen können. Sie hatten eine *unheimliche Menge* Dämme in der Devil Bay, größere und kleinere, solch schön gerade dams, es sah wahrhaftig wie eine Stadt aus. Und dann wollten sie den Damm über die ganze Devil Bay ziehen. Tjaa. – Sie können schon Steine mit Hebern fortschleppen«, las er weiter. »Albert – das war auch ein Tappa-boy – hat es zwei Finger zerquetscht. – 21. Juni: *Dajak hat Albert aufgefressen.* Aber danach wurde ihm schlecht. Fünfzehn Tropfen Opium. Hat versprochen, es nicht wieder zu tun. Den ganzen Tag regnet es. – 23. Juni: Lizards haben den Damm fertig gebaut. Toby will nicht arbeiten. – Herr, der war schlau«, erklärte der Kapitän voll Bewunderung. »Die Schlauen wollen nie arbeiten. Der hat nur immer herumgebastelt, der Toby. Ja, ja, sogar unter Eidechsern gibt es mächtige Unterschiede. – 3. Juli: Sergeant hat ein Messer bekommen. – Sergeant war so ein großer, starker Tappa-boy. Und sehr geschickt, Herr. – 7. Juli: Sergeant hat mit dem Messer einen cuttlefish getötet – das ist so ein Fisch mit so 'ner braunen Scheiße in sich, weißt du?«

»Sepia?«

»Ja, das wird's wohl sein. – 20. Juli: Sergeant hat mit seinem Messer einen großen jelly-fish getötet – das ist so 'n Luder wie Sülze und brennt wie Brennesseln. Scheußliches Vieh. – Und jetzt Achtung, Herr Bondy. *13. Juli:* Ich hab's hier unterstrichen. *Sergeant hat mit seinem Messer einen kleinen Haifisch getötet.* Gewicht siebzig Pfund. – Also da haben Sie's, Herr Bondy«, erklärte Kapitän J. van Toch feierlich. »Da steht's schwarz auf weiß. Das ist der große Tag, Junge. Akkurat der 13. Juli vorigen Jahrs.« Der Kapitän schloß sein Notizbuch. »Ich schäme mich gar nicht, Herr Bondy, aber ich bin damals am Ufer der Devil Bay niedergekniet und hab aus reiner Freude geheult. Jetzt hab ich gewußt, daß meine Tappa-boys sich nicht unterkriegen lassen. Sergeant bekam dafür eine schöne, neue Harpune – mit 'ner Harpune geht's nämlich am besten, Junge, wenn du

Haifische jagen willst – und ich sag ihm, be a man, Sergeant, und zeig den Tappa-boys, daß sie sich wehren können. Mensch«, rief der Kapitän, sprang auf und schlug vor Begeisterung auf den Tisch, »weißt du, daß in der Bucht drei Tage später ein verreckter Riesenhai schwamm, full of gashes, wie sagt man das?«

»Voller Löcher?«

»Ja, voller Harpunenlöcher.« Der Kapitän trank glucksend. »So ist das also, Herr Bondy. Erst jetzt hab ich mit den Tappa-boys so 'ne Art Vertrag abgeschlossen. Ich hab ihnen nämlich mein Wort gegeben, daß, wenn sie mir Perlmuscheln bringen, ich ihnen dafür harpoons und knives gebe, nämlich Messer, damit sie sich wehren können, see? Das ist ein redliches business, Herr. Tjaa, der Mensch soll ehrlich sein, selbst zu Tieren. Und auch etwas Holz hab ich ihnen gegeben. Und zwei eiserne wheelbarrows –«

»Schubkarren.«

»Ja, so 'n Karren. Damit sie die Steine auf den Damm fahren können. Sie haben sie sonst immer mit ihren kleinen Pfötchen schleppen müssen, die armen Dingerchen. Also eine Unmenge Sachen haben sie bekommen. Ich hab sie doch nicht beschwindeln wollen, nein, so was tu ich nicht. Wart mal, Junge, ich will dir was zeigen.«

Kapitän van Toch schob mit der einen Hand seinen Bauch zur Seite, mit der anderen fischte er aus der Hosentasche ein Leinenbeutelchen. »Aha, da hab ich sie«, sagte er und schüttete den Inhalt auf den Tisch. Es waren an die tausend Perlen aller Größen: winzig kleine wie Hanfkörner, größere, erbsengroße, einige sogar so groß wie Kirschen; vollkommene Perlen in Tropfenform, höckerige Barockperlen, silberglänzende, blaue, perlmuttschillernde, gelbliche, schwarz angehauchte, rosafarbene. G. H. Bondy verschlug es den Atem. Er konnte nicht anders, er mußte darin wühlen, sie zwischen den Fingerspitzen rollen, beide Hände darüber decken.

»Wie schön!« seufzte er in andächtigem Staunen. »Kapitän, das ist wie ein Traum.«

»Yes«, sprach der Kapitän ungerührt. »Sie sind schön. Und von den Haifischen haben sie in dem Jahr, wo ich bei ihnen war, ungefähr dreißig umgebracht. Ich hab es hier aufgeschrieben«, sagte er mit einem leichten Schlag auf die Brusttasche. »Aber ich hab ihnen auch massenhaft Messer gegeben und fünf dieser harpoons. – *Mich* kommen die Messer fast auf zwei amerikanische dollars a piece, also

Kapitän van Toch Sergeant

pro Stück. Sehr gute Messer, Junge, aus so 'nem Stahl, der nicht rusts.«

»Rostet.«

»Ja. Denn sie brauchen sie doch unter Wasser, nämlich im Meer. Die Bataks haben auch eine Stange Geld gekostet.«

»Die Bataks?«

»Na, die Eingeborenen auf der Insel. Sie glauben nämlich fest, daß die Tappa-boys Teufel sind und fürchten sich unheimlich vor ihnen. Und wie sie sahen, daß ich mit ihren Teufeln spreche, wollten sie mich einfach umbringen. Ganze Nächte lang schlugen sie an so 'ne Glocken, um die Teufel von ihrem Kampong zu vertreiben. Einen fürchterlichen Lärm haben sie gemacht, Herr. Und am Morgen haben sie dann immer verlangt, ich soll ihnen das Läuten bezahlen. Die Arbeit, die sie damit hatten, weißt du? Tjaa, die Bataks sind schreckliche Gauner. Aber mit den Tappa-boys, Sir, mit diesen Eidechsern könnte man ein recht gutes business machen. Jawohl. Ein sehr gutes Geschäft, Herr Bondy.«

G. H. Bondy kam sich wie in einem Märchen vor. »Perlen von ihnen kaufen?«

»Ja. Nur, in der Devil Bay gibt's keine Perlen mehr, und auf den anderen Inseln gibt's keine Tappa-boys. Das ist es eben, junger Mann.« Kapitän J. van Toch blies triumphierend die Wangen auf. »Das ist ja gerade das große Geschäft, das ich mir in meinem Kopf zurechtgelegt hab, Junge«, sagte er und stieß seinen dicken Zeigefinger in die Luft. »Seit ich mich dieser Eidechser angenommen hab, sind schrecklich viele dazugekommen! Denn jetzt können sie sich wehren, you see? Und es werden immer mehr und mehr! Na also, Herr Bondy? Wäre das nicht ein fabelhaftes Unternehmen?«

»Ich sehe noch immer nicht«, sprach G. H. Bondy unsicher, »... wie Sie sich das eigentlich vorstellen, Kapitän?«

»Tappa-boys auf andere Perleninseln bringen«, brach es schließlich aus dem Kapitän hervor. »Ich habe bemerkt, daß meine Eidechser nicht selbst über das offene, tiefe Meer kommen können. Sie können eine Weile schwimmen und eine Weile auf dem Grund tappeln, aber in größeren Tiefen ist der Druck zu groß; sie sind eben sehr weich, weißt du? Wenn ich aber ein Schiff hätte, wo man so 'nen Tank für sie einbauen könnte, so 'nen Wasserbehälter, weißt du, da könnte ich sie dann hinfahren, wohin ich will, see? Und sie könnten dort Perlen suchen, und ich könnte immer wieder hinkommen und ihnen Messer und harpoons bringen und andere Sachen, die sie brauchen. Die armen Dingerchen haben sich in der Devil Bay so ver- ver-, na, wissen Sie, wie die Ferkel.«

»Vermehrt?«

»Ja, vermehrt, daß sie bald nichts mehr zu fressen haben werden. Sie fressen, was so die kleinen Fische und molluscs sind und allerhand solches Zeugs. Aber sie können genausogut Kartoffeln fressen und Zwieback und so ’ne gewöhnliche Sachen. Damit könnte man sie in den tanks auf dem Schiff füttern. Und an Orten, wo sich’s gerade schickt und wo nicht viel Menschen sind, könnte ich sie wieder ins Wasser lassen und so ’ne, so ’ne Art farms für sie anlegen. Tjaa, das möcht ich zu gern, damit sie sich ernähren können, die lieben Tierchen. Sie sind ja so lieb und so klug, Herr Bondy. Wenn du sie erst mal siehst, Junge, wirst du sagen, hallo, Captain, was hast du nützliche Tierchen! Ja. Die Leute sind jetzt ganz vernarrt in Perlen, Herr Bondy. Das ist also das große business, das ich mir ausgedacht habe . . .«

G. H. Bondy war in Verlegenheit. »Es tut mir schrecklich leid, Kapitän«, begann er zögernd, »aber – ich weiß wirklich nicht . . .«

Die himmelblauen Augen Kapitän van Tochs füllten sich mit Tränen. »Tjaa, das ist schlimm, Junge. Ich würde dir all die Perlen dalassen als . . . als guarantee für das Schiff, aber selber kaufen kann ich es nicht. Ich wüßte von einem Schiff da drüben in Rotterdam . . . mit Dieselmotor. Das wäre genau das Richtige.«

»Warum haben Sie das Geschäft nicht jemandem in Holland angeboten?«

Der Kapitän schüttelte den Kopf. »Die Leute kenn ich, Junge. Mit denen kann ich nicht darüber reden. Tjaa, ich könnte vielleicht«, meinte er nachdenklich, »auf dem Schiff auch andere Dinge mitführen, alle Sorten von goods, Sir, und sie auf den Inseln verkaufen. Ja, das könnte ich. Ich hab dort massenhaft Bekannte, Herr Bondy. Und auf dem Schiff könnte ich so ’ne tanks für meine Eidechser . . .«

»Das ließe sich eher in Betracht ziehen«, überlegte G. H. Bondy. »Zufällig suchen . . . nun ja, wir *müssen* neue Märkte für unsere Industrie suchen. Zufällig habe ich kürzlich mit einigen Leuten darüber gesprochen. Ich möchte ein oder zwei Schiffe kaufen, das eine für Südamerika, das andere für die östlichen Gebiete . . .«

Der Kapitän lebte auf. »Das ist eine ausgezeichnete Idee, Herr Bondy. Sir, Schiffe sind jetzt spottbillig, einen ganzen Hafen voll kannst du haben . . .« Kapitän van Toch stürzte sich in technische Erläuterungen, wo und zu welchem Preis die und die vessels und boats und tank-steamers zum Verkauf stünden. Herr Bondy hörte ihm nicht zu, sondern beobachtete ihn nur. G. H. Bondy kannte sich in Menschen aus. Kapitän van Tochs Eidechsen hatte er keinen Augenblick lang ernst genommen, aber der Kapitän selbst war der Erwägung wert. Eine ehrliche Haut, ja. Und er kennt die Verhältnisse da unten. Ein Narr, das allerdings. Aber verdammt sympathisch. In G. H. Bondys Herzen klang eine romantische Saite auf. Schiffe mit Perlen und Kaffee, Schiffe mit Gewürzen und allen Wohlgerüchen Arabiens. G. H. Bondys bemächtigte sich ein Gefühl der Zerstreutheit, das sich bei ihm vor jeder großen und erfolgreichen Entscheidung einstellte; ein Gefühl, das sich in Worten so ausdrücken ließe: ich weiß zwar nicht, warum, aber ich tu's. Unterdessen skizzierte Captain van Toch mit seinen mächtigen Pranken in der Luft Schiffe mit awning-decks oder quarter-decks, fabelhafte Schiffe, Junge.

»Also wissen Sie was, Kapitän Vantoch«, sagte G. H. Bondy plötzlich, »kommen Sie in vierzehn Tagen wieder. Dann werden wir weiter darüber sprechen.«

Captain van Toch begriff die Bedeutung eines solchen Wortes. Er wurde ganz rot vor Freude und rief außer sich: »Und die Eidechser – kann ich die Eidechser auf dem Schiff mitnehmen?«

»Meinetwegen. Nur, ich bitte Sie, erwähnen Sie es niemandem gegenüber. Die Leute würden Sie für verrückt halten – und mich auch.«

»Und kann ich die Perlen dalassen?«

»Ja.«

»Tjaa, aber ich muß zwei sehr schöne heraussuchen, die möchte ich jemandem schicken.«

»Wem?«

»Ach, so zwei redactors, Junge. Halt, Donnerwetter, wart mal.«

»Was denn?«

»Himmelherrgott, wie hießen sie nur?« Kapitän J. van Toch zwinkerte nachdenklich mit seinen himmelblauen Augen. »Ich hab solch einen dummen Kopf, Mensch. Jetzt weiß ich nicht mehr, wie die zwei boys eigentlich hießen.«

5 Kapitän J. van Toch und seine dressierten Eidechsen

Herr Dingle

Kapitän van Toch

»Der Schlag soll mich treffen!« sagte ein Mann in Marseille, »wenn das nicht Jensen ist!«

Der Schwede Jensen hob die Augen. »Wart mal«, sagte er, »sei mal still, bis mir einfällt, wo ich dich hinstecken soll.« Er legte die Hand an die Stirn. »Seagull, nein. Empress of India, nein. Pernambuco, nein. Ich hab's schon! Vancouver. Vor fünf Jahren auf der Vancouver, Osaka-Linie, Frisco. Und Dingle heißt du, du Rotzbengel, und du bist Ire.«

Der Mann zeigte seine gelben Zähne und setzte sich zu ihm.

»Right, Jensen. Und ich trink jeden Schnaps, den's gibt. Wo kommst du denn her?«

Jensen wies mit dem Kopf über die Schulter. »Ich fahr jetzt Marseille-Saigon. Und du?«

»Ich hab Urlaub«, brüstete sich Dingle. »Und da fahr ich mal nach Haus, sehen, wieviel Kinder dazugekommen sind.«

Jensen nickte ernst. »Wieder mal geflogen, was? Suff im Dienst oder so. Wenn du in die YMCA gingst wie ich, Mensch –«

Dingle grinste. »Hier ist die YMCA?«

»Heute ist doch Sonnabend«, brummte Jensen. »Und wo bist du gefahren?«

»Ach auf so 'nem tramp«, antwortete Dingle ausweichend. »Allerhand Inseln da unten.«

»Kapitän?«

»Irgendein van Toch, Holländer oder so.«

Der Schwede Jensen dachte nach. »Kapitän van Toch. Mit dem bin ich auch früher mal gefahren, Bruder. Schiff: Kandong Bandoeng. Line: vom Teufel zum Satan. Dick, Glatze, flucht sogar auf malaiisch, damit's mehr hermacht. Kenn ich gut.«

»War er schon damals verrückt?«

Der Schwede schüttelte den Kopf. »Der alte Toch ist all right, Mensch.«

»Hat er schon damals diese Eidechsen herumgefahren?«

»Nein.« Jensen zögerte, nur einen Augenblick. »Aber ich hab was davon läuten hören ... in Singapore. Irgend so 'n Quatschkopf konnte das Maul nicht halten.«

Der Ire machte ein beleidigtes Gesicht. »Gar kein Gequatsche, Jensen. Das mit den Eidechsen ist heilige Wahrheit.«

»Der in Singapore hat auch gesagt, es ist wahr«, brummte der

Schwede. »Und doch hat er eins in die Fresse gekriegt«, fügte er triumphierend dazu.

»Dann laß dir sagen«, verteidigte sich Dingle, »was dran ist. Ich muß es doch wissen, Kamerad. Ich hab die Aaskerle mit eigenen Augen gesehen.«

»Ich auch«, murmelte Jensen. »Fast schwarz, mit dem Schwanz ungefähr ein Meter sechzig lang und laufen auf zwei Beinen. Ich weiß.«

»Widerlich«, schüttelte sich Dingle. »Voller Warzen, Mensch. Heilige Jungfrau, ich möcht sie nicht anrühren! So was muß doch giftig sein!«

»Warum?« brummte der Schwede. »Mensch, ich hab schon auf 'nem Schiff gedient, das voller Menschen war. Auf dem over- und lowerdeck, lauter Menschen, lauter Weibsbilder und so 'n Zeug, und getanzt haben sie und Karten gespielt ... Ich war dort Heizer, weißt du? Und jetzt sag mir, du Affenschwanz, was giftiger ist.«

Dingle spuckte aus. »Wenn's noch Kaimane wären, Mensch, da möcht ich nichts sagen. Ich hab schon mal Schlangen für 'ne Menagerie mitgehabt, da unten von Bandjermasin, und wie haben sie gestunken! Aber diese Eidechsen, Jensen, das sind ganz komische Viecher. Am Tag, ach, bei Tag da geht's noch, da sind sie in den Wasserbehältern; aber in der Nacht, da klettert das raus, tapp, tapp, tapp ... Das ganze Schiff hat davon gewimmelt. Stand da auf den Hinterbeinen und drehte den Kopf nach einem um ...« Der Ire bekreuzigte sich. »Sie rufen ›ts, ts, ts‹ wie die Huren in Hongkong, Gott steh mir bei, aber ich glaub, da stimmt was nicht. Wenn nicht die Dienststellen so rar gewesen wären, keine Stunde wäre ich dort geblieben, Jensen. Keine Stunde.«

»Aha«, sagte Jensen. »Deshalb kehrst du zu Muttern zurück, wie?«

»Teilweise. Man hat tüchtig saufen müssen, um es überhaupt auszuhalten, na, und darauf ist der Kapitän wie der Teufel. Das war ein Radau! Ich hätt einem von den Luders eins mit dem Fuß versetzt. Hab ich auch, und mit Gusto, Mensch, das Rückgrat ist ihm gebrochen. Herrje, da hättst du sehen sollen, was der Alte angegeben hat. Ganz blau ist er geworden, am Hals hat er mich hochgehoben, und er hätt mich ins Wasser geschmissen, wenn nicht der mate Gregory dabei gewesen wär. Kennst du ihn?«

Der Schwede nickte bloß.

»Der hat schon genug, Herr«, sagte der mate und schüttet mir ’n Schaff Wasser übern Kopf. Und in Kokopo bin ich an Land gegangen.« Herr Dingle spuckte in weitem, flachem Bogen aus. »Dem Alten liegt mehr an so ’m Aas als an ’nem Menschen. Weißt du, daß er sie sprechen gelehrt hat? Bei Gott, stundenlang hat er sich mit ihnen eingesperrt und auf sie eingeredet. Ich glaub, er dressiert sie für den Zirkus. Aber das Komischste ist, daß er sie dann ins Wasser läßt. Bei irgend so ’ner blöden Insel legt er an, fährt mit dem Boot ans Ufer und mißt die Tiefe. Dann sperrt er sich bei den tanks ein, macht die hatch an der Schiffsseite auf und läßt die Viecher ins Wasser. Mensch, das springt durch die Luke, eins nach dem andern, wie dressierte Seehunde, immer zehn oder zwanzig ... In der Nacht fährt dann der alte Toch mit ’n paar Kistchen ans Ufer. Was drin ist, darf niemand wissen. Und dann geht’s weiter. Also, so ist das mit dem alten Toch, Jensen. Komische Sache. Sehr komisch.« Herrn Dingles Augen erstarrten. »Allmächtiger Gott, Jensen, mir ist angst und bang geworden! Und da hab ich gesoffen, Mensch, gesoffen wie verrückt. Und wenn das dann in der Nacht übers ganze Schiff tappte und Männchen machte ... und ›ts, ts, ts‹, da dacht ich mir manchmal, oho, junger Mann, das kommt wohl vom vielen Saufen. Ich hab’s schon einmal in Frisco gehabt, du weißt doch, Jensen, aber damals hab ich lauter Spinnen gesehen. De-li-rium haben die Doktoren im sailor-hospital gesagt. Also ich weiß nicht. Aber dann hab ich Big Bing gefragt, ob er es in der Nacht auch gesehen hat, ja, sagt er, er hat’s gesehen. Mit eigenen Augen hat er’s gesehen, wie eine von den Eidechsen sich die Tür aufgemacht hat und zum Kapitän in die Kabine gegangen ist. Also ich weiß nicht. Der Joe hat auch fürchterlich gesoffen. Glaubst du, Jensen, der Bing hat Delirium gehabt? Was meinst du?«

Der Schwede Jensen zuckte bloß die Achseln.

»Und der Deutsche Peters hat gesagt, er hat sich auf den Manihiki Islands, wie er den Kapitän ans Ufer gerudert hatte, hinter ’nem Felsblock versteckt und geschaut, was der alte Toch mit den Kistchen dort macht. Mensch, er sagt, die Eidechsen brachen sie selber auf, der Alte gab ihnen ein Stemmeisen. Und weißt du, was in den Kistchen war? Messer, Kamerad, Messer, sagt er. So lange Messer und Harpunen und solche Sachen. Mensch, ich glaub dem Peters zwar nichts,

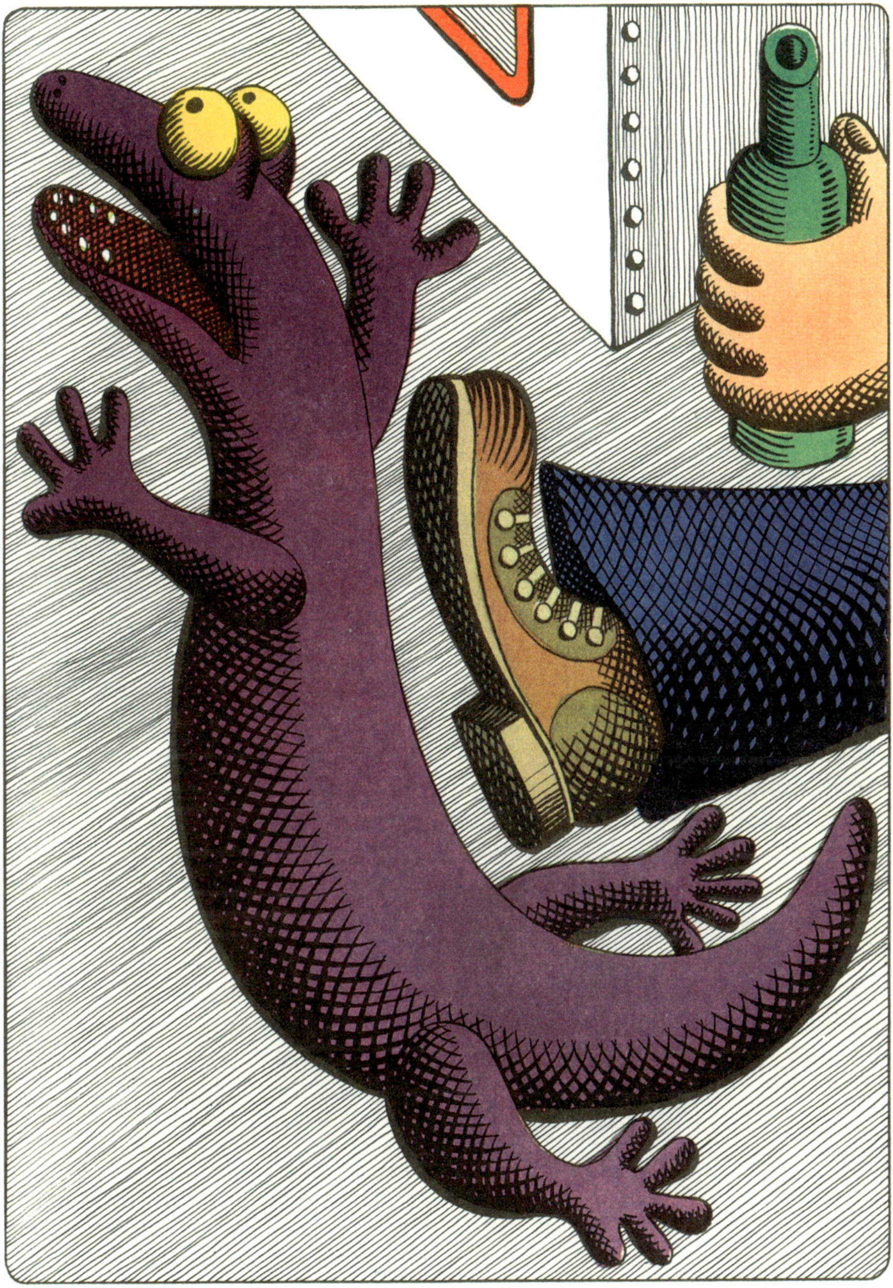

Pat Dingle

Echse

weil er eine Brille auf der Nase hat, aber wunderlich ist es doch. Was meinst du?«

Jens Jensen schwollen die Stirnadern an. »Also ich will dir mal was sagen«, knurrte er. »Dein Deutscher steckt seine Nase in Dinge, die ihn nichts angehen, verstanden? Und ich sag dir, ich möcht es ihm nicht geraten haben.«

»Na, dann schreib's ihm doch«, spottete der Ire. »Die sicherste Adresse ist die Hölle. Dort wird er's wohl kriegen. Aber weißt du, was mir komisch vorkommt? Daß der alte Toch seine Eidechsen von Zeit zu Zeit an den Orten besucht, wo er sie ausgesetzt hat. Bei Gott, Jensen. In der Nacht läßt er sich ans Ufer rudern und kommt erst gegen Morgen zurück. Also jetzt sag mir, Jensen, wen kann er dort haben? Und sag mir, was in den Päckchen ist, die er nach Europa schickt? Schau her, so ein kleines Paket, und er versichert's auf tausend Pfund.«

»Woher weißt du das?« Der Schwede sah noch düsterer drein.

»Man weiß, was man weiß«, sprach Herr Dingle ausweichend. »Und weißt du, woher der alte Toch die Eidechsen holt? Aus der Devil Bay. Aus der Teufelsbucht, Jensen. Ich hab dort einen Bekannten, er ist Agent, ein gebildeter Mensch, und der hat gesagt, es sind gar keine dressierten Eidechsen. Nicht die Bohne! Das soll jemand kleinen Kindern erzählen, daß es bloß Tiere sind. Laß dir nichts weismachen, Junge.« Herr Dingle zwinkerte bedeutungsvoll. »So ist das, Jensen, daß du's weißt. Und du erzählst mir, Kapitän van Toch ist all right!«

»Sag das noch mal!« rief der große Schwede heiser und drohend.

»Wenn der alte Toch all right wär, würde er nicht Teufel in der Welt herumfahren ... und überall auf die Inseln setzen wie Läuse in den Pelz. Jensen, in der Zeit, wo ich bei ihm war, hat er gut und gern ein paar tausend ausgesetzt. – Der alte Toch hat seine Seele verkauft, Mensch. Und ich weiß, was ihm die Teufel dafür geben. Rubine, Perlen und solche Sachen. Kannst dir ja denken, umsonst tun sie's nicht.«

Jens Jensen lief dunkelrot an. »Und was geht dich das an?« brüllte er und schlug mit der Faust auf den Tisch. »Kümmre dich um deine eigenen verdammten Angelegenheiten!«

Der kleine Dingle fuhr vor Schreck hoch. »Ich bitte dich«, brabbelte er verwirrt, »was hast du denn auf einmal ... Ich sag doch nur, was ich gesehen hab. Und wenn du willst, dann hab ich's eben nur geträumt. Weil du es bist, Jensen. Wenn du willst, sag ich, es war Delirium. Du darfst mir's nicht übelnehmen, Jensen. Du weißt doch, ich hab's schon einmal in Frisco gehabt. Ein schwerer Fall, haben die Ärzte im sailor-hospital gesagt. Mensch, mir hat, bei Gott, geträumt, ich hätt diese Eidechsen oder Teufel oder was weiß ich gesehen. Aber es waren gar keine.«

»O doch, Pat«, sagte der Schwede düster. »Ich hab sie selber gesehen.«

»Nein, Jensen«, redete ihm Dingle zu. »Da hast du bloß Delirium gehabt. Der alte Toch ist all right, aber er sollte diese Teufel nicht in der Welt herumfahren. Weißt du was? Wenn ich heimkomm, laß ich eine Messe für seine Seele lesen. Ich soll sofort im Boden versinken, Jensen, wenn ich es nicht tu.«

»In unserer Konfession«, brummte Jensen schwermütig, »gibt es so was nicht. Was meinst du, Pat, hilft es, wenn man für jemanden eine Messe lesen läßt?«

»Mensch, aber mächtig«, sprudelte der Ire hervor. »Ich hab bei uns daheim von Fällen gehört, da hat es geholfen ... ja, auch in den allerschwersten Fällen. Überhaupt gegen Teufel und allerhand, weißt du?«

»Also dann laß ich auch eine katholische Messe lesen«, beschloß Jens Jensen. »Für Captain van Toch. Aber ich laß sie hier in Marseille lesen. Ich glaub, in der großen Kirche hier geben sie's billiger, weißt du, so 'ne Art Fabrikpreis.«

»Kann schon sein. Aber eine irische Messe ist besser. Bei uns, da gibt's Teufelskerle, Mensch, die können einfach zaubern. Genau wie die Fakire oder Heiden.«

»Schau, Pat«, sagte Jensen, »ich würde dir ja zwölf Franken für die Messe geben. Aber du bist ein Miststück, Bruder, du versäufst es.«

»Jensen, so eine Sünde werd ich doch nicht auf meine Seele laden. Aber wart mal, damit du mir glaubst, geb ich dir für die zwölf Franken einen Schuldschein. Willst du?«

»Das ginge«, meinte der ordnungsliebende Schwede. Herr Dingle lieh sich ein Stück Papier und einen Bleistift aus und machte sich damit auf dem Tisch breit. »Also was soll ich hinschreiben?«

Jens Jensen schaute ihm über die Schulter. »Also oben schreib hin, daß es so 'ne Bestätigung ist.«

Und Herr Dingle schrieb langsam, vor Anstrengung die Zunge herausstreckend und den Bleistift mit Speichel befeuchtend:

»Ist es so gut?« fragte Herr Dingle unsicher. »Und wer von uns soll den Schein bei sich behalten?«

»Du natürlich, du Ochse«, sagte der Schwede mit größter Selbstverständlichkeit. »Das ist doch, damit man nicht vergißt, daß man Geld bekommen hat.«

Die zwölf Franken vertrank Herr Dingle in Le Havre, und außerdem fuhr er statt nach Irland nach Djibouti. Kurz, die Messe wurde nicht gelesen, weshalb in den natürlichen Verlauf der Dinge keine höhere Macht eingriff.

6 Die Jacht in der Lagune

die schöne Li

Mr. Abe Loeb blinzelte in die untergehende Sonne; er hätte gar zu gern in Worte gefaßt, wie schön es sei, aber sein Herzchen Li, alias Miss Lily Valley, mit wirklichem Namen Fräulein Lilian Nowak, kurz, die goldblonde Li, White Lily, die langbeinige Lilian und wie sie bis zu ihrem siebzehnten Lebensjahr noch alles genannt worden war, schlief auf dem warmen Sand, in einen wolligen Bademantel eingemummt, zusammengerollt wie ein schlafender Hund. Darum sagte Abe nichts über die Schönheit der Welt, sondern seufzte nur tief auf, wobei er die Zehen seiner nackten Füße bewegte, denn es war ihm ein Sandkorn dazwischengeraten. Draußen auf dem Meer lag die Jacht mit dem Namen Gloria Pickford; diese Jacht hatte Abe von Papa Loeb bekommen, weil er seine Universitätsprüfungen bestanden hatte. Papa Loeb ist ein famoser Mensch. Jesse Loeb, Filmmagnat und so weiter. »Abe, lade dir ein paar Freunde oder Freundinnen ein und sieh dich ein wenig in der Welt um«, hatte der alte Herr gesagt. Papa Loeb ist ein unerhört famoser Mensch. Dort also, auf der perlmuttschillernden Fläche, liegt Gloria Pickford, und hier im warmen Sand schläft Herzchen Li. Abe seufzt tief auf vor Glück. Sie schläft wie ein kleines Kind, das arme Ding. Mr. Abe fühlte ein grenzenloses Verlangen, sie zu beschützen. Eigentlich sollte ich sie *doch* heiraten, denkt sich der junge Herr Loeb und verspürt dabei im Herzen einen schönen und quälenden Druck, der sich aus festem Entschluß und Angst zusammensetzt. Mama Loeb wird nicht einverstanden sein, und Papa Loeb wird heftig gestikulieren: Du hast ja den Verstand verloren, Abe. Eltern können eben so etwas nicht begreifen, das ist das Ganze. Mit einem zärtlichen Seufzer deckte Mr. Abe den schneeweißen Knöchel Herzchen Lis mit einem Zipfel des Bademantels zu. Wie dumm, dachte er verlegen, daß ich so schrecklich behaarte Beine habe.

Du lieber Gott, wie schön, wie schön es hier ist! Schade, daß Li es nicht sieht. Mr. Abe vertiefte sich in die anmutige Linie ihrer Hüfte, und aus irgendeinem unklaren Zusammenhang heraus mußte er an die Kunst denken. Herzchen Li ist nämlich Künstlerin. Filmkünstlerin. Sie ist zwar noch in keinem Film aufgetreten, aber sie hat sich fest vorgenommen, die größte Filmschauspielerin aller Zeiten zu werden; und was Li sich vornimmt, das führt sie auch aus. Das ist es ja eben, was Mama Loeb nicht begreift. Eine Künstlerin ist eben – eine Künstlerin und kann nicht wie andere Mädchen sein. Und übrigens sind andere Mädchen um nichts besser, entschied Mr. Abe. Zum Beispiel diese Judy auf der Jacht, solch ein reiches Mädchen, und ich weiß doch, daß Fred in ihre Kabine geht. *Jede* Nacht, bitte, während ich und Li ... Li ist eben nicht *so.* Ich gönne es ja Baseball-Fred, dachte Abe großmütig, er ist mein Universitätsfreund; aber jede Nacht – das brauchte ein *so* reiches Mädel denn doch nicht zu tun. Ich meine, ein Mädchen aus einer solchen Familie wie Judy. Und Judy ist nicht einmal Künstlerin. (Wovon die Mädchen wohl manchmal tuscheln, fiel Abe ein; wie ihre Augen dabei leuchten und wie sie kichern ... Von *solchen Dingen* rede *ich* mit Fred nie.) (Li sollte nicht so viel Cocktails trinken, sie weiß dann nicht, was sie spricht.) (Wie zum Beispiel heute nachmittag, das war überflüssig.) (Ich meine, wie sie und Judy stritten, wer die schöneren Beine hat. Selbstverständlich Li. Ich weiß es genau.) (Und Fred hätte auch nicht auf die blödsinnige Idee kommen müssen, einen Wettbewerb um die schönsten Beine zu veranstalten. Das kann man irgendwo auf Palm Beach machen, aber nicht in einer privaten Gesellschaft. Und die Mädchen hätten die Röcke vielleicht nicht *ganz* so hoch zu heben brauchen. Das waren doch nicht *nur* die Beine. Wenigstens Li brauchte das nicht. Und ausgerechnet vor Fred! Und so ein reiches Mädchen wie Judy hätte es auch nicht nötig gehabt.) (Und ich, glaube ich, hätte wohl den Kapitän nicht rufen sollen, um den Schiedsrichter zu machen. Das war dumm von mir. Wie rot der Kapitän wurde, wie sich sein Schnurrbart sträubte und wie er so was wie »Entschuldigen Sie, Herr« murmelte und die Tür zuschlug. Peinlich. Schrecklich peinlich. Er hätte aber auch nicht *ganz* so grob zu sein brauchen. Übrigens ist es *meine* Jacht, oder?) (Nun ja, der Kapitän hat kein Herzchen Li mit; wie kommt der arme Teufel dazu, sich *solche Sachen* anzusehen? Ich meine, wo er doch allein sein muß.) (Und warum hat Li geweint, als Fred sagte, Judy hätte die schöneren Beine? Dann hat sie gesagt, Fred ist ungezogen, er hätte ihr die Freude an der ganzen Reise verdorben ... Arme Li!) (Und jetzt sprechen die Mädchen nicht miteinander. Und als ich mich mit Fred unterhalten wollte, rief ihn Judy zu sich, wie einen Hund. Fred ist doch mein bester Freund. Wenn er Judys Liebhaber ist, *muß* er doch sagen, sie hätte die schöneren Beine, das ist selbstverständlich! Stimmt, er hätte es nicht so entschieden behaupten müssen. Das war der armen Li gegenüber *nicht* taktvoll; Li hat recht, Fred ist ein selbstgefälliger

Lümmel. Ein schauderhafter Lümmel.) (Eigentlich habe ich mir die Reise anders vorgestellt. Der Teufel ist mir diesen Fred schuldig gewesen!)

Mr. Abe fand, daß er nicht mehr berauscht auf das perlmuttschillernde Meer blickte, sondern ein sehr, sehr finsteres Gesicht machte, während er Sand und Muscheln durch seine Hände gleiten ließ. Er war niedergeschlagen und verstimmt. Papa Loeb hatte gesagt: »Schau dir ein Stück Welt an.« Haben wir schon ein Stück Welt gesehen? Mr. Abe versuchte sich zu erinnern, was er eigentlich gesehen hatte, aber er vermochte an nichts anderes zu denken als daran, wie Judy und Herzchen Li ihre Beine zeigten und Fred, der breitschultrige Fred, vor ihnen auf dem Boden hockte. Abes Miene verdüsterte sich noch mehr. Wie heißt diese Koralleninsel hier? Taraiva, hat der Kapitän gesagt. Taraiva oder Tahuara oder Taraihatuara-ta-huara. Könnten wir nicht schon nach Hause fahren? Ich sage dem alten Jesse, dad, wir sind bis Taraihuara-ta-huara gekommen. (Wenn ich wenigstens den Kapitän nicht gerufen hätte, ärgerte sich Mr. Abe.) (Ich muß mit Li reden, sie soll solche Sachen nicht tun. Mein Gott, wie kommt es nur, daß ich sie so *schrecklich* gern habe! Wenn sie aufwacht, spreche ich mit ihr. Ich sage ihr, wir könnten heiraten ...) Mr. Abes Augen füllten sich mit Tränen. Mein Gott, ist das Liebe oder Schmerz, oder gehört dieser grenzenlose Schmerz dazu, daß ich sie liebe?

Die blau geschminkten, glänzenden Augenlider Herzchen Lis, die zarten Muschelchen glichen, erbebten. »Abe«, kam es verschlafen, »weißt du, woran ich denke? Daß sich auf dieser Insel ein fa-bel-hafter Film drehen ließe.«

Mr. Abe bestreute seine unglückseligen behaarten Beine mit feinem Sand. »Eine ausgezeichnete Idee, Herzchen. Was für ein Film?«

Herzchen Li öffnete seine abgrundtiefen blauen Augen. »Sagen wir ... Stell dir vor, ich wäre auf dieser Insel eine Robinsonin. Ein weiblicher Robinson. Ist das nicht eine unheimlich originelle Idee?«

»Ja«, sagte Mr. Abe unsicher. »Und wie kämst du auf die Insel?«

»Wundervoll«, sprach die süße Stimme. »Weißt du, unsere Jacht würde ganz einfach bei einem Sturm scheitern, und ihr würdet alle ertrinken, du, Judy, der Kapitän, alle.«

»Fred auch? Fred kann nämlich unheimlich schwimmen.«

Die glatte Stirn umwölkte sich. »Dann müßte ihn eben ein Haifisch verschlingen. Das wäre ein fabelhaftes Detail.« Das Herzchen klatschte in die Hände. »Fred hat für so etwas einen irrsinnig schönen Körper, findest du nicht?«

Mr. Abe seufzte. »Und weiter?«

»Mich würde eine Woge bewußtlos ans Ufer schleudern. Ich hätte nichts an als ein Pyjama, das blaugestreifte, das dir vorgestern so gut gefallen hat.« Den zarten Augenlidern entglitt ein schmaler Blick, der das weiblich Verführerische wirksam zum Ausdruck brachte. »Eigentlich müßte es ein Farbfilm werden, Abe. Alle sagen, Blau paßt unheimlich zu meinem Haar.«

»Und wer würde dich hier finden?« fragte Mr. Abe sachlich.

Das Herzchen überlegte. »Niemand. Ich wäre doch kein Robinson, wenn noch andere Leute hier wären«, sagte es mit überraschender Logik. »Deshalb wäre es ja gerade eine so fabelhafte Rolle, Abe, weil ich immer ganz allein wäre. Stell dir vor, Lily Valley in der Haupt- und einzigen Rolle.«

»Und was würdest du den ganzen Film lang tun?«

Li stützte sich auf einen Ellbogen. »Das hab ich mir schon genau ausgedacht. Ich würde baden und auf einem Felsen singen.«

»Im Pyjama?«

»Ohne«, sagte das Herzchen. »Glaubst du nicht, daß es ein hinreißender Erfolg wäre?«

»Du kannst doch nicht den ganzen Film nackt spielen«, brummte Abe mit einem lebhaften Gefühl des Mißfallens.

»Warum nicht?« wunderte sich das Herzchen unschuldig. »Was wäre denn dabei?«

Mr. Abe murmelte etwas Unverständliches.

»Und dann«, überlegte Li, »wart mal, ich hab's schon. Dann würde mich ein Gorilla entführen. Weißt du, so ein gräßlicher, zottiger, schwarzer Gorilla.«

Mr. Abe errötete und bemühte sich, seine verwünschten Beine noch tiefer im Sand zu vergraben. »Hier gibt es doch gar keine Gorillas«, wandte er wenig überzeugend ein.

»O ja. Hier gibt es überhaupt alle möglichen Tiere. Du mußt es vom künstlerischen Standpunkt aus betrachten, Abe. Zu meiner Haut würde ein Gorilla unheimlich passen. Hast du bemerkt, wieviel Haare Judy auf den Beinen hat?«

»Nein«, sagte Abe. Das Thema war ihm peinlich.

»Gräßliche Beine«, meinte das Herzchen und betrachtete seine eigenen. »Und gerade, wie mich der Gorilla in den Armen davonträgt, kommt ein junger, wundervoller Wilder aus dem Urwald und streckt ihn nieder.«

»Wie ist er angezogen?«

»Er hat einen Bogen«, entschied Herzchen Li ohne Zögern. »Und einen Kranz auf dem Kopf. Der Wilde nimmt mich gefangen und bringt mich in das Lager der Kannibalen.«

»Hier gibt es keine«, bemühte sich Mr. Abe, die Insel Tahuara zu verteidigen.

»O doch. Die Menschenfresser wollen mich dann ihren Götzen opfern, dazu singen sie hawaiische Lieder. Weißt du, solche, wie die Neger im Restaurant Paradise. Aber der junge Kannibale verliebt sich in mich«, seufzte das Herzchen, die staunenden Augen weit offen ... »Und dann verliebt sich noch ein Wilder in mich, sagen wir der Häuptling der Kannibalen ... und ein Weißer auch ...«

»Wo kommt auf einmal ein Weißer her?« fragte Abe auf alle Fälle.

»Er ist ihr Gefangener. Eigentlich könnte er ein berühmter Tenor sein, der den Wilden in die Hände gefallen ist. Damit er im Film singen kann.«

»Und was hätte er an?«

Das Herzchen betrachtete seine großen Zehen. »Er wäre – ohne Kleider, wie die Menschenfresser.«

Mr. Abe schüttelte den Kopf. »Herzchen, das geht nicht. Alle berühmten Tenöre sind schauderhaft dick.«

»Schade«, bedauerte das Herzchen. »Dann könnte ihn Fred spielen, und der Tenor würde nur singen. Weißt du, Synchronisation, das macht man doch beim Film.«

»Fred? Den hat doch ein Haifisch gefressen!«

Das Herzchen runzelte die Stirn. »Sei doch nicht so schrecklich realistisch, Abe. Mit dir kann man ja *überhaupt* nicht von Kunst reden. Und der Häuptling würde mich ganz mit Perlenschnüren umwinden.«

»Wo soll er sie denn hernehmen?«

»Hier gibt es *eine Menge* Perlen«, behauptete Li. »Fred würde mit ihm aus Eifersucht auf einem Felsen hoch über der Brandung boxen. Fred müßte sich als Silhouette gegen den Himmel fabelhaft ausnehmen, findest du nicht? Eine großartige Idee, nicht wahr? Dabei fallen beide ins Meer . . .« Die Miene des Herzchens hellte sich wieder auf. »Und jetzt könnte das Detail mit dem Haifisch kommen. Judy würde vor Wut platzen, daß Fred mit mir im Film spielt! Und ich würde den schönen Wilden heiraten.« Die goldblonde Li sprang auf. »Wir würden hier am Ufer stehen . . . und uns gegen den Sonnenuntergang abheben . . . ganz nackt . . . und langsam schließt sich der Vorhang . . .« Li warf den Bademantel ab. »Ich geh ins Wasser.«

». . . Du hast keinen Badeanzug an«, Abe machte sie entsetzt darauf aufmerksam und schaute hinüber zur Jacht, ob nicht etwa jemand hersah; aber Herzchen Li tänzelte schon über den Sand zur Lagune.

. . . Angezogen sieht sie eigentlich besser aus, meldete sich auf einmal in dem jungen Mann eine brutal kühle, kritische Stimme. Abe war entgeistert über seinen Mangel an liebevollem Staunen, er empfand ihn beinahe als Schuld, aber . . . well, wenn Li Kleider und Schuhe anhat, ist es . . . well, irgendwie schöner.

Du willst vielleicht sagen, dezenter, wehrte sich Abe gegen die kühle Stimme.

Well, auch das. Und schöner. Warum tänzelt sie so komisch? Warum wabbelt das Fleisch so an den Beinen? Warum das und jenes . . .

Hör auf, wehrte sich Abe voll Entsetzen. Li ist das schönste Mädchen, das es je gegeben hat! Ich hab sie schrecklich gern.

. . . auch wenn sie nichts anhat? fragte die kühle, kritische Stimme.

Abe wandte den Blick ab und schaute zur Jacht in der Lagune hinüber. Wie schön sie ist, genau abgezirkelt jede Linie ihrer Flanken. Schade, daß Fred nicht da ist. Mit Fred könnte man darüber reden, wie schön die Jacht ist.

Inzwischen stand das Herzchen schon bis an die Knie im Wasser, streckte die Arme gegen Sonnenuntergang und sang. Zum Teufel, warum badet sie nicht endlich, dachte Abe gereizt. Aber es war schön, als sie, zu einem Knäuel zusammengerollt, in dem wolligen Bademantel mit geschlossenen Augen dalag. Herzchen Li. Und Abe küßte mit einem Seufzer der Rührung den Ärmel ihres Bademantels. Ja, er hat sie schrecklich lieb. So lieb, daß es schmerzt.

Plötzlich erscholl von der Lagune ein durchdringendes Kreischen. Abe erhob sich auf die Knie, um besser sehen zu können. Herzchen Li schreit, schlägt mit den Armen um sich und watet flüchtend ans Ufer, gleitet aus, Wasser spritzt . . .

Abe sprang auf und lief zu ihr. »Was hast du denn, Li?«

(Schau, wie komisch sie läuft, machte ihn die kühle, kritische Stimme aufmerksam. Sie schleudert zuviel mit den Beinen. Sie schlenkert zuviel mit den Armen. Es ist einfach *nicht* schön. Und sie gackert noch dazu, ja, sie gackert.)

»Was ist geschehen, Li?« rief Abe und eilte ihr zu Hilfe.

»Abe, Abe«, stammelte das Herzchen, und bums! hing es an seinem Hals, kalt und naß. »Abe, ein Tier war dort!«

»Ach, das war nichts«, beschwichtigte sie Abe. »Höchstwahrscheinlich ein Fisch.«

»Aber es hatte einen so gräßlichen Kopf!« schluchzte das Herzchen und bohrte seine nasse Nase in Abes Brust.

Abe wollte ihr väterlich auf die Schulter klopfen, aber auf dem nackten Körper klatschte es allzu laut. »Na, na«, brummte er, »schau, es ist schon nichts mehr dort.«

Li drehte sich nach der Lagune um. »Es war gräßlich«, seufzte sie. Plötzlich kreischte sie wieder auf: »Dort ... dort ... siehst du es?«

Langsam näherte sich dem Ufer ein schwarzer Kopf, desses Maul sich öffnete und schloß. Herzchen Li heulte hysterisch auf und begann verzweifelt zu laufen; nur fort vom Wasser!

Abe war in Verlegenheit. Soll ich Li nachlaufen, damit sie sich nicht fürchtet? Oder soll ich bleiben und beweisen, daß ich vor dem Tier keine Angst habe? Natürlich entschied er sich für das zweite. Er ging also weiter, bis zum Meer, schon stand er bis über die Knöchel im Wasser und schaute mit geballten Fäusten dem Tier in die Augen. Der schwarze Kopf kam zum Stillstand, er wiegte sich nur eigenartig und sagte: »Ts, ts, ts.«

Abe war etwas bänglich zumute, aber das darf man sich nicht anmerken lassen: »Was denn?« fragte er scharf in Richtung des Kopfes.

»Ts, ts, ts«, machte der Kopf.

»Abe, Abe, Abe«, quäkte Herzchen Li.

»Ich komme«, ruft Abe und begibt sich langsam (damit man ihm nichts nachsagen kann) zu seinem Mädchen. Er bleibt noch einmal stehen und dreht sich mit strenger Miene zum Meer um.

Am Ufer, wo das Meer sein ewiges, vergängliches Spitzengewebe in den Sand zeichnet, steht ein dunkles Tier mit rundem Kopf auf den Hinterbeinen und dreht seinen Körper hin und her. Abe bleibt mit klopfendem Herzen stehen.

»Ts, ts, ts«, macht das Tier.

»A-be«, wimmert das Herzchen, einer Ohnmacht nahe.

Abe weicht Schritt für Schritt zurück, ohne das Tier, das sich nicht weiterbewegt, sondern nur den Kopf nach ihm dreht, aus den Augen zu lassen.

Endlich ist Abe bei seinem Herzchen angelangt, das auf dem Boden liegt, das Gesicht in den Sand gepreßt, und vor Grauen schluchzt und winselt. »Es ist . . . eine Art Seehund«, sagt Abe unsicher. »Wir sollten aufs Schiff zurück, Li.« Aber Li zittert bloß.

»Es ist gar nichts Gefährliches«, behauptet Abe; er wäre am liebsten neben Li niedergekniet, aber er muß ritterlich zwischen ihr und dem Tier stehen. Wenn ich bloß nicht im Schwimmanzug wäre, denkt er, und wenigstens ein Taschenmesser hätte, oder wenn ich einen Stock fände . . .

Es begann zu dämmern. Das Tier kam immer näher, etwa dreißig Schritt vor ihnen blieb es stehen. Und hinter ihm tauchten fünf, sechs, acht ebensolche Tiere aus dem Meer und tappelten zögernd, sich wiegend, auf die Stelle zu, wo Abe Herzchen Li bewachte.

»Schau nicht hin, Li«, hauchte Abe, obwohl es ganz überflüssig war, denn Li hätte sich um nichts in der Welt umgedreht.

Dem Meer entstiegen immer mehr Schatten und rückten in weitem Halbkreis vor. Es sind schon ungefähr sechzig, zählt Abe. Das Helle dort ist Herzchen Lis Bademantel. Der Mantel, in dem sie eben noch geschlafen hat. Unterdessen sind die Tiere schon bis zu dem Hellen gekommen, das breit hingeworfen auf dem Sand liegt.

Da tat Abe etwas Selbstverständliches, Unsinniges, wie jener Ritter aus Schillers Ballade, der den Löwenkäfig betrat, um den Handschuh seiner Dame zu holen. Ja, es gibt so selbstverständliche, unsinnige Dinge, die Männer tun werden, solange die Welt besteht. Ohne zu überlegen, erhobenen Hauptes, mit geballten Fäusten, trat Mr. Abe Loeb mitten unter die Tiere, um Herzchen Lis Bademantel zu holen.

Die Tiere wichen ein wenig zurück, aber sie flohen nicht. Abe hob den Mantel auf, warf ihn über den Arm wie ein Torero und blieb stehen.

»A-be«, jammerte es verzweifelt hinter ihm.

Mr. Abe fühlte unendliche Kraft und Tapferkeit in sich. »Nun?« sagte er zu den Tieren und trat noch einen Schritt näher. »Was wollt ihr eigentlich?«

»Ts, ts«, schnalzte eines der Tiere, und dann bellte es mit quäkender, greisenhafter Stimme: »Naif!«

»Naif!« erscholl ein Bellen ein wenig weiter. »Naif! Naif!«

»A-be!«

»Keine Angst, Li!« rief Abe.

»Li!« bellte es hinter ihm. »Li! Li! A-be!«

»Ja, was denn?« sagte Abe wie im Traum.

»Naif!«

»A-be!« zeterte Herzchen Li. »Komm her!«

»Gleich. Ihr meint knife? Ich habe kein Messer. Ich tu euch nichts. Was wollt ihr noch?«

»Ts, ts«, schnalzte das Tier und kam wiegenden Schrittes an ihn heran.

Abe stellte sich breitspurig auf, den Mantel überm Arm, aber er wich nicht zurück. »Ts, ts«, sagte er. »Was willst du?« Es schien, als wollte ihm das Tier die Vorderpfote reichen, aber das gefiel Abe keineswegs. »Was?« fragte er etwas scharf.

»Naif«, bellte das Tier und ließ etwas Weißliches aus der Pfote fallen. Es sah wie Tropfen aus, aber es waren keine Tropfen, denn es rollte.

»Abe«, stammelte Li. »Laß mich nicht hier!«

Mr. Abe hatte überhaupt keine Angst mehr. »Aus dem Weg«, sagte er und schwenkte den Bademantel nach dem Tier. Das Tier wich hastig und ungeschickt zurück. Jetzt konnte sich Abe in Ehren entfernen. Aber Li sollte sehen, wie mutig er war; er bückte sich nach dem Weißlichen, das das Tier aus der Pfote hatte fallen lassen, um es anzusehen. Es waren drei harte, glatte, matt glänzende Kügelchen. Mr. Abe hob sie an die Augen, denn es dämmerte.

»A-be«, kreischte das verlassene Herzchen. »Abe!«

»Ich komme!« rief Mr. Abe. »Li, ich hab etwas für dich! Li, Li, ich bringe dir etwas mit!« Den Bademantel über dem Kopf schwingend, lief Mr. Abe Loeb über den Strand wie ein junger Gott.

Li kauerte zitternd am Boden. »Abe«, schluchzte sie mit klappernden Zähnen. »Wie kannst du ... wie kannst du ...«

Abe kniete feierlich vor ihr nieder. »Lily Valley, die Meeresgötter, die Tritonen, sind gekommen, dir zu huldigen. Ich soll dir bestellen, daß, seit Venus dem Schaum entstieg, keine Künstlerin einen so kolossalen Eindruck auf sie gemacht hat wie du. Zum Zeichen ihrer Bewunderung schicken sie dir« – Abe streckte die Hand aus – »diese drei Perlen. Schau!«

»Quatsch nicht, Abe«, schnüffelte Herzchen Li.

»Im Ernst, Li, schau doch, es sind wirklich echte Perlen!«

»Zeig«, sagte Li tränenschwach und griff mit zitternden Händen nach den weißlichen Kügelchen. »Abe«, rief sie verhalten, »das sind ja *Perlen*! Die hast du im Sand gefunden?«

»Aber Li, Herzchen, Perlen liegen doch nicht so im Sand herum.«

»O ja«, behauptete das Herzchen. »Sie werden ausgewaschen. Siehst du, ich hab dir gleich gesagt, daß es hier eine Unmenge Perlen gibt!«

»Perlen wachsen in Muscheln unter Wasser«, sagte Abe, seiner Sache beinahe sicher. »Wirklich und wahrhaftig, Li, die Tritonen haben sie dir gebracht. Sie haben dich nämlich baden sehen. Eigentlich wollten sie sie dir persönlich überreichen, aber du hast dich ja so vor ihnen gefürchtet ...«

»Wenn sie doch so häßlich sind«, rief Li schaudernd. »Aber es sind *fabelhafte* Perlen! Ich habe Perlen furchtbar gern!«

(Jetzt ist sie schön, sagte die kritische Stimme. Wie sie kniet, mit den Perlen in der offenen Hand, sehr schön, das muß man ihr lassen.)

»Abe, und das haben mir *wirklich* die ... diese Tiere gebracht?«

»Es sind keine Tiere, Herzchen. Es sind die Götter des Meeres. Tritonen heißen sie.«

Das Herzchen wunderte sich nicht im geringsten. »Das ist nett von ihnen, nicht? Sie sind unheimlich lieb. Was meinst du, Abe, sollte ich mich nicht bedanken?«

»Du fürchtest dich also nicht mehr?«

Das Herzchen schüttelte sich. »O doch. Abe, ich bitte dich, bring mich fort von hier!«

»Also schau«, sagte Abe, »wir müssen zu unserem Boot. Komm, hab keine Angst.«

»Ja, aber sie ... sie versperren uns doch den Weg«, stammelte Li. »Abe, möchtest du nicht allein zu ihnen gehen? Aber mich darfst du nicht hier zurücklassen.«

»Ich trage dich hinüber«, schlug Mr. Abe heldenhaft vor.

»Ja, das könnte gehen«, hauchte Herzchen.

»Aber zieh deinen Bademantel an«, brummte Abe.

»Gleich.« Fräulein Li ordnete mit beiden Händen ihr berühmtes goldenes Haar. »Bin ich nicht *schrecklich zerzaust*? Abe, hast du nicht einen Lippenstift?«

Abe legte ihr den Bademantel um die Schultern. »Nun komm schon, Li!«

»Ich fürchte mich«, seufzte das Herzchen. Mr. Abe nahm sie in die Arme. Li kam sich federleicht vor. Himmel, die ist ja viel schwerer, als du gedacht hast, sprach Abes kühle, kritische Stimme. Und jetzt hast du beide Hände voll; wenn sie uns angreifen – was dann?

»Könntest du nicht schneller laufen?« schlug das Herzchen vor.

»Ja«, schnaufte Mr. Abe, mühselig dahintorkelnd. Es dunkelte nun rasch. Abe näherte sich dem weiten Halbkreis der Tiere. »Schnell, Abe, lauf, lauf!« flüsterte Li. Die Tiere begannen in einer eigenartigen Wellenbewegung zu schwingen und mit den Oberkörpern zu kreisen.

»So lauf doch, lauf, schnell!« stöhnte das Herzchen und schlug hysterisch mit den Füßen um sich; in Abes Hals bohrten sich silberlakkierte Fingernägel.

»Himmel, Li, laß!« brüllte Abe.

»Naif«, bellte es neben ihm. »Ts, ts, ts.« – »Naif.« – »Li.« – »Naif.« – »Naif.« – »Naif.« – »Li.«

Aber schon waren sie über den Halbkreis hinaus, und Abe fühlte, wie seine Füße in dem feuchten Sand einsanken. »Du kannst mich schon wieder loslassen«, lispelte das Herzchen, gerade als Abes Arme und Beine den Dienst versagten.

Abe atmete schwer und wischte sich mit dem Arm den Schweiß von der Stirn. »Geh zum Boot, schnell«, befahl Herzchen Li. Der Halbkreis der dunklen Schatten hatte sich zu Li umgedreht und rückte näher.

»Ts, ts, ts.« – »Naif.« – »Naif.« – »Li.«

Aber Li schrie nicht. Li lief auch nicht davon. Li hob die Arme zum Himmel. Der Bademantel glitt von ihren Schultern. Die nackte Li winkte den schwankenden Schatten mit beiden Armen und warf ihnen Kußhändchen zu. Auf ihren zitternden Lippen erschien etwas, das wohl jeder ein bezauberndes Lächeln hätte nennen müssen. »Ihr seid ja so goldig!« rief ihre bebende Stimme. Und ihre weißen Arme streckten sich noch einmal nach den schwankenden Schatten aus.

»Pack doch mit an, Li«, brummte Abe etwas grob und schob den Kahn tiefer ins Wasser.

Herzchen Li hob ihren Bademantel auf. »Lebt wohl, meine Süßen!« Schon hörte man die Schatten im Wasser plätschern. Das Herzchen watete zum Boot. »Mach schnell, Abe«, zischte es, »sie sind schon wieder da!« Mr. Abe bemühte sich verzweifelt, den Kahn ins Wasser zu bekommen. So. Nun stieg Fräulein Li noch dazu und schüttelte zum Gruß winkend die Hände. »Geh auf die andere Seite, Abe, man sieht mich nicht.«

»Naif!« – »Ts, ts, ts.« – »A-be!«

»Naif!« – »Ts!« – »Naif!«

»Ts, ts.«

»Naif!«

Endlich schaukelte der Kahn auf den Wellen. Mr. Abe kletterte hinein und legte sich mit aller Kraft in die Riemen. Eines der Ruder traf einen glitschigen Leib.

Das Herzchen seufzte tief auf. »Sind sie nicht goldig? Und hab ich das nicht *grandios* gemacht?«

Mr. Abe ruderte mit aller Kraft zur Jacht. »Zieh den Bademantel an, Li«, sagte er trocken.

»Ich glaube, es war ein *unheimlicher* Erfolg«, konstatierte Fräulein Li. »Und die Perlen, Abe! Wieviel, glaubst du, sind sie wert?«

Mr. Abe hielt einen Augenblick im Rudern inne. »Ich glaube, du hättest dich nicht *so* vor ihnen zu zeigen brauchen.«

Fräulein Li war gekränkt. »Was war denn dabei? Man sieht, daß du kein *Künstler* bist, Abe. Ich bitte dich, rudre weiter, mir ist in dem Mantel kalt.«

7 Fortsetzung der Jacht in der Lagune

Triton

das Herzchen

Diesen Abend gab es auf der Jacht Gloria Pickford keine persönlichen Streitigkeiten; nur wissenschaftliche Meinungsverschiedenheiten verursachten beträchtlichen Lärm. Fred (loyal von Abe unterstützt) war der Ansicht, es müßte *bestimmt* eine Art Echsen gewesen sein, während der Kapitän auf Säugetiere tippte. Im Meer gibt es keine Echsen, behauptete er hitzig, aber die jungen Herren von der Universität ließen seinen Einwand nicht gelten; dann seien eben Echsen eine um so größere Sensation. Herzchen Li gab sich mit Tritonen zufrieden, und sie wären einfach *entzückend* gewesen und überhaupt, und es war *solch* ein Erfolg. Und Li (in dem blaugestreiften Pyjama, das Abe *so* gut gefiel) träumte mit leuchtenden Augen von Perlen und Meeresgöttern. Judy allerdings war überzeugt, daß das ganze nur Jux und Humbug sei und daß Lily und Abe sich alles ausgedacht hatten; sie zwinkerte Fred wütend zu, endlich Schluß zu machen. Abe dachte, Li hätte *wirklich erwähnen* können, wie furchtlos er, Abe, ihren Bademantel mitten unter diesen Echsen herausgeholt hatte; darum erzählte er dreimal, wie *großartig* Li ihnen die Stirn geboten hatte, während er, Abe, den Kahn ins Wasser schob, er begann gerade, es zum vierten Mal zu schildern. Aber Fred und der Kapitän hörten überhaupt nicht zu, sie stritten leidenschaftlich: Echsen oder Säugetiere. (Als ob *daran* so viel gelegen wäre, dachte Abe.) Endlich gähnte Judy und sagte, sie ginge schlafen; sie warf Fred einen bedeutungsvollen Blick zu, aber Fred war gerade eingefallen, daß vor der Sintflut solche alten komischen Echsen gelebt hatten, wie hießen sie nur schnell, zum Donnerwetter. Diplosaurier, Bigosaurier oder so, und die wären auf den Hinterbeinen gegangen, Herr. Er habe es selbst auf so 'nem komischen, gelehrten Bild gesehen, Herr, in solch einem dicken Buch. Ein unheimliches Buch, Herr, sollten Sie kennen.

»Abe«, ließ sich nun Herzchen Li vernehmen. »Ich hab eine *fabelhafte* Filmidee.«

»Was denn?«

»Etwas unerhört Neues. Weißt du, unsere Jacht geht, sagen wir, unter, und nur ich rette mich auf diese Insel. Und da lebe ich als weiblicher Robinson.«

»Was würden Sie denn da tun?« wandte der Kapitän skeptisch ein.

»Baden und so«, sagte das Herzchen schlicht. »Und die Meeresgötter, die Tritonen, würden sich in mich verlieben . . . und mir lauter Perlen bringen. Weißt du, ganz wie in Wirklichkeit. Es könnte ja eventuell ein Natur- oder Lehrfilm werden, was meinst du? Etwas wie Trader Horn.«

»Li hat recht«, erklärte plötzlich Fred. »Wir sollten diese Echsen morgen abend filmen.«

»Das heißt diese Säugetiere«, verbesserte der Kapitän.

»Das heißt, mich«, sagte das Herzchen, »wie ich mitten unter den Tritonen stehe.«

»Aber im Bademantel«, schnappte Abe.

»Ich würde den *weißen* Badeanzug nehmen«, sagte Li. »Und Greta müßte mir eine ordentliche Frisur machen. Heute hab ich einfach schrecklich ausgesehen.«

»Und wer soll filmen?«

»Abe. Damit er wenigstens zu etwas nütze ist. Und wenn es zu finster wird, müßte Judy mit irgend etwas leuchten.«

»Und Fred?«

»Fred müßte Pfeil und Bogen haben und einen Kranz auf dem Kopf, und falls mich die Tritonen entführen wollen, müßte er sie niedermachen, nicht wahr?«

»Danke ergebenst«, grinste Fred. »Aber mir ist ein Revolver lieber. Und der Kapitän sollte, glaube ich, auch dabei sein.«

Der Kapitän sagte mit kampfbereit gesträubtem Schnurrbart: »Machen Sie sich man keine Sorgen, ich werde schon alles Nötige tun.«

»Und was ist das?«

»Drei Leute von der Besatzung, Sir. Und gut bewaffnet, Sir.«

Herzchen Li staunte entzückt. »Glauben Sie, das ist *so* gefährlich, Kapitän?«

»Ich glaube nichts, mein Kind«, brummte der Kapitän. »Aber ich habe meine Befehle von Mr. Jesse Loeb – wenigstens soweit Herr Abe in Frage kommt.«

Die Herren stürzten sich mit Leidenschaft in die technischen Details des Unternehmens. Abe zwinkerte dem Herzchen zu, du solltest schon schlafen gehen und derlei. Und Li ging folgsam schlafen. »Weißt du, Abe«, sagte sie in ihrer Kabine, »ich glaube, es wird ein *toller* Film.«

»Ja, Herzchen«, stimmte Mr. Abe zu und wollte sie küssen.

»Heute nicht, Abe«, weigerte sich das Herzchen. »Du mußt doch begreifen, daß ich mich *schrecklich* konzentrieren muß.«

Den ganzen folgenden Tag konzentrierte sich Fräulein Li intensiv. Die arme Zofe Greta hatte alle Hände voll zu tun. Da waren Bäder mit wichtigen Salzen und Essenzen, Haarwaschen mit Nurblond-Shampoon, Massage, Pediküre, Maniküre, Ondulation und Frisur, Bügeln, Anprobieren und Ändern von Kleidern, Schminken und offenbar noch eine Menge anderer Vorbereitungen; sogar Judy wurde mitgerissen und half Herzchen Li. (Es gibt schwere Augenblicke, wo Frauen zueinander bewunderungswürdig loyal sein können, zum Beispiel in der Kleiderfrage.) Während in Fräulein Lis Kabine solch fieberhaftes Treiben herrschte, hatten sich die Herren selbständig gemacht und stellten mit Hilfe von Aschenbechern und Likörgläsern, die sie sinnreich auf dem Tisch anordneten, einen strategischen Plan auf, der jedem seinen Platz und seine Funktion zuwies, für den Fall, daß es zu etwas käme. Dabei wurde der Kapitän mehrmals in der Prestigefrage des Kommandos schwer beleidigt. Am Nachmittag wurden die Filmapparate, ein kleines Maschinengewehr, ein Korb mit Bestecken und Eßwaren, Gewehre, ein Grammophon und anderer Kriegsbedarf, alles vortrefflich mit Palmenblättern maskiert, auf die Insel geschafft. Noch vor Sonnenuntergang nahmen drei bewaffnete Männer der Besatzung und der Kapitän, in der Funktion des Oberkommandierenden, ihre Plätze ein. Dann wurde ein Riesenkorb mit einigen Kleinigkeiten für Fräulein Lily Valley ans Ufer gebracht. Dann kamen Fred und Fräulein Judy. Dann begann die Sonne in all ihrer tropischen Pracht unterzugehen.

Unterdessen klopfte Mr. Abe schon zum zehnten Mal an Fräulein Lis Kabine. »Herzchen, es ist *wirklich* schon höchste Zeit!«

»Gleich, gleich«, antwortete Herzchens Stimme. »Ich bitte dich, mach mich nicht nervös! Ich muß mich doch *anziehen*, oder?«

Indessen begutachtete der Kapitän die Situation. Dort auf der Fläche der Bucht glitzert ein gerader, langer Gürtel, der das wogende Meer von der stillen Lagune abtrennt. Als wäre unter dem Wasser ein Damm oder Wellenbrecher, denkt der Kapitän; vielleicht ist es Sand oder ein Korallenriff, aber es sieht eher nach etwas Künstlichem aus. Sonderbarer Ort. Über der stillen Fläche der Lagune tauchen da und dort schwarze Köpfe auf und ziehen zum Ufer hin. Der Kapitän preßt die Lippen zusammen und greift unruhig nach dem Revolver. Es wäre besser, denkt er, wenn die Weiber auf dem Schiff geblieben wären. Judy beginnt zu zittern und klammert sich krampfhaft an Fred. Wie stark er ist, denkt sie, mein Gott, wie ich ihn liebe!

Endlich stößt der letzte Kahn von der Jacht ab, mit Fräulein Lily Valley in weißem Badetrikot und einem durchsichtigen dressinggown, in dem sie offenbar als Schiffbrüchige ans Ufer geschleudert werden soll, außerdem Miss Greta und Mr. Abe. »Warum ruderst du nur so langsam, Abe«, sagt das Herzchen vorwurfsvoll. Mr. Abe sieht die schwarzen Köpfe, die dem Strand zustreben, und sagt nichts.

»Ts, ts.«

»Ts.«

Mr. Abe zieht das Boot auf den Sand und hilft Herzchen Li und Fräulein Greta beim Aussteigen.

»Lauf schnell zum Apparat«, flüstert die Künstlerin. »Und wenn ich ›jetzt‹ sage, dann dreh.«

»Aber man wird ja nichts mehr sehen«, wendet Abe ein.

»Dann muß Judy eben leuchten, Greta!«

Während Mr. Abe Loeb seinen Platz am Apparat einnahm, lagerte sich die Künstlerin als sterbender Schwan auf dem Sand, und Fräulein Greta arrangierte die Falten ihres dressing-gowns. »Ein Stück Bein muß zu sehen sein«, flüsterte die Schiffbrüchige. »Fertig? Also weg! Abe, jetzt!«

Abe begann die Kurbel zu drehen. »Judy, Licht!« Aber kein Licht flammte auf. Aus dem Meer tauchten schwankende Schatten und näherten sich Li. Greta stopfte die Hand in den Mund, um nicht aufzuschreien.

»Li!« rief Mr. Abe. »Li, lauf!«

»Naif!«

»Ts, ts, ts.«

»Li.«

»Abe!«

Jemand entsicherte einen Revolver. »Zum Teufel, nicht schießen«, zischte der Kapitän.

»Li«, rief Abe und hörte auf zu drehen. »Judy, Licht!«

Li stand langsam und lässig auf und hob die Arme zum Himmel. Das leichte dressing-gown glitt von ihren Schultern. Blütenweiß steht Lily da und ringt die Arme anmutig über dem Kopf, wie es Schiffbrüchige zu tun pflegen, wenn sie aus ihrer Ohnmacht erwachen. Mr. Abe kurbelte drauflos wie besessen. »Donnerwetter noch mal, Judy, Licht!«

»Ts, ts, ts.«

»Naif.«

»Naif.«

»Abe!«

Die schwarzen Schatten umkreisten wiegend die weiße Li. Halt, halt, das ist kein Spiel mehr! Li ringt auch nicht mehr die Hände über dem Kopf, sondern stößt etwas von sich und kreischt: »Abe, Abe, es hat mich angefaßt!« In diesem Augenblick flammt blendendes Licht auf. Abe dreht rasch die Kurbel, Fred und der Kapitän eilen mit Revolvern auf Li zu, die auf dem Boden kauert und vor Entsetzen stammelt. Zur gleichen Zeit sieht man in dem grellen Licht Hunderte lange dunkle Schatten fliehend ins Meer gleiten. Zur gleichen Zeit werfen zwei Matrosen ein Netz über einen der fliehenden Schatten. Zur gleichen Zeit sackt Greta ohnmächtig zusammen. Zur gleichen Zeit krachen zwei oder drei Schüsse, plätschert aufgewirbeltes Wasser im Meer, und die beiden Matrosen liegen mit dem Netz auf etwas Zappelndem, sich Windendem. Und das Licht in Fräulein Judys Händen erlischt.

Der Kapitän knipste seine Taschenlampe an. »Kindchen, ist Ihnen nichts geschehen?«

»Es hat mich am Bein angefaßt«, jammerte das Herzchen. »Fred, es war schrecklich!«

Jetzt stellte sich auch Mr. Abe mit seiner Taschenlampe ein. »Fabelhaft ist es gegangen, Li«, rief er begeistert, »aber Judy hätte früher leuchten sollen.«

»Das Licht hat nicht funktioniert!« Judys Stimme überschlug sich. »Nicht wahr, Fred, es hat nicht funktioniert?«

»Judy hat sich nämlich gefürchtet«, entschuldigte sie Fred. »Ehrenwort, sie hat es nicht absichtlich getan, nicht wahr, Judy?«

Judy war beleidigt. Aber inzwischen waren die beiden Matrosen herangekommen und brachten in ihrem Netz etwas angeschleppt, das herumschnellte wie ein großer Fisch. »Da ist es, Kapitän. Lebendig!«

»Elendes Vieh, spritzt so 'n Giftzeug um sich. Ich hab die Hände voller Blasen, Herr. Es brennt höllisch.«

»Mich hat es auch angefaßt«, winselte Fräulein Li. »Leucht mal her, Abe! Hab ich nicht da eine Blase?«

»Nein, Herzchen, du hast nichts«, versicherte Abe; fast hätte er die Stelle über dem Knie geküßt, die das Herzchen so sorgenvoll rieb.

»Es war so kalt! Brrr!« jammerte Li.

»Sie haben eine Perle verloren, Ma'm«, sagte der eine Matrose und reichte Li ein Kügelchen, das er im Sand aufgelesen hatte.

»Himmel, Abe«, schrie Fräulein Li auf. »Sie haben mir wieder Perlen gebracht! Kinder, kommt Perlen suchen! Hier müssen *eine Menge* Perlen sein, die mir die armen Teufel gebracht haben! Sind sie nicht entzückend, Fred? Hier ist auch eine Perle!«

»Und hier!«

Drei Taschenlampen senkten ihren Lichtkreis zum Boden.

»Ich habe eine fabelhafte gefunden!«

»Die gehört mir«, schnappte das Herzchen.

»Fred«, rief Fräulein Judy eisig.

»Gleich«, sagte Herr Fred, der auf den Knien im Sand herumrutschte.

»Fred, ich will zurück aufs Schiff!«

»Es wird dich jemand hinüberrudern«, meinte der eifrig beschäftigte Fred. »Herrgott, ist das ein Jux!«

Die drei Herren und Fräulein Li bewegten sich über den Sand wie große Johanniskäfer.

»Hier sind drei Perlen«, meldete der Kapitän.

»Zeigen Sie, zeigen Sie«, quietschte Li begeistert und rutschte dem Kapitän schnell auf den Knien nach. In diesem Augenblick flammte das Magnesiumlicht auf, und die Kurbel des Filmapparats ratterte. »So, jetzt seid ihr alle drauf«, erklärte Judy rachsüchtig. »Das wird eine unheimliche Aufnahme für die Zeitung. Amerikanische Gesellschaft beim Perlensuchen. Meerechsen bombardieren Menschen mit Perlen.«

Fred setzte sich auf. »Herrgott, Judy hat recht. Kinder, das *müssen* wir in die Zeitung geben!«

Li setzte sich auch. »Judy ist reizend. Judy, nimm uns noch einmal auf, aber von vorn!«

»Dabei würdest du viel verlieren, meine Liebe«, meinte Judy.

»Kinder«, sagte Mr. Abe, »wir sollten lieber suchen. Die Flut wird bald kommen.«

Im Finstern, am Rande des Meeres, bewegte sich ein schwankender Schatten. Li kreischte auf: »Dort . . . dort . . .«

Drei Taschenlampen sandten ihren Lichtkreis in diese Richtung. Es war nur Greta, die im Finstern, auf den Knien rutschend, Perlen suchte.

Li hatte die Mütze des Kapitäns mit einundzwanzig Perlen auf dem Schoß. Abe schenkte ein, und Judy bediente das Grammophon. Es war eine unendliche Sternennacht über dem ewigen Rauschen des Meeres.

»Also was für einen Titel?« legte Fred aus vollem Halse los.

VORSINTFLUTLICHE
ECHSEN
HULDIGEN
DER SCHÖNHEIT
UND JUGEND

Industriellentochter aus Milwaukee filmt fossile Kriechtiere

schlug Abe poetisch vor.

JACHT GLORIA PICKFORD ENTDECKT
UNBEKANNTE LEBEWESEN

oder

DAS RÄTSEL DER INSEL TAHUARA

meinte der Kapitän.

»Das wäre höchstens ein Untertitel«, fand Fred. »Der Titel muß mehr sagen.«

Baseball-Fred kämpft mit Ungetümen

ließ sich Judy vernehmen. »Fred war fabelhaft, wie er sich auf sie stürzte. Wenn es nur im Film gut herausgekommen ist!«

Der Kapitän räusperte sich. »Ich bin eigentlich zuerst gelaufen, Fräulein Judy, aber sprechen wir nicht davon. Ich glaube, der Titel sollte wissenschaftlich klingen, Herr.

Vor-lu-vi-ale Fauna auf Insel des Pazifiks

Nüchtern . . . und . . . na eben wissenschaftlich.«

»Präliduviale«, verbesserte Fred. »Nein, prävidualе. Herrgott noch mal, wie ist das eigentlich? Antiluvial. Anteduvial. Nein, das geht nicht. Wir müssen einen einfacheren Titel finden, den jeder aussprechen kann. Judy ist ein famoser Kerl.«

»Antediluvial«, sagte Judy.

Fred schüttelte den Kopf. »Zu lang, Judy. Länger als die ganzen Biester mitsamt dem Schwanz. Ein Titel soll kurz sein. Aber Judy ist fabelhaft, stimmt's? Sagen Sie, Kapitän, ist sie nicht großartig?«

»Ja«, pflichtete der Kapitän bei. »Ein prächtiges Mädel.«

»Feiner Kerl, Kapitän«, sagte der junge Riese mit Kennermiene. »Kinder, der Kapitän ist ein famoser Kerl. Aber vorluviale Fauna ist Blödsinn. Das ist kein Zeitungstitel. Da schon eher

LIEBESPAAR AUF PERLENINSEL

oder so etwas.«

TRITONEN ÜBERSCHÜTTEN WEISSE LILY MIT PERLEN

schrie Abe.

HULDIGUNG aus dem Reiche Poseidons!
Neue Aphrodite!

»Blödsinn!« protestierte Fred aufgebracht.

»Tritonen hat es nie gegeben. Das ist wissenschaftlich bewiesen, mein Junge. Und eine Aphrodite hat es auch nie gegeben, nicht wahr, Judy?

Zusammenstoß zwischen Menschen und Urechsen!

Mutiger Kapitän greift vorsintflutliche Ungeheuer an!

Mensch, das muß Schmiß haben, so ein Titel!«

»Sonderausgabe!« rief Abe.

Filmkünstlerin von Meerungeheuern überfallen!

Fossile Kriechtiere bevorzugen Blondinen!

Sex-Appeal moderner Frau siegt über urzeitliche Echsen!

.»Abe«, meinte Herzchen Li. »Du, ich hab eine Idee . . .«

»Was?«

»Für einen Film. Eine einfach fabelhafte Sache, Abe. Stell dir vor, ich bade am Ufer des Meeres . . .«

»Dieses Trikot steht dir wundervoll, Li«, rief Mr. Abe schnell.

»Nicht wahr? Und die Tritonen verlieben sich in mich und entführen mich auf den Meeresgrund. Und ich werde ihre Königin.«

»Auf dem Meeresgrund?«

»Ja, unter Wasser. In ihrem geheimnisvollen Reich, weißt du? Sie haben doch dort Städte und alles mögliche.«

»Aber Herzchen, da müßtest du doch ertrinken.«

»Hab keine Angst, ich kann schwimmen«, sagte Herzchen Li sorglos. »Nur einmal täglich tauche ich zum Ufer hinauf, um Luft zu schöpfen.« Li führte Atemübungen mit wogendem Busen und Schwimmbewegungen der Arme vor. »Ungefähr so, weißt du? Und am Strand verliebt sich . . . sagen wir ein junger Fischer in mich. Und ich mich in ihn. Irrsinnig«, seufzte das Herzchen. »Weißt du, er ist so stark und schön. Die Tritonen wollen ihn ertränken. Aber ich rette ihn und gehe mit ihm in seine Hütte. Und die Tritonen belagern uns, und dann könntet ihr uns eventuell befreien kommen.«

»Li«, sagte Fred ernst, »das ist so blöd, daß es tatsächlich gedreht werden könnte. Sollte mich wundern, wenn der alte Jesse daraus nicht einen Großfilm macht.«

Fred hatte recht. Es wurde daraus ein Großfilm der Produktion Jesse Loeb Pictures mit Fräulein Lily Valley in der Hauptrolle. Außerdem

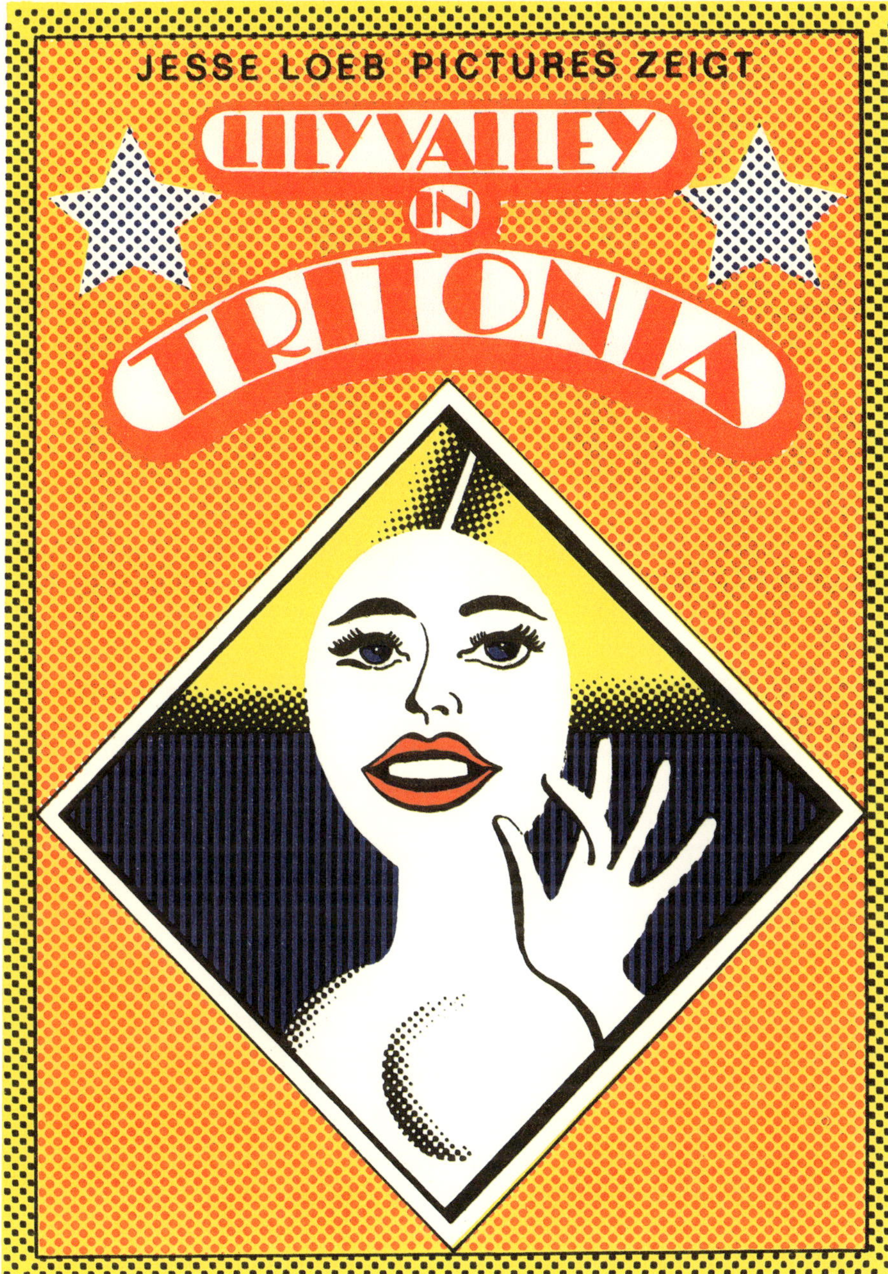

Lily Valley

waren darin sechshundert Nereiden beschäftigt, ein Neptun und zwölftausend als verschiedene vorsintflutliche Echsen verkleidete Statisten. Aber bevor es dazu kam, floß viel Wasser ins Meer, und es ereignete sich so mancherlei, und zwar:

1. Das gefangene, in Herzchen Lis Badewanne untergebrachte Tier erfreute sich zwei Tage lang des lebhaften Interesses der ganzen Gesellschaft; am dritten Tag bewegte es sich nicht mehr. Fräulein Li behauptete, dem armen Tier sei bange. Am vierten Tag begann es zu stinken und mußte in fortgeschrittenem Zustand der Verwesung ins Meer geworfen werden.

2. Von den bei der Lagune aufgenommenen Photos waren nur zwei zu gebrauchen. Auf dem einen kauerte Herzchen Li von Grauen geschüttelt auf dem Boden und wehrte entsetzt mit den Armen die aufrecht stehenden Tiere ab. Diese Aufnahme fanden alle einfach fabelhaft. Auf der anderen sah man drei Männer und ein Mädchen im Sand knien, die Nasen tief zu Boden gesenkt; sie waren von hinten aufgenommen und schienen sich vor etwas zu verneigen. Diese Aufnahme wurde unterdrückt.

3. Was die vorgeschlagenen Zeitungstitel betrifft, wurden in hundert und aber hundert Journalen, Wochenschriften und Magazinen Amerikas und der ganzen Welt beinahe alle verwendet (sogar die antediluviale Fauna); es wurde eine Schilderung des ganzen Begebnisses hinzugefügt, mit vielen Details und Photographien, zum Beispiel eine Aufnahme Herzchen Lis unter den Echsen, die Aufnahme der Echse in der Badewanne allein, eine Aufnahme Fräulein Lis allein im Badeanzug, Photographien Fräulein Judys, Mr. Abe Loebs, Baseball-Freds, des Kapitäns der Jacht, der Jacht Gloria Pickford allein, der Insel Taraiva allein und der Perlen allein auf schwarzem Samt ausgelegt. Damit war die Karriere Herzchen Lis gesichert; sie lehnte es sogar ab, im Varieté aufzutreten, und erklärte Zeitungsberichterstattern, sie beabsichtige, sich einzig und allein der Kunst zu widmen.

4. Es fanden sich immerhin Leute, die unter Vorspiegelung von Fachbildung behaupteten, soweit sich an Hand der Aufnahmen beurteilen ließe, handle es sich um gar keine urzeitlichen Echsen, sondern um eine Abart von Molchen. Leute mit noch mehr Fachbildung behaupteten, diese Abart von Molchen sei wissenschaftlich nicht bekannt und existiere deshalb überhaupt nicht. Es entwickelte sich eine

lange Pressepolemik, der Professor J. W. Hopkins (Yale Un.) durch die Erklärung ein Ende machte, er habe die vorliegenden Aufnahmen studiert und betrachte sie als Zeitungsente (hoax), respektive Trickfilm; die abgebildeten Tiere erinnerten bis zu einem gewissen Grade an den cryptobranchialen Riesenmolch (Cryptobranchus japonicus, Sieboldia maxima, Tritomegas Sieboldii oder Megalobatrachus Sieboldii), aber nur undeutlich, und überdies kunstlos, ja geradezu dilettantisch nachgeahmt. Damit war die Sache für längere Zeit wissenschaftlich erledigt.

5. Schließlich heiratete Mr. Abe Loeb nach einer angemessenen Frist Fräulein Judy. Sein bester Freund, Baseball-Fred, war Trauzeuge bei der Hochzeit, die mit großem Gepränge und unter Beteiligung vieler hervorragender Persönlichkeiten aus politischen, Künstler- und anderen Kreisen stattfand.

8 Andrias Scheuchzeri

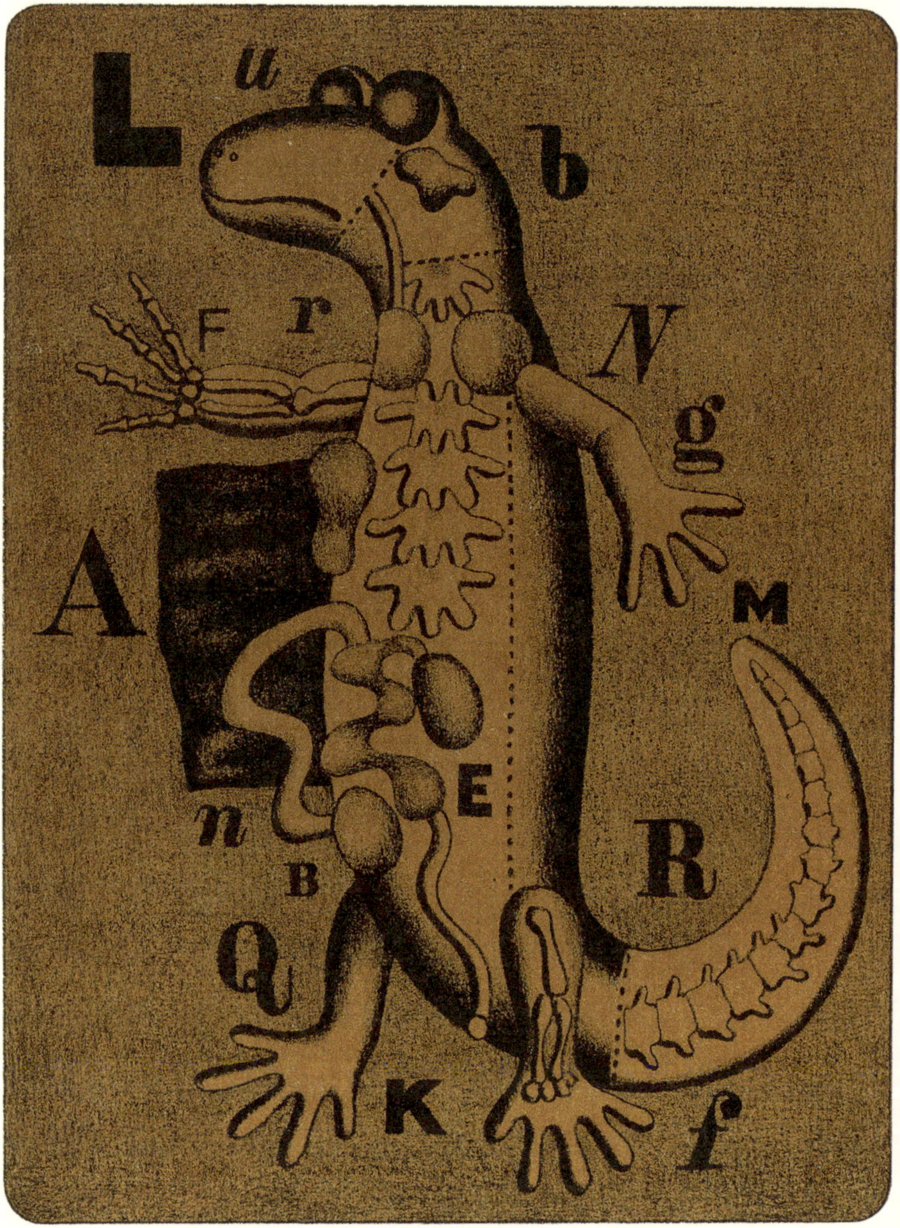

Andrias Scheuchzeri

Schier unerschöpflich ist der menschliche Fürwitz. Die Menschen begnügten sich nicht damit, daß Professor J. W. Hopkins (Yale Un.), zu der Zeit die größte Autorität auf dem Gebiete der Reptilien, jene rätselhaften Geschöpfe für unwissenschaftlichen Humbug und reine Phantasie erklärt hatte; in Fachpresse und Tageszeitungen begannen sich die Nachrichten über das Vorkommen bisher unbekannter, den Riesenmolchen ähnlicher Tiere an den verschiedensten Stellen des Stillen Ozeans zu häufen.

Relativ zuverlässige Angaben wollten sie auf den Salomoninseln, auf Schouten, Kapingamarangi, Butaritari und Tapeteuea und einer ganzen Gruppe kleiner Inselchen: Nukufetau, Funafuti, Nukonomo und Duaofu, ja selbst auf dem entlegenen Hiau, Uahuka, Uapu und Pukapuka gefunden haben. Es wurden Gerüchte zitiert von den Teufeln Kapitän van Tochs (hauptsächlich im Gebiet Melanesiens) und von den Tritonen Fräulein Lilys (das wiederum mehr in Polynesien); die Zeitungen zogen daraus den Schluß, daß es sich um verschiedene Arten vorsintflutlicher Meeresungeheuer handle, vor allem weil die Sommersaison begann und sie nichts zu schreiben hatten. Meeresungeheuer erfreuen sich bei der Leserschaft immer eines bedeutenden Erfolgs. Besonders in den USA kamen die Tritonen in Mode; in New York wurde dreihundertmal die Ausstattungsrevue Poseidon mit dreihundert der schönsten Tritoninnen, Nereiden und Sirenen aufgeführt; auf Miami und an der kalifornischen Küste badete die Jugend in Tritonen- und Nereidenkostümen (das heißt drei Perlenschnüren und sonst nichts), während in den mittleren und mittelwestlichen Staaten die Bewegung zur Unterdrükkung der Unsittlichkeit (B. U. U.) ungemein erstarkte, wobei es zu öffentlichen Kundgebungen kam und einige Neger gehängt oder verbrannt wurden.

Schließlich erschien in »The National Geographic Magazine« das Bulletin der Wissenschaftlichen Expedition der Universität Columbia (von J. S. Tincker, dem sogenannten Konservenkönig, finanziert); dieser Bericht war von P. L. Smith, W. Kleinschmidt, Charles Kovar, Louis Forgeron und D. Herrero unterzeichnet, also Kapazitäten von Weltruf, besonders auf dem Gebiet der Fischparasiten, Ringelwürmer, Pflanzenbiologie, Aufgußtierchen und Läuse. Dem umfangreichen Bericht entnehmen wir:

... Auf der Insel Rakahanga begegnete die Expedition zum ersten Mal den Spuren der Hinterfüße eines bisher unbekannten Riesenmolches. Die Abdrücke sind fünfzehig, die Länge der Zehen beträgt drei bis vier Zentimeter. Nach der Anzahl der Fußstapfen zu schließen, müssen an der Küste der Insel Rakahanga von diesen Molchen geradezu Unmengen vorkommen. Da keine Spuren von Vorderfüßen gefunden wurden (bis auf einen einzigen vierzehigen Abdruck, offenbar von einem Jungtier herrührend), gelangte die Expedition zu dem Schluß, daß diese Molche sich offensichtlich auf den hinteren Gliedmaßen fortbewegen.

Wir bemerken, daß es auf der Insel Rakahanga weder Fluß noch Sumpf gibt. Demnach leben diese Molche im Meer. Sie dürften die einzigen Vertreter ihrer Ordnung sein, die in einem pelagischen Milieu leben. Es ist wohl bekannt, daß der mexikanische Axolotl (Amblystoma mexicanum) sich in Salzseen aufhält, aber pelagische (im Meer lebende) Molche erwähnt nicht einmal das klassische Werk **W. KORNGOLDS** »Die Schwanzlurche (Urodela)«, Berlin 1913.

... Wir warteten bis zum Nachmittag, um ein lebendes Exemplar zu erjagen oder wenigstens zu Gesicht zu bekommen, aber vergebens. Mit Bedauern verließen wir die liebliche Insel Rakahanga, wo es **D. HERRERO** gelungen war, eine schöne neue Wanze zu entdekken ...

Weit mehr Glück hatten wir auf der Insel Tongarewa. Das Gewehr im Anschlag, warteten wir auf dem Strand. Nach Sonnenuntergang tauchten aus dem Wasser verhältnismäßig große, etwas abgeflachte Molchköpfe auf, und bald kamen die Tiere ganz auf das sandige Ufer heraus. Sie gingen auf den Hinterfüßen, in wiegender Gangart, aber ziemlich rasch. Sitzend waren sie etwas über einen Meter groß. Sie ließen sich in einem weiten Kreis nieder und versetzten die Oberkörper in eine eigenartige, kreisende Bewegung. Man hatte den Eindruck, als ob sie tanzten. **W. KLEINSCHMIDT** erhob sich ein wenig, um besser zu sehen. Sofort wandten die Molche die Köpfe nach ihm. Zunächst saßen sie wie erstarrt, dann kamen sie mit beträchtlicher Geschwindigkeit auf ihn zu, wobei sie zischende und bellende Laute ausstießen. Als sie auf etwa sieben Schritt herangekommen waren, schossen wir. Sie machten sich schleunigst auf die Flucht und stürzten sich ins Meer. An diesem Abend ließen sie sich nicht mehr blicken. Auf dem Strand blieben nur zwei tote Molche und ein Tier mit zerschmettertem Rückgrat zurück, das sonderbare Laute von sich gab, die wie »ogod, ogod, ogod« klangen. Als **W. KLEINSCHMIDT** später seine Lungenhöhle mit dem Messer öffnete, verendete es ...

(Nun folgen anatomische Einzelheiten, die wir Laien ohnehin nicht verstehen würden. Leser mit Fachkenntnissen verweisen wir auf das zitierte Bulletin.)

... Es handelt sich also, wie aus den angeführten Merkmalen hervorgeht, um einen Vertreter der Ordnung Schwanzlurche *(Urodela)*, welche bekanntlich die

Familie der echten Molche *(Salamandridae)* einschließlich der Gattung der Wassermolche *(Tritones)* und der Molche *(Salamandrae)* umfaßt sowie die Fischlurche *(Ichthyoidea)* einschließlich der Riesenmolche *(Cryptobranchiata)* und Dauerkiemer *(Phanerobranchiata)*. Der auf der Insel Tongarewa angetroffene Molch scheint am nächsten mit dem Riesenmolch verwandt zu sein; in mancher Hinsicht, unter anderm durch seine Größe, erinnert er an den japanischen Riesenmolch *(Megalobatrachus Sieboldii)* oder an den amerikanischen Hellbender, den sogenannten »Schlammteufel«, unterscheidet sich jedoch von beiden durch seine gut entwickelten Sinnesorgane und die längeren und stärkeren Gliedmaßen, die ihm gestatten, sich ziemlich gewandt sowohl im Wasser als auch auf dem Lande fortzubewegen.

(Es folgen weitere Einzelheiten der vergleichenden Anatomie.)

Als wir die Skelette der getöteten Tiere präparierten, gelangten wir zu einer höchst interessanten Feststellung; nämlich daß das Skelett dieses Molches fast vollkommen mit dem fossilen Abdruck des Molchskelettes übereinstimmt, welches **Dr. JOHANNES JAKOB SCHEUCHZER** auf einer Steinplatte aus den Öninger Steinbrüchen fand und in seiner Abhandlung »Homo diluvii testis«, herausgegeben im Jahre 1726, abgebildet hat. Für weniger bewanderte Leser sei bemerkt, daß besagter **Dr. SCHEUCHZER** dieses Fossil für Überreste des vorsintflutlichen Menschen hielt. »... Dieses Bildnuß«, schreibt er, »welches in sauberem Holz-Schnitt der gelehrten und curiosen Welt zum Nachdenken vorliegt, ist eines von sichersten, ja ohnfehlbaren Überbleibseln der Sünd-Flut; da finden sich nicht einige Lineament, auß welchen die reiche und fruchtbare Einbildung etwas, so

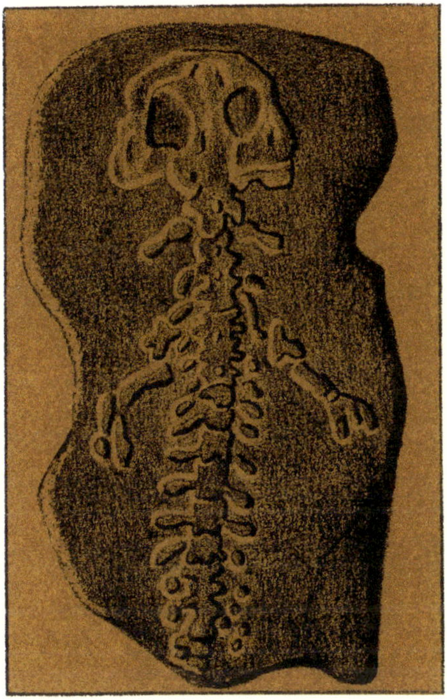

dem Menschen gleichet, formieren kann, sondern eine gründliche Übereinkunft mit denen Teilen eines menschlichen Bein-Gerüsts, ein vollkommenes Eben-Maß ... Dieser Mensch, dessen Grabmahl alle andere Römische und Griechische, auch Egyptische, oder andere Orientalische Monument an Alter und Gewüßheit übertrifft, präsentiert sich von vornen.« Später erkannte **CUVIER** in dem Öninger Abdruck das versteinerte Skelett eines Molches, der *Cryptobranchus primaevus* oder *Andrias Scheuch-*

zeri Tschudi benannt und für eine längst ausgestorbene Spezies angesehen wurde. Durch osteologischen Vergleich ist es uns gelungen, unsere Molche mit dem vermeintlich ausgestorbenen Urmolch Andrias zu identifizieren. Die geheimnisvolle Urechse, wie ihn die Zeitungen bezeichnet haben, *ist nichts anderes als der fossile Riesensalamander Andrias Scheuchzeri* oder, sollte ein anderer Name erwünscht sein, der *Cryptobranchus Tinckeri erectus*, respektive der *polynesische Riesenmolch.*

... Ein Rätsel bleibt nur, weshalb dieser interessante Riesenmolch bisher der Aufmerksamkeit der Wissenschaft entgangen ist, obwohl er zumindest auf den Inseln Rakahanga und Tongarewa im Manihikiarchipel in großen Mengen vorkommt. Er wird auch nicht von **RANDOLPH** und **MONTGOMERY** in ihrer Abhandlung *»Zwei Jahre auf den Manihikiinseln«* (1885) erwähnt. Die Eingeborenen behaupten, das Tier – das sie übrigens für giftig halten – wäre zum ersten Mal vor sechs bis acht Jahren aufgetaucht. Sie erzählen, die »Seeteufel« könnten sprechen (!); sie bauten in den Buchten, in denen sie leben, ganze Komplexe von Wällen und Dämmen, die unterseeischen Städten ähnlich sind; in ihren Buchten sei das Wasser das ganze Jahr hindurch ruhig wie in einem Teich; sie grüben unter Wasser viele Meter lange Höhlen und Gänge, in denen sie sich bei Tag aufhielten. In der Nacht stehlen sie angeblich auf den Feldern süße Kartoffeln und Yamwurzeln und entwenden den Menschen Hacken und andere Geräte. Die Leute mögen sie nicht, ja fürchten sie sogar, und viele haben es vorgezogen, sich an anderen Orten niederzulassen. Offenbar handelt es sich hier einfach um Aberglauben und primitive Gerüchte, die in dem abstoßenden Äußeren und dem aufrechten, nahezu menschlichen Gang dieser unschädlichen, großen Molche begründet sein dürften.

... Mit größter Vorsicht sind ferner Berichte von Reisenden aufzunehmen, nach denen diese Molche auch auf anderen als den Manihikiinseln vorkommen. Hingegen läßt sich ohne den geringsten Zweifel der rezente Abdruck eines Hinterfußes bestimmen, der am Ufer der Insel Tongatabu gefunden und von **CPTN CROISSET** in *»La Nature«* als Fußspur *Andrias Scheuchzeri* publiziert wurde. Dieser Fund ist um so bedeutsamer, als er das Vorkommen auf den Manihiki Islands mit dem australo-neuseeländischen Gebiet verbindet, wo sich so viele Überreste der Entwicklungsgeschichte einer uralten Fauna erhalten haben; wir verweisen hierbei insbesondere auf die »vorsintflutliche« Echse *Hatteria* oder *Tuatera*, die heute noch auf der Stephansinsel lebt. Auf diesen einsamen, größtenteils wenig besiedelten und von der Zivilisation beinahe unberührten Inseln konnten sich vereinzelte Reste anderwärts bereits ausgestorbener Typen von Lebewesen erhalten. Zu der fossilen Echse *Hatteria* gesellt sich nun dank der Großzügigkeit des Herrn **J. S. TINCKER** der vorsintflutliche Molch. Der gute **Dr. JOHANNES JAKOB SCHEUCHZER** könnte jetzt die Auferstehung seines Öninger Adams erleben ...

Dieses gelehrte Bulletin hätte zweifellos genügt, um die Frage der rätselhaften Meeresungeheuer, von denen schon so viel die Rede war, wissenschaftlich zu erhellen. Leider erschien zu gleicher Zeit der Bericht des holländischen Forschers van Hogenhouck, der diese Riesenmolche unter dem Namen Megatriton moluccanus in die Familie der echten Molche oder Tritonen einreihte und ihre Verbreitung auf den holländischen Sundainseln Dschilolo, Moratai und Ceram nachwies; ferner ein Bericht des französischen Gelehrten Dr. Mignard, der sie als typische Salamander bestimmte, ihren ursprünglichen Sitz auf den französischen Inseln Takaroa, Rangiroa und Raroira nachwies und sie ganz einfach Cryptobranchus salamandroides nannte; des weiteren ein Bericht von H. W. Spence, der in ihnen eine neue Familie der auf den Gilbertinseln heimischen Pelagidae erblickte, die erst unter dem Gattungsnamen Pelagotriton Spencei fachwissenschaftlich in Existenz zu treten vermochten. Mr. Spence gelang es, ein lebendes Exemplar bis in den Londoner Zoo zu transportieren, wo es Gegenstand weiterer Forschungen wurde, aus denen es unter den Benennungen Pelagobatrachus Hookeri, Salamandrops maritimus, Abranchus giganteus, Amphiuma gigas und vielen anderen hervorging. Einige Gelehrte behaupteten, der Pelagotriton Spencei sei identisch mit dem Cryptobranchus Tinckeri, und Mignards Salamander sei nichts anderes als ein Andrias Scheuchzeri, woraus sich zahlreiche Polemiken um die Priorität und andere rein wissenschaftliche Fragen ergaben. So kam es, daß schließlich die Naturwissenschaft jeder Nation ihre eigenen Riesenmolche besaß und die der anderen Nationen wissenschaftlich auf das heftigste bekämpfte. Deshalb wurde auch in der ganzen großen Molchangelegenheit von seiten der Wissenschaft bis zum Ende keine volle Klarheit erzielt.

9 Andrew Scheuchzer

Andrew Scheuchzer

Nun begab es sich an einem Donnerstag, als der Londoner Zoo für das Publikum geschlossen war, daß Herr Thomas Greggs, der Wärter im Pavillon der Eidechsen, die Behälter und Terrarien seiner Schutzbefohlenen reinigte. Er war mutterseelenallein in der Abteilung der Molche, wo der japanische Riesenmolch, der amerikanische Hellbender, Andrias Scheuchzeri und eine Menge kleinerer Wassermolche, Mölchlein, Axolotl, Aalmolche, Armmolche und Grottenolme, Rippenmolche und Furchenmolche zur Schau gestellt waren. Herr Greggs schaffte emsig mit Lappen und Besen und pfiff »Annie Laurie« dazu. Plötzlich sagte hinter ihm eine quäkende Stimme: »Schau, Mama!«

Herr Thomas Greggs drehte sich um, aber es war niemand da. Nur der Hellbender schnalzte im Schlamm, und der große, schwarze Molch, der Andrias, stützte sich mit den Vorderpfoten auf den Rand seines Behälters und drehte den Rumpf hin und her.

Ich muß mich getäuscht haben, meinte Herr Greggs und kehrte weiter, daß der Staub nur so flog.

»Schau, ein Molch«, ertönte es hinter ihm.

Herr Greggs drehte sich rasch um. Der schwarze Molch, dieser Andrias, schaute ihn an und zwinkerte mit den unteren Augenlidern.

»Brr, ist der häßlich«, sagte der Molch plötzlich. »Komm fort, Liebling.«

Herr Greggs öffnete den Mund vor Staunen. »Was?«

»Beißt er nicht?« quäkte der Molch.

»Du ... du kannst sprechen?« stotterte Greggs, der seinen fünf Sinnen nicht traute.

»Ich fürchte mich vor ihm«, stieß der Molch hervor. »Mami, was frißt er?«

»Sag mal guten Tag«, sagte der verblüffte Greggs.

Der Molch wiegte sich hin und her. »Guten Tag«, quäkte er. »Guten Tag. Guten Tag. Darf ich ihm ein Stück Kuchen geben?«

Herr Greggs griff verwirrt in die Tasche und zog ein Stück Semmel heraus. »Na, da hast du.«

Der Molch nahm die Semmel in die Pfoten und begann daran zu knabbern. »Schau, ein Molch«, grunzte er zufrieden. »Papi, warum ist er so schwarz?« Plötzlich tauchte er ins Wasser und steckte nur den Kopf heraus. »Warum ist er im Wasser? Warum? Uh, ist der häßlich!«

Herr Thomas Greggs kratzte sich verblüfft am Hinterkopf. Aha, er wiederholt, was er von den Leuten hört. »Sag mal Greggs«, versuchte er.

»Sag mal Greggs«, wiederholte der Molch.

»Herr Thomas Greggs.«

»Herr Thomas Greggs.«

»Guten Tag, Herr Greggs.«

»Guten Tag, Herr Greggs. Guten Tag. Guten Tag, Herr Greggs!« Der Molch schien sich nicht satt reden zu können.

Aber Greggs wußte nicht, was er ihm noch sagen könnte. Herr Thomas Greggs war kein gesprächiger Mensch. »Jetzt halt 's Maul«, sagte er, »wenn ich fertig bin, werd ich dir das Sprechen beibringen.«

»Jetzt halt 's Maul«, brummte der Molch. »Guten Tag, Herr Greggs. Schau, ein Molch. Das Sprechen beibringen.«

Die Direktion des Zoos sah es allerdings nicht gern, wenn die Wärter ihren Tieren Kunststücke beibrachten. Beim Elefanten ist das etwas anderes, aber die übrigen Tiere sind zur Belehrung da und nicht für Zirkusvorstellungen. Deshalb verbrachte Herr Greggs seine Zeit in der Molchabteilung mehr oder weniger heimlich, wenn keine Menschen mehr dort waren. Er war Witwer, und niemanden wunderte deshalb sein Einsiedlerleben im Pavillon der Eidechsen. Jeder hat eben seine Marotten. Übrigens war die Molchabteilung nur wenig besucht. Da erfreute sich das Krokodil schon eher allgemeiner Beliebtheit. Andrias Scheuchzeri verbrachte seine Tage verhältnismäßig einsam.

Einmal, als es schon dämmerte und die Pavillons geschlossen wurden, ging der Direktor des Zoos, Sir Charles Wiggam, durch einige Abteilungen, um nachzusehen, ob alles in Ordnung sei. Als er durch die Molchabteilung kam, planschte es in einem der Behälter, und jemand sagte mit quäkender Stimme: »Guten Abend.«

»Guten Abend«, antwortete der Direktor überrascht. »Wer ist da?«

»Entschuldigen Sie«, sagte die quäkende Stimme. »Es ist nicht Herr Greggs.«

»Wer ist da?« wiederholte der Direktor.

»Andy. Andrew Scheuchzer.«

Sir Charles trat näher an den Behälter heran. Aufrecht und unbeweglich saß bloß ein Molch darin. »Wer hat hier gesprochen?«

»Andy«, sagte der Molch. »Und wer sind Sie?«

»Wiggam«, brachte Sir Charles verblüfft hervor.

»Freut mich«, sprach Andrias höflich. »Wie geht es Ihnen?«

»Zum Teufel«, brüllte Sir Charles. »Greggs! He, Greggs!«

Der Molch versteckte sich mit einem Schwung blitzschnell im Wasser.

Herr Greggs kam durch die Tür gerannt, atemlos und beunruhigt. »Bitte, Herr Direktor?«

»Greggs, was hat das zu bedeuten?« fuhr ihn Sir Charles an.

»Ist etwas geschehen, Herr Direktor?« stotterte Herr Greggs unsicher.

»Das Tier hier spricht!«

»Entschuldigen Sie, Herr Direktor«, sagte Herr Greggs zerknirscht. »Das sollen wir doch nicht tun, Andy. Ich habe Ihnen doch schon tausendmal gesagt, Sie sollen die Leute nicht mit Ihrem Gerede belästigen. – Bitte um Entschuldigung, Herr Direktor. Es wird nicht mehr vorkommen.«

»Haben Sie dem Molch das Sprechen beigebracht?«

»Aber er hat angefangen«, verteidigte sich Greggs.

»Ich hoffe, es wird sich nicht wiederholen, Greggs«, sagte Sir Charles streng. »Ich werde Sie im Auge behalten.«

Nach einiger Zeit unterhielten sich Professor Petrov und Sir Charles über die sogenannte Intelligenz der Tiere, über bedingte Reflexe und kamen auch darauf zu sprechen, wie die im Volk verbreiteten Ansichten die Verstandestätigkeit der Tiere überschätzen. Professor Petrov äußerte seine Zweifel über die Elberfelder Pferde, die angeblich nicht nur rechnen, sondern auch potenzieren und Wurzel ziehen konnten; Wurzel ziehen könne doch nicht einmal ein normaler gebildeter Mensch, meinte der Gelehrte.

Da erinnerte sich Sir Charles an Greggsens sprechenden Molch. »Ich habe hier einen Molch«, begann er zögernd, »es ist dieser bekannte Andrias Scheuchzeri; der hat sprechen gelernt, wie ein Papagei.«

»Ausgeschlossen«, sagte der Gelehrte. »Molche haben eine angewachsene Zunge.«

»Kommen Sie ihn sich doch ansehen«, sagte Sir Charles. »Heute ist Reinigungstag, da werden nicht viel Leute dort sein.« Und sie gingen.

Beim Eingang zu den Molchen blieb Sir Charles stehen. Im Innern hörte man einen Besen kratzen und eine eintönige Stimme, die stokkend etwas las.

»Warten Sie«, flüsterte Sir Charles Wiggam.

Gibt es auf dem Mars Menschen?

buchstabierte eine eintönige Stimme. »Soll ich das lesen?«

»Etwas anderes, Andy«, antwortete eine zweite Stimme.

WIRD IM DIESJÄHRIGEN DERBY PELHAM-BEAUTY ODER GOBERNADOR SIEGEN?

»Pelham-Beauty«, sagte die andere Stimme. »Aber lesen Sie es nur.«

Sir Charles öffnete leise die Tür.

Herr Thomas Greggs kehrte den Fußboden mit dem Besen, und in dem kleinen Seewasserbassin saß Andrias Scheuchzeri und buchstabierte langsam und quäkend aus der Abendzeitung, die er in den Vorderpfoten hielt.

»Greggs!« rief Sir Charles. Der Molch warf sich herum und verschwand im Wasser.

Mr. Greggs ließ vor Schreck den Besen fallen. »Ja, Herr Direktor?«

»Was hat das zu bedeuten?«

»Bitte um Entschuldigung, Herr Direktor«, stotterte der unglückliche Greggs. »Andy liest mir vor, wenn ich kehre. Und wenn er kehrt, lese ich ihm vor.«

»Wer hat ihn das gelehrt?«

»Er hat es mir selber abgeguckt, Herr Direktor. Ich ... ich gebe ihm immer die Zeitung, damit er nicht so viel spricht. Er wollte in einem fort sprechen, Herr Direktor. Da hab ich mir gedacht, soll er wenigstens gebildet sprechen lernen.«

»Andy«, rief Sir Wiggam.

Aus dem Wasser tauchte ein schwarzer Kopf auf. »Ja, Herr Direktor?« quäkte er.

»Professor Petrov möchte dich einmal ansehen.«

»Freut mich sehr, Herr Professor. Ich bin Andy Scheuchzer.«

»Woher weißt du, daß du Andrias Scheuchzeri heißt?«

»Es steht hier, Herr Direktor. Andreas Scheuchzer, Gilbert Island.«

»Und liest du oft Zeitung?«

»Ja, Herr Direktor. Jeden Tag, Herr Direktor.«

»Was interessiert dich darin am meisten?«

»Der Gerichtssaal, Pferderennen, Fußball . . .«

»Hast du schon mal ein Fußballspiel gesehen?«

»Nein, Herr Direktor.«

»Oder Pferde?«

»Auch nicht, Herr Direktor.«

»Warum liest du es dann?«

»Weil es in der Zeitung steht, Herr Direktor.«

»Politik interessiert dich nicht?«

»Nein, Herr.

GIBT ES KRIEG?

»Das weiß niemand, Andy.«

„Deutschland baut einen neuen Unterseeboot-Typ", sagte Andy besorgt. »DIE TODESSTRAHLEN KÖNNEN GANZE KONTINENTE IN EINE WÜSTE VERWANDELN.«

»Und das hast du alles in der Zeitung gelesen, ja?« fragte Sir Charles.

»Ja, Herr Direktor. **WIRD IM DIESJÄHRIGEN DERBY PELHAM-BEAUTY ODER GOBERNADOR SIEGEN?«**

»Was meinst du, Andy?«

»Gobernador, Herr Direktor, aber Herr Greggs meint, Pelham-Beauty:«

Andy nickte mit dem Kopf.

Kauft englische Ware

Herr. **Snider Hosenträger sind die besten.**

Haben Sie schon den neuen Tancred Junior Sechszylinder? Schnell, billig, elegant.

»Danke, Andy, das genügt.«

Welche Filmschauspielerin gefällt Ihnen am besten?

Professor Petrov sträubten sich Haar und Bart. »Entschuldigen Sie, Sir Charles«, brummte er, »aber ich muß schon gehen.«

»Gut. Gehen wir. Andy, hättest du etwas dagegen, wenn ich dir einige gelehrte Herren schicken würde? Ich glaube, sie würden gern mit dir sprechen.«

»Es wird mich sehr freuen, Herr Direktor«, quäkte der Molch. »Auf Wiedersehen, Sir Charles. Auf Wiedersehen, Professor.«

Professor Petrov eilte fort, gereizt schnaufend und brummend. »Entschuldigen Sie, Sir Charles«, sagte er schließlich, »aber können Sie mir nicht irgendein Tier zeigen, das *nicht* Zeitung liest?«

Die gelehrten Herren waren Sir Bertram, D. M., Professor Ebbingham, Sir Oliver Dodge, Julian Foxley und andere. Wir zitieren den Teil des Protokolls ihres Versuches mit Andrias Scheuchzeri.

Wie heißen Sie?
Antw.: Andrew Scheuchzer.
Wie alt sind Sie?
Antw.: Das weiß ich nicht. Wollen Sie jung aussehen? Tragen Sie das Mieder Libella.
Der wievielte ist heute?
Antw.: Montag. Schönes Wetter, Sir. Diesen Sonnabend läuft Gibraltar im Epsom.
Wieviel ist drei mal fünf?
Antw.: Warum?
Können Sie rechnen?
Antw.: Ja, Sir. Wieviel ist siebzehn mal neunundzwanzig?
Überlassen Sie das Fragen uns, Andrew. Nennen Sie uns englische Flüsse.
Antw.: Die Themse...
Und weiter?
Antw.: Die Themse.
Andere kennen Sie wohl nicht? Wer regiert in England?
Antw.: King George. God bless him.
Gut, Andy. Wer ist der größte englische Schriftsteller?
Antw.: Kipling.
Sehr gut. Haben Sie etwas von ihm gelesen?
Antw.: Nein. Wie gefällt Ihnen Mae West?
Wir wollen lieber Sie fragen, Andy. Was wissen Sie von der englischen Geschichte?
Antw.: Heinrich VIII.

Was wissen Sie von ihm?
Antw.: Der beste Film der letzten Jahre. Fabelhafte Ausstattung. Unerhörtes Schauspiel.
Haben Sie ihn gesehen?
Antw.: Nein. Wollen Sie England kennenlernen? Kaufen Sie einen Ford Baby.
Was möchten Sie am liebsten sehen, Andy?
Antw.: Das Oxford-Cambridge-Wettrudern, Sir.
Wieviel Erdteile gibt es?
Antw.: Fünf.
Sehr gut. Und zwar?
Antw.: England und die andern.
Welches sind die andern?
Antw.: Die Bolschewiken und die Deutschen. Und Italien.
Wo sind die Gilbertinseln?
Antw.: In England. England wird sich nicht auf dem Kontinent die Hände binden. England braucht zehntausend Flugzeuge. Besuchen Sie die Südküste Englands.
Dürfen wir uns Ihre Zunge ansehen, Andy?
Antw.: Ja, Sir. Putzen Sie Ihre Zähne mit Flit-Paste. Sie ist sparsam, sie ist die beste, sie ist englisch. Wollen Sie einen wohlriechenden Atem haben? Benutzen Sie Flit-Paste.
Wir danken, das genügt. Und nun sagen Sie uns, Andy...

Andrew Scheuchzer

Und so weiter. Das Protokoll über das Gespräch mit Andrias Scheuchzeri umfaßte sechzehn volle Seiten und wurde in »The Natural Science« veröffentlicht. Am Schluß des Protokolls faßte die Fachkommission das Resultat ihres Versuches folgendermaßen zusammen:

1. Andrias Scheuchzeri, ein Molch des Londoner Zoos, kann sprechen, wenn auch etwas quäkend; er verfügt über einen Wortschatz von etwa vierhundert Wörtern; er sagt nur, was er gehört oder gelesen hat. Von selbständigem Denken kann natürlich nicht die Rede sein. Seine Zunge ist ziemlich beweglich; die Stimmbänder konnten wir unter den gegebenen Umständen nicht näher untersuchen.
2. Besagter Molch kann auch lesen, aber nur die Abendzeitung. Er interessiert sich für dieselben Dinge wie ein durchschnittlicher Engländer und reagiert darauf in gleicher Weise, das heißt den traditionellen, allgemeinen Ansichten folgend. Sein Seelenleben – sofern von einem solchen gesprochen werden kann – besteht aus den derzeit landläufigen Vorstellungen und Meinungen.
3. Seine Intelligenz ist durchaus nicht zu überschätzen, denn sie überschreitet in keiner Weise die Intelligenz eines Durchschnittsmenschen unserer Zeit.

Trotz dieses nüchternen Urteils der Fachleute wurde der »Sprechende Molch« zur Sensation des Londoner Zoos. Andy, der Liebling des Publikums, war von Leuten belagert, die mit ihm ein Gespräch über alles mögliche anknüpfen wollten, vom Wetter bis zur Wirtschaftskrise und der politischen Situation. Dabei bekam er von seinen Besuchern so viel Schokolade und Bonbons, daß er an einem schweren Magen- und Darmkatarrh erkrankte. Die Molchabteilung mußte geschlossen werden, aber es war schon zu spät. Andrias Scheuchzeri, genannt Andy, ging an den Folgen seiner Beliebtheit ein. Man sieht, Ruhm demoralisiert sogar Molche.

10 Kirchweih in Nové Strašecí

der weltbekannte Andrias

Herr Povondra, Portier im Hause Bondy, verbrachte seinen Urlaub diesmal in der Heimatstadt. Am nächsten Tag sollte Kirchweih sein, und als Herr Povondra das Haus verließ, seinen achtjährigen Frantík an der Hand führend, roch ganz Nové Strašecí nach Kuchen. Mädchen und Frauen huschten mit vollen Kuchenblechen über die Straße zum Bäcker. Am Marktplatz hatten schon zwei Süßwarenverkäufer und ein Glas- und Porzellanhändler ihre Buden aufgestellt, auch eine Frau, die mit großem Stimmaufwand Schnittwaren aller Art verkaufte. Und dann stand da noch eine von allen Seiten mit Planen verdeckte Segeltuchbude. Ein kleiner Mann auf einer Leiter befestigte gerade oben eine Aufschrift.

Herr Povondra blieb stehen; er wollte sehen, was daraus wohl würde.

Das dürre Männchen kletterte die Leiter herab und betrachtete befriedigt sein Werk. Herr Povondra las überrascht:

Herr Povondra erinnerte sich an den großen, dicken Mann mit der Kapitänsmütze, den er einst zu Herrn Bondy vorgelassen hatte. Na, der hat's ja weit gebracht! Armer Kerl, dachte Herr Povondra teilnahmsvoll. Kapitän, und jetzt kutschiert er mit solch einem elenden Zirkus in der Welt herum! So ein stattlicher, gesunder Mensch war er! Ich sollte mal nach ihm sehen, meinte Herr Povondra mitleidig.

Inzwischen hatte das Männchen neben dem Eingang eine zweite Aufschrift befestigt:

Sprechende Eidechsen

!! Größte wissenschaftliche Sensation !!

Eintritt **2** *Kč*

Kinder in Begleitung der Eltern die Hälfte

Herr Povondra zögerte. Zwei Kronen und eine Krone für den Jungen, das ist etwas viel. Aber Frantík lernt gut, und fremdländische Tiere zu kennen gehört zur Bildung. Herr Povondra war bereit, der Bildung ein Opfer zu bringen, und trat zu dem verschrumpelten Männchen. »Mein Freund«, sagte er, »ich möchte gern mit Kapitän van Toch sprechen.«

Das Männchen streckte die Brust im gestreiften Trikot heraus. »Das bin ich, Herr.«

»Sie sind Kapitän van Toch?« wunderte sich Herr Povondra.

»Ja«, sagte das Männchen und wies einen tätowierten Anker auf seinem Unterarm vor.

Herr Povondra zwinkerte nachdenklich. Sollte Kapitän van Toch so zusammengeschrumpft sein? Das ist doch nicht möglich. »Ich kenne nämlich Kapitän van Toch persönlich«, sagte er. »Ich bin Povondra.«

»Das ist etwas anderes«, sagte das Männchen. »Aber die Molche sind wirklich von Kapitän van Toch, Herr. Garantiert echte australische Eidechsen, Herr. Bitte sich nur hineinzubemühen. Soeben beginnt die große Vorstellung«, schnarrte er und hob die Plane vor dem Eingang.

»Komm, Frantík«, sagte Vater Povondra und trat ein. Rasch setzte sich eine ungewöhnlich große, dicke Frau an ein Tischchen. Komisches Paar, wunderte sich Herr Povondra, als er seine drei Kronen bezahlte. In der Bude war bloß ein etwas unangenehmer Geruch und eine blecherne Badewanne.

»Wo haben Sie denn die Molche?« fragte Herr Povondra.

»In der Wanne«, antwortete die gigantische Dame gleichgültig.

»Fürchte dich nicht, Frantík«, sagte Herr Povondra und trat an die Wanne heran. Etwas Schwarzes, ungefähr von der Größe eines alten Welses, lag träge im Wasser; nur die Haut am Hinterkopf dieses Etwas straffte sich regelmäßig und erschlaffte wieder.

»Also das ist dieser vorsintflutliche Molch, von dem die Zeitungen so viel geschrieben haben«, sagte Vater Povondra belehrend, ohne seine Enttäuschung merken zu lassen. (Da bin ich wieder mal reingefallen, dachte er, aber der Junge braucht das nicht zu wissen. Schade um die drei Kronen!)

»Vater, warum ist er im Wasser?« fragte Frantík.

»Weil die Molche im Wasser leben, weißt du?«

»Vater, was frißt er?«

»Fische und solches Zeug«, meinte Vater Povondra. (Etwas muß er doch fressen.)

»Und warum ist er so häßlich?« ließ Frantík nicht locker.

Herr Povondra wußte nicht, was er sagen sollte, aber da kam gerade das Männchen herein. »Also bitte, meine Damen und Herren«, begann er mit heiserer Stimme.

»Sie haben nur diesen einzigen Molch?« fragte Herr Povondra vorwurfsvoll. (Wenn es wenigstens zwei wären, dachte er, da käme ich doch eher auf meine Rechnung.)

»Der andere ist eingegangen«, antwortete das Männchen. »Das also ist der weltbekannte Andrias, meine Damen und Herren, eine seltene, giftige Echse von den Australinseln. In seiner Heimat erreicht er die Größe eines Menschen und geht auf zwei Beinen. Na«, sagte er und stupste das Schwarze, Träge, das bewegungslos in der Wanne lag, mit einer Rute. Es zuckte zusammen und erhob sich mühsam aus dem Wasser. Frantík wich zurück, aber Herr Povondra umschloß seine Hand fester, keine Angst, ich bin bei dir.

Jetzt steht es auf den Hinterbeinen, mit den Vorderpfoten stützt es sich auf den Rand der Wanne. Die Kiemen hinten am Kopf zucken krampfhaft, das schwarze Maul schnappt nach Luft. Es hat eine bis aufs Blut aufgeschundene, mit Warzen übersäte, zu lose Haut und runde Froschaugen, über die jeden Augenblick, als ob sie ihn schmerzten, das häutchenartige Augenlid hochklappt.

»Wie Sie sehen, meine Damen und Herren«, fuhr das Männchen heiser fort, »lebt das Tier im Wasser. Darum ist es mit Kiemen ausgestattet, aber auch mit einer Lunge, damit es atmen kann, wenn es ans Ufer kommt. An den Hinterfüßen hat es fünf Zehen, an den Vorderpfoten nur vier; es kann auch verschiedene Gegenstände in die Hand nehmen. Na.« Das Tier schloß die Finger um die Rute und hielt sie vor sich wie ein armseliges Zepter.

»Es kann auch einen Knoten binden«, kündigte das Männchen an, nahm dem Tier die Rute aus der Hand und reichte ihm eine schmutzige Schnur, die es eine Weile zwischen den Fingern hielt. Dann knüpfte es wirklich einen Knoten.

»Es kann auch trommeln und tanzen«, schnarrte das Männchen und reichte dem Tier eine Kindertrommel und einen Schlegel. Das Tier schlug ein paarmal auf die Trommel und drehte den Oberkörper hin und her; dabei fiel ihm der Schlegel ins Wasser. »Kusch, Mistvieh!« fuhr das Männchen es an und fischte den Schlegel heraus.

»Und dieses Tier«, fuhr er mit feierlich erhobener Stimme fort, »ist so intelligent und begabt, daß es sogar wie ein Mensch sprechen kann.« Er klatschte in die Hände.

»Guten Morgen«, quäkte das Tier, schmerzvoll mit den unteren Augenlidern zwinkernd. »Dobrý den.«

Herrn Povondra jagte es einen leichten Schreck ein, aber Frantík war nicht besonders beeindruckt.

»Was sagst du dem geehrten Publikum?« fragte das Männchen scharf.

»Vítám vás«, verneigte sich der Molch, seine Kiemen öffneten und schlossen sich krampfhaft. »Willkommen. Ben venuti.«

»Kannst du rechnen?«

»Ja.«

»Wieviel ist sechs mal sieben?«

»Zweiundvierzig«, quakte der Molch mühsam.

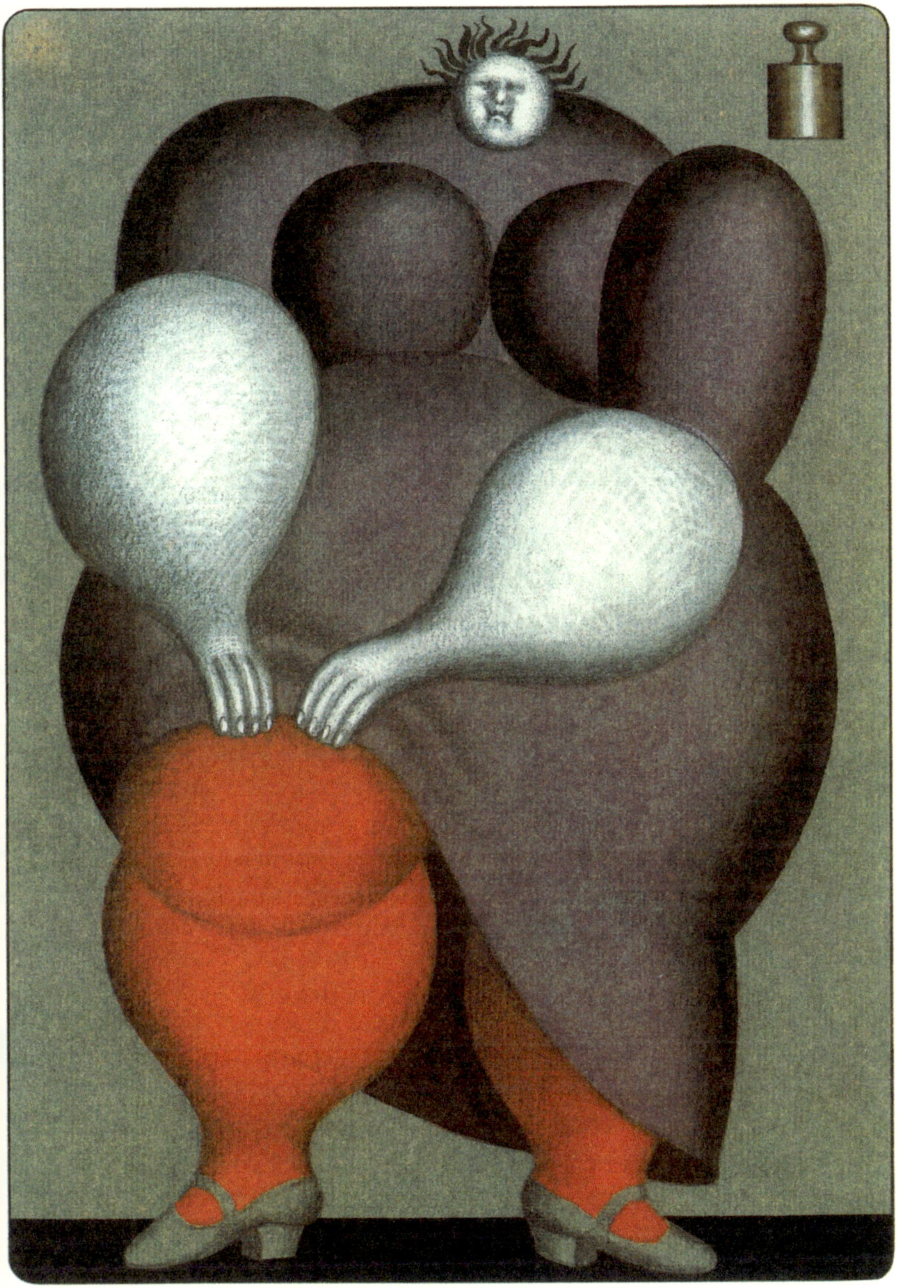

Maruška, die ehemals dickste Frau der Welt

»Siehst du, Frantík«, sagte Vater Povondra lehrhaft, »wie gut er rechnen kann.«

»Meine Damen und Herren«, krähte das Männchen, »Sie können selbst Fragen stellen.«

»Also frag ihn etwas, Frantík«, ermunterte Herr Povondra seinen Sohn.

Frantík wand sich verlegen. »Wieviel ist acht mal neun?« brachte er endlich hervor. Offenbar erschien ihm diese als die schwerste aller möglichen Fragen.

Der Molch zwinkerte langsam. »Zweiundsiebzig.«

»Was für ein Tag ist heute?« fragte Povondra.

»Sonnabend«, sagte der Molch.

Herr Povondra schüttelte verwundert den Kopf. »Wirklich, wie ein Mensch. – Wie heißt diese Stadt?«

Der Molch öffnete das Maul und senkte die Augen. »Er ist schon müde«, erklärte das Männchen eilends. »Wie sagst du zu den Herrschaften?«

Der Molch verbeugte sich. »Má úcta. Besten Dank. Auf Wiedersehen.« Und schnell verbarg er sich im Wasser.

»Das ist – das ist ein sonderbares Tier«, wunderte sich Herr Povondra, aber weil drei Kronen doch eine Menge Geld sind, fügte er hinzu: »Und weiter haben Sie nichts, was man dem Kind zeigen könnte?«

Das Männchen sog verlegen an seiner Unterlippe. »Das ist alles«, sagte er. »Ich hatte auch noch Affen, aber damit war das so eine Sache«, erklärte er unsicher. »Ich könnte Ihnen höchstens noch meine Frau zeigen. Sie war früher die dickste Frau der Welt. Maruška, komm her!«

Maruška erhob sich schwerfällig. »Was denn?«

»Zeig dich den Herren, Maruška.«

Die dickste Frau der Welt legte den Kopf kokett zur Seite, schob ein Bein vor und hob den Rock bis übers Knie. Es kam ein roter wollener Strumpf zum Vorschein und darin etwas Angeschwollenes, Mächtiges, das wie ein Schinken aussah. »Umfang des Beins oben vierundachtzig Zentimeter«, erklärte das verschrumpelte Männchen, »aber heute bei der Konkurrenz ist Maruška schon nicht mehr die dickste Frau der Welt.«

Herr Povondra zog den ganz verstörten Frantík hinaus. »Küß die

Hand«, quäkte es aus der Wanne. »Kommen Sie wieder. Auf Wiedersehen.«

»Na, Frantík«, fragte Herr Povondra, als sie draußen waren. »Hast du etwas gelernt?«

»Ja«, sagte Frantík. »Vater, warum hat die Frau rote Strümpfe an?«

11 Über Menschenechsen

eigenthümliche Amphibia

Kapitain Feldscheer

Es wäre entschieden eine Übertreibung, wollte man behaupten, zu jener Zeit wäre von nichts anderem gesprochen und geschrieben worden als von den sprechenden Molchen. Man schrieb und sprach auch über den nächsten Krieg, die Wirtschaftskrise, die Liga-Wettkämpfe, über Vitamine und Mode; nichtsdestoweniger wurde über die sprechenden Molche sehr viel und vor allem sehr wenig fachgemäß geschrieben. Darum veröffentlichte der hervorragende Gelehrte Professor Dr. Vladimír Uher (Brünner Universität) in der Tageszeitung »Lidové noviny« einen Artikel, in dem er darauf hinwies, daß die scheinbare Fähigkeit des Molches Andrias Scheuchzeri, artikuliert zu sprechen, das heißt, gesprochene Worte wie ein Papagei zu wiederholen, vom wissenschaftlichen Standpunkt aus nicht so interessant sei wie einige andere dieses eigenartige Amphibium betreffende Fragen. Das wissenschaftliche Rätsel dieses Molches liege auf ganz anderem Gebiete, zum Beispiel: Woher ist er gekommen, wo ist seine Urheimat, in der er ganze geologische Perioden überdauert hat? Warum blieb er so lange unbekannt, während nun sein scharenweises Auftreten von nahezu der ganzen Äquatorialzone des Stillen Ozeans gemeldet wird? Er scheint sich in letzter Zeit ungemein rasch zu vermehren. Woher rührte diese unerhörte Vitalität eines uralten Geschöpfes des Tertiärs, das bis vor kurzem eine vollkommen verborgene, also wahrscheinlich äußerst sporadische, wenn nicht topographisch isolierte Existenz geführt hat? Haben sich etwa die Lebensbedingungen für diesen fossilen Molch in biologischer Hinsicht so günstig verändert, daß für dieses seltene Überbleibsel des Miozäns eine neue, bemerkenswert gedeihliche Entwicklungsperiode angebrochen ist? Dann wäre es nicht ausgeschlossen, daß sich Andrias nicht nur zahlenmäßig vermehrt, sondern auch qualitativ weiterentwickelt und daß sich unserer Wissenschaft eine einzigartige Gelegenheit bietet, wenigstens bei *einer* Art von Lebewesen dem mächtigen Mutationsvorgang in actu beizuwohnen. Daß Andrias Scheuchzeri ein paar Dutzend Wörter quakt und einige Kunststücke erlernt, die dem Laien als Zeichen einer gewissen Intelligenz erscheinen, ist, wissenschaftlich betrachtet, kein Wunder. Ein Wunder ist vielmehr dieser mächtige Lebenselan, der die erstarrte Existenz eines entwicklungsgeschichtlich zurückgebliebenen, beinahe schon ausgestorbenen Geschöpfes so plötzlich und stark zu neuem Leben erweckt. Dabei sind einige besondere Umstände zu vermerken: Andrias Scheuchzeri ist der *einzige* im Meere lebende Molch und – noch auffallender – der *einzige* Molch, der in dem äthiopisch-australischen Gebiet, dem mythischen Lemurien, vorkommt. Könnte man nicht beinahe meinen, die Natur wolle nun nachträglich und übereilt eine der Lebensmöglichkeiten und -formen nachholen, die sie *auf diesem Gebiet* versäumt hat oder nicht voll entfalten konnte? Außerdem wäre es merkwürdig, wenn es im Gebiete von Ozeanien, das einerseits zwischen den japanischen und andererseits den alleghanischen Riesenmolchen liegt, keinerlei Verbindungsglied gäbe. Wenn Andrias nicht existierte, müßte man ihn eigentlich direkt *voraussetzen*, und zwar gerade dort, wo er vorkommt. Es ist geradezu, als füllte er einen Raum aus, in dem er den geographischen und entwicklungsgeschichtlichen Zusammenhängen nach seit jeher *vorkommen müßte*. Wie dem auch sei, schloß der Artikel des Gelehrten, an dieser evolutionären Auferstehung eines Molches des Miozäns sehen wir mit Ehrfurcht und Staunen, daß der Genius der Entwicklung auf unserem Planeten sein schöpferisches Werk bei weitem noch nicht abgeschlossen hat.

Dieser Artikel wurde gedruckt, trotz der stillschweigenden, aber entschiedenen Meinung der Redaktion, daß so gelehrte Sachen eigentlich nicht in eine Zeitung gehörten. Bald darauf erhielt Professor Uher einen Brief von einem Leser:

Hochverehrter Herr Professor,

ich habe vergangenes Jahr ein Haus auf dem Marktplatz in Čáslav gekauft. Bei gründlicher Besichtigung der Lokalitäten fand ich auf dem Dachboden eine Kiste mit alten, wertvollen, namentlich wissenschaftlichen Schriften wie zwei Jahrgänge von Hýbls Zeitschrift „Hyllos" aus den Jahren 1821-22, Jan Svatopluk Presls „Säugetiere", Vojtěch Sedláčeks „Grundlagen der Naturlehre oder Physik", neunzehn Jahrgänge des „Krok" (Monatshefte zur allgemeinen Belehrung auf allen Wissensgebieten) und dreizehn Jahrgänge des „Časopis Českého museum". In Presls Übersetzung von Cuviers „Gespräch über die Umwälzungen der Erdoberfläche" (aus dem Jahr 1834) fand ich, offenbar als Lesezeichen eingelegt, einen Ausschnitt aus einer alten Zeitung, auf dem ein Bericht über eine Art eigentümlicher Echsen abgedruckt war.
Als ich Ihren hervorragenden Artikel über die rätselhaften Molche las, erinnerte ich mich an diesen Zeitungsausschnitt und suchte ihn wieder hervor, denn ich denke, er könnte Sie interessieren. Als begeisterter Naturfreund und Ihr eifriger Leser lege ich ihn bei.

Mit vorzüglicher Hochachtung
J. V. Najmen

Auf dem beigelegten Zeitungsausschnitt war weder Titel noch Jahreszahl angeführt. Er war vergilbt und brüchig bis zur Unleserlichkeit und mochte, der Rechtschreibung nach zu schließen, aus den zwanziger oder dreißiger Jahren des vorigen Jahrhunderts stammen. Schon wollte ihn Professor Uher in den Papierkorb werfen, doch fühlte er sich von dem Alter dieses bedruckten Blattes seltsam bewegt. Und er begann zu lesen. Er war noch nicht weit gekommen, als sich ihm der Ausruf »Donnerwetter« entrang. Erregt rückte er seine Brille zurecht. Der Text des Ausschnittes lautete:

Über Menschen-Echsen

Wir lesen in einem fremdländischen Journale, daß der Kapitain eines brittischen Kriegsschiffes, aus fernen Ländern zurückgekehrt, über eigenthümliche Amphibia zu berichten weiß, welche Selbigem auf einer der kleinen Inseln des Australischen Meeres begegnet seyen. Auf jener Insel nehmlich befinde sich ein Salzwassersee, der indeß nicht mit dem Meere kommunicire und außer dem nur unter maaslosen Mühsalen zugänglich sey. Währenddeß der Kapitain und der Feldscheer besagten Schiffes am Ufer der Ruhe pflegten, entstiegen dem See echsengleiche, hingegen wie Menschen auf zwey Beinen gehende Thiere, welche etwa die Größe von Seehunden hatten, und sich am Strande auf das drolligste, in fast scuriler Weise, ergözten, als exekutireten sie einen Tanz. Der Kapitain und der Feldscheer tödteten mit ihren Flinten zwey der selben, welchen, nach derer Mittheilung, eine schlüpfrige Haut ohne Fell oder jegliche Schuppen karakteristisch ist, worin sie den Salamandern gleichen. Als die beiden Herren sich folgendes Tages abermals zu der Stelle begaben, um die erbeuteten Thiere mit sich zu nehmen, mußten sie diese, des enormen Odeurs wegen, den diese von sich gaben, an Ort und Stelle liegen lassen. Sie beorderten alsdann etliche Matrosen an den See, denen aufgetragen ward, darin Netze auszulegen, ein Pärchen dieser Creaturen zu fangen und, lebend, auf das Schiff zu bringen. Nachdem die Matrosen den See abgefischt, erschlugen sie die Echsen sämtlich, bis auf zwey Exemplarien, welche sie auf das Schiff schleppten, wo sie sich alsobald beschwerten, deren Körper sey giftig und brenne, wie Nesseln. Hierauf steckten sie dieselbigen in Fäßer, die zuvor mit Seewasser angefüllt worden, um die Thiere lebendig bis nach England zu schaffen. Aber o Wunder! als sie an der Insel Sumatra vorbei segelten, kletterten die gefangenen Echsen aus den Fässern hervor, und indem sie, ganz allein, die Luken in dem Zwischendeck öffneten, stürzten sie sich in das Meer und verschwanden. Nach dem Zeugniß des Kapitains und des Wundarztes handele es sich um sehr eigenthümliche und listige Thiere, welche auf zwey Beinen gehen und sonderbar bellen und schnalzen, ohne indeß dem Menschen gefährlich zu seyn. Wir dürfen sie dießwegen wohl mit Recht Menschenechsen benennen.

Soweit der Zeitungsausschnitt. »Donnerwetter!« wiederholte Professor Uher erregt, »warum steht da nicht Datum und Titel des ›Journals‹, aus dem das einst jemand herausgeschnitten hat? Um welche ›fremdländische Journale‹ handelt es sich? Wie hieß jener ›Kapitain‹? Welches ›britisches Schiff‹ war es? Und welche Insel im ›Australischen Meere‹? Hätten die Leute damals nicht etwas präziser sein können und – jawohl, etwas wissenschaftlicher? Das ist doch ein historisches Dokument von ungeheurem Wert.«

Eine Insel im Australischen Meere, ja. Ein Salzwassersee. Also eine Koralleninsel, ein Atoll mit einer schwer zugänglichen salzigen Lagune. Genau der Ort, an dem sich ein solches fossiles Tier erhalten konnte, isoliert von jeder entwicklungsgeschichtlich fortgeschritteneren Umgebung und ungestört in seiner natürlichen Reservation. Allerdings, es konnte sich nicht allzusehr vermehren, weil es in dem kleinen See nicht genügend Nahrung gefunden hätte. Das ist sonnenklar, dachte der Professor. Ein echsenähnliches Tier, aber ohne Schuppen und aufrecht schreitend wie der Mensch, also entweder Andrias Scheuchzeri oder ein anderer ihm nahe verwandter Molch. Angenommen, es war unser Andrias. Angenommen, die lausigen Matrosen haben ihn in jenem See ausgerottet und nur ein einziges Pärchen ist lebendig auf das Schiff gelangt, ein Pärchen, das, oh Wunder! bei der Insel Sumatra ins Meer entkam. Also genau am Äquator, unter biologisch äußerst günstigen Bedingungen und in einer Umgebung, die ihm unbegrenzte Ernährungsmöglichkeiten bot. Wäre es möglich, daß diese Änderung der Umwelt dem Molch des Miozäns jenen mächtigen Entwicklungsimpuls gab? Sicher ist, daß er an Seewasser gewöhnt war. Stellen wir uns seine neue Ansiedlungsstätte als stille, geschlossene Bucht mit reichlicher Nahrung vor. Was geschieht? *Der Molch*, in optimale Verhältnisse versetzt, beginnt mit ungeheurer vitaler Energie sich *enorm auszubreiten.* Das ist es! jubelte der Gelehrte. Der Molch macht sich mit unbezähmbarem Eifer an seine Weiterentwicklung. Er stürzt sich wie toll ins Leben, vermehrt sich unerhört, weil sowohl seine Eier als auch seine Larven in der neuen Umgebung keine spezifischen Feinde haben. Er besiedelt Insel um Insel – merkwürdig allerdings ist, daß er bei seinen Wanderungen manche Inseln sozusagen überspringt. Im übrigen handelt es sich um eine typische Migration aus Nahrungsgründen. – Und nun die Frage: Warum hat er sich nicht schon früher weiterentwickelt? Hängt dies nicht mit der Erscheinung zusammen, daß im äthiopisch-australischen Gebiet Molche nicht bekannt sind oder bisher nicht bekannt waren? Sollten in diesem Gebiet zur Zeit des Miozäns biologisch ungünstige Veränderungen eingetreten sein? Denkbar wäre dies immerhin. Möglicherweise trat ein spezifischer Feind auf, der die Molche einfach ausrottete. Nur auf *einer einzigen* Insel, in einem abgeschlossenen See hat sich der Molch des Miozäns erhalten – allerdings um den Preis, daß er in seiner Entwicklung stehenblieb. Seinem Evolutionsmarsch wurde ein Ende gesetzt. Wie eine aufgezogene elastische Feder, die sich nicht entspannen kann. Es ist nicht ausgeschlossen, daß die Natur mit diesem Molch große Pläne hatte, daß er sich weiter und weiter entwickeln *sollte*, höher und immer höher, wer weiß wie hoch ... (Professor Uher überlief bei dieser Vorstellung ein leichter Schauer; wer weiß, ob nicht Andrias Scheuchzeri der Mensch des Miozäns hatte werden sollen!)

Aber o Wunder! Dieses *nicht fertig entwickelte Tier* gelangt auf einmal in eine neue, unendlich vielversprechendere Umgebung, in der sich die aufgezogene Feder seiner Entwicklung löst. Mit welchem Lebenselan, mit welcher miozänen Üppigkeit und Gier stürzt sich Andrias auf den Weg der Entwicklung! Wie fieberhaft holt er die Hunderttausende, ja Millionen Jahre nach, die er evolutionsmäßig versäumt hat! Ist es denkbar, daß er sich mit der Entwicklungsstufe begnügt, auf der er sich heute befindet? Lebt er sich durch den biologischen Aufschwung, dessen Zeugen wir sind, schon aus, oder steht er erst an der Schwelle seiner Evolution; ist er erst im Begriff aufzusteigen, wer könnte heute sagen, wohin?

Das waren die Erwägungen und Zukunftsaussichten, die Professor Dr. Vladimír Uher in intellektueller Entdeckerbegeisterung über den vergilbten Ausschnitt einer alten Zeitung niederschrieb. Ich gebe den Artikel in eine Tageszeitung, sagte er sich, die wissenschaftlichen Organe liest sowieso niemand. – Möge jeder sehen, welch großes Naturgeschehen sich vor unseren Blicken entfaltet! Und der Titel wird lauten:

?? HABEN DIE MOLCHE EINE ZUKUNFT ??

Aber die Redaktion der »Lidové noviny« sah sich Professor Uhers Artikel an und schüttelte den Kopf. Schon wieder die Molche! Ich glaube, unseren Lesern wachsen die Molche schon zum Hals heraus. Es wäre an der Zeit, mal etwas anderes zu bringen. Übrigens paßt solches gelehrte Zeug nicht in eine Zeitung.

Infolgedessen ist der Artikel über die Entwicklung und Zukunft der Molche nie erschienen.

12 Das Salamandersyndikat

G. H. Bondy

Direktor Volavka

S. Weißberger

Der Vorsitzende, G. H. Bondy, läutete und erhob sich.

»Meine Herren«, begann er, »ich habe die Ehre, diese außerordentliche Generalversammlung der Pazifischen Export-Gesellschaft zu eröffnen. Ich begrüße alle Anwesenden und danke für die zahlreiche Beteiligung.

Meine Herren«, fuhr er mit bewegter Stimme fort, »es ist mir die traurige Pflicht zuteil geworden, Ihnen eine schmerzliche Nachricht zu übermitteln. Kapitän Jan van Toch ist nicht mehr. Mit ihm ist sozusagen der Gründer unseres Unternehmens dahingegangen, der Vater des glücklichen Gedankens, mit den Tausenden Inseln des fernen Pazifik Geschäftsverbindungen anzuknüpfen, unser erster Kapitän und eifrigster Mitarbeiter. Er verschied Anfang des Jahres in Ausübung seines Dienstes an Bord unseres Dampfers Šárka unweit der Fanninginseln an einem Schlaganfall.« (Da hat er sich wohl wieder einmal tüchtig ausgetobt, der Arme, ging es Herrn Bondy durch den Kopf.) »Ich bitte Sie, sein Andenken durch Erheben von den Sitzen zu ehren.«

Die Herren erhoben sich stuhlrückend und standen in feierlichem Schweigen, von dem gemeinsamen Gedanken beherrscht, diese Generalversammlung möge nicht allzu lange dauern. (Armer Freund Vantoch, dachte G. H. Bondy aufrichtig ergriffen. Wie mag er wohl jetzt aussehen! Wahrscheinlich hat man ihn auf einem Brett über Bord geworfen, das muß schön geplatscht haben! Nun, er war ein braver Mensch – und er hatte so blaue Augen . . .)

»Ich danke Ihnen, meine Herren«, fügte er kurz hinzu, »daß Sie so pietätvoll Kapitän van Tochs, meines persönlichen Freundes, gedacht haben. Ich bitte Herrn Direktor Volavka, die wirtschaftlichen Resultate bekanntzugeben, mit denen die P. E. G. dieses Jahr rechnen kann. Die Ziffern sind noch nicht definitiv, aber erwarten Sie bitte bis zum Jahresende keine wesentlichen Veränderungen. Also bitte.«

»Sehr geehrte Herren«, begann Herr Direktor Volavka monoton, und schon war er in seinem Fahrwasser. »Die Lage des Perlenmarktes ist äußerst unbefriedigend. Nach dem vorigen Jahr, als sich die Perlenproduktion gegenüber dem günstigen Jahre 1925 fast verzwanzigfacht hatte, begannen die Perlen katastrophal im Preise zu sinken und machten erst nach einem Rückgang von fünfundsechzig Prozent halt. Deshalb hat der Verwaltungsrat beschlossen, die diesjährige Perlenausbeute überhaupt nicht auf den Markt zu werfen, sondern sie bis zu einer Zeit stärkerer Nachfrage auf Lager zu halten. Leider sind vergangenen Herbst Perlen aus der Mode gekommen, offenbar weil sie so billig geworden sind. In unserer Filiale in Amsterdam liegen über zweihunderttausend derzeit fast unverkäufliche Perlen.

Dagegen«, fuhr Direktor Volavka fort, seinen Text eintönig abzulesen, »ist dieses Jahr die Perlenproduktion bedenklich gesunken. Es hat sich als nötig erwiesen, eine Reihe von Fundstätten aufzugeben, da deren Ertrag nicht die Mühe lohnt, sie regelmäßig aufzusuchen. Fundstätten, die vor zwei oder drei Jahren erschlossen wurden, scheinen mehr oder minder erschöpft. Der Verwaltungsrat hat deshalb entschieden, seine Aufmerksamkeit anderen Produkten der Meerestiefe zuzuwenden, wie Korallen, Muscheln und Schwämmen. Es ist uns zwar gelungen, den Markt für Korallenschmuck und andere Ziergegenstände aus Korallen zu beleben, aber aus dieser Konjunktur ziehen vorläufig eher die italienischen als die pazifischen Korallen Nutzen. Ferner untersucht der Verwaltungsrat die Möglichkeit intensiven Fischfangs in den Tiefen des Stillen Ozeans. Es handelt sich hauptsächlich darum, wie die dortigen Fische auf die europäischen und amerikanischen Märkte zu transportieren wären; die Ergebnisse der bisherigen Informationen lauten nicht allzu günstig.

Andererseits«, las der Direktor mit leicht erhobener Stimme, »weist das Geschäft mit gewissen *Nebenprodukten* einen etwas erhöhten Umsatz auf, zum Beispiel der Export von Textilien, Emailgeschirr, Radioapparaten und Handschuhen nach den Inseln des Stillen Ozeans. Dieses Geschäft ist eines weiteren Aufbaus und Vertiefens fähig; schon dieses Jahr wird es mit einem verhältnismäßig geringen Manko verbunden sein. Es ist allerdings ausgeschlossen, daß die P.E.G. zu Ende des Jahres irgendwelche Dividenden auf ihre Aktien auszahlt. Deshalb erklärt der Verwaltungsrat schon im voraus, daß er *für diesmal* auf jedwede Tantiemen und Vergütungen verzichtet ...«

Es entstand eine längere, peinliche Stille. (Wie wohl dieses Fanning Island aussieht, überlegte G.H. Bondy. Er ist wie ein echter Seemann gestorben, der gute Vantoch. Schade um ihn, er war ein durch und durch anständiger Mensch. Und er war doch noch nicht einmal so alt ... kaum älter als ich ...) Zum Wort meldete sich Dr. Hubka. Wir zitieren im weiteren das Protokoll der außerordentlichen Sitzung der Generalversammlung der Pazifischen Export-Gesellschaft:

Dr. Hubka fragt, ob man nicht die Liquidation der P. E. G. in Erwägung zöge.

G. H. Bondy antwortet, der Verwaltungsrat habe beschlossen, in dieser Sache weitere Vorschläge abzuwarten.

M. Louis Bonenfant erhebt den Vorwurf, daß die Übernahme der Perlen an den Fundstätten nicht durch ständige, dauernd am Orte ansässige Vertreter vorgenommen wurde, die die Möglichkeit gehabt hätten, zu kontrollieren, ob die Perlenfischerei intensiv genug und fachgemäß durchgeführt werde.

Direktor Volavka bemerkt, daß das in Erwägung gezogen wurde, man dann jedoch festgestellt habe, daß die Regie des Unternehmens dadurch zu sehr steigen würde. Man müßte mindestens dreihundert ständige, bezahlte Agenten haben. Dabei wäre auch zu bedenken, wie man kontrollieren solle, ob die Agenten alle gefundenen Perlen abführten.

Dr. Hubka

G. H. Bondy

M. Louis Bonenfant

Direktor Volavka

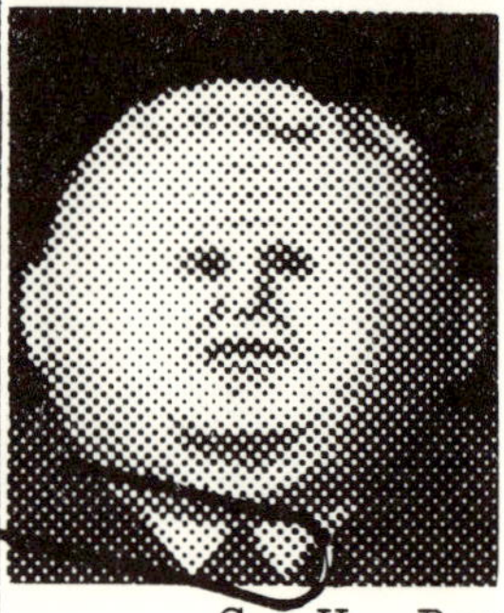
M. H. Brinkelaer

M. H. Brinkelaer fragt an, ob darauf Verlaß sei, daß die Molche alle Perlen abführten, die sie fänden, und sie nicht anderen als den von der Gesellschaft beauftragten Firmen übergäben.

G. H. Bondy konstatiert, die Molche seien hier zum ersten Mal offiziell erwähnt worden. Bisher sei es die Regel gewesen, an diesem Ort keine näheren Einzelheiten darüber anzuführen, in welcher Weise die Perlenfischerei betrieben werde. Er mache darauf aufmerksam, daß man gerade deshalb den unauffälligen Firmentitel Pazifische Export-Gesellschaft gewählt habe.

M. H. Brinkelaer stellt die Frage, ob es vielleicht unzulässig sei, an diesem Ort von Dingen zu sprechen, die die Interessen der Gesellschaft beträfen und überdies längst in der breitesten Öffentlichkeit bekannt seien.

G. H. Bondy antwortet, es sei nicht unzulässig, aber neu. Er begrüße es, daß man nun offener sprechen könne. Auf die erste Frage Herrn Brinkelaers könne er mitteilen, daß seines Wissens an der absoluten Ehrlichkeit und Arbeitstüchtigkeit der in der Perlen- und Korallengewinnung beschäftigten Molche keinerlei Zweifel bestünden. Man müsse jedoch damit rechnen, daß die bisherigen Perlenfundstätten im wesentlichen erschöpft seien oder es in absehbarer Zeit sein würden. Was neue Fundstätten betreffe, sei unser unvergeßlicher Mitarbeiter, Kapitän J. van Toch, gerade auf einer Fahrt zu bisher unausgebeuteten Inseln gestorben. Vorläufig könne er durch keinen Mann mit gleicher Erfahrung, mit gleicher unerschütterlicher Redlichkeit und Liebe zur Sache ersetzt werden.

Col. D. W. Bright erkennt die Verdienste des verstorbenen Kapitäns van Toch voll und ganz an, macht jedoch darauf aufmerksam, daß der Kapitän, dessen Hinscheiden wir alle bedauern, die erwähnten Molche zu sehr verwöhnt habe. (Zustimmung.) Es sei doch nicht nötig gewesen, den Molchen Messer und andere Werkzeuge in solch erstklassiger Qualität zu liefern, wie es der verstorbene van Toch getan hatte. Es wäre nicht nötig gewesen, sie mit einem solchen Kostenaufwand zu füttern. Man könne den mit der Erhaltung der Molche verbundenen Aufwand wesentlich herabsetzen und dadurch den Ertrag unserer Unternehmungen erhöhen. (Lebhafter Beifall.)

Col. D. W. Bright

Vizepräsident J. Gilbert stimmt mit Colonel Bright überein, bemerkt jedoch,

Vizepräsident J. Gilbert

daß dies zu Lebzeiten Kapitän van Tochs nicht durchführbar gewesen wäre. Capt'n van Toch hätte stets betont, daß er den Molchen gegenüber persönliche Verpflichtungen habe. Aus verschiedenen Gründen wäre es weder möglich noch ratsam gewesen, die Wünsche des alten Mannes in dieser Richtung außer acht zu lassen.

Curt von Frisch

Curt von Frisch fragt, ob sich die Molche nicht auf andere, eventuell einträglichere Art beschäftigen ließen als mit Perlenfischerei. Man sollte ihre natürliche, sozusagen biberhafte Begabung zur Errichtung von Dämmen und anderen Bauten unter Wasser in Betracht ziehen. Vielleicht wäre es möglich, sie zur Vertiefung von Häfen, zum Erbauen von Molen und anderen technischen Aufgaben unter Wasser zu verwenden.

G. H. Bondy teilt mit, daß der Verwaltungsrat dies intensiv erwäge; in dieser Richtung eröffneten sich gewiß große Möglichkeiten. Er führt an, daß die Anzahl der im Besitz des Unternehmens befindlichen Molche jetzt annähernd sechs Millionen betrage; wenn man bedenkt, daß ein Molchpärchen jährlich sagen wir hundert Larven hervorbringt, hätte man im kommenden Jahr eine Zahl bis zu dreihundert Millionen zur

Verfügung, in zehn Jahren käme man auf geradezu astronomische Ziffern. G. H. Bondy fragt, was die P. E. G. mit diesen ungeheuren Mengen von Molchen zu unternehmen gedenke, in Anbetracht dessen, daß man schon jetzt die Tiere in allen Molchfarmen aus Mangel an natürlicher Nahrung mit Kopra, Kartoffeln, Mais und dergleichen zufüttern müsse.

C. von Frisch erkundigt sich, ob Molche genießbar seien.

J. Gilbert: Durchaus nicht. Auch ihre Haut ist nicht verwertbar.

M. Bonenfant richtet die Anfrage an den Verwaltungsrat, was man also zu unternehmen beabsichtige.

G. H. Bondy (erhebt sich). „Geehrte Herren, wir haben diese außerordentliche Generalversammlung einberufen, um Sie offen auf die äußerst ungünstigen Aussichten unseres Unternehmens aufmerksam zu machen, das, gestatten Sie, daß ich daran erinnere, in den verflossenen Jahren mit Stolz eine Dividende von zwanzig bis dreiundzwanzig Prozent ausgeschüttet hat, neben gut fundierten Reserven und Rücklagen. Wir stehen nun am Scheidewege. Unsere Arbeitsweise, die sich in den vergangenen Jahren bewährt hat, ist praktisch erledigt, es bleibt uns nichts übrig, als neue Wege zu suchen." (Ausgezeichnet!)

„Ich möchte fast sagen, es ist vielleicht

ein Wink des Schicksals, daß gerade in diesem Augenblick unser vortrefflicher Kapitän und Freund van Toch von uns gegangen ist. Mit seiner Person war dieser romantische, schöne und - offen gesagt - törichte kleine Perlenhandel verbunden, den ich als abgeschlossenes Kapitel unseres Unternehmens betrachte. Er hatte seinen, ich möchte sagen, exotischen Zauber, aber er paßte nicht in die moderne Zeit. Geehrte Herren, Perlen können niemals Gegenstand eines großzügigen, horizontal und vertikal gegliederten Unternehmens sein. Für mich persönlich war die Sache mit den Perlen nur ein kleines Divertissement ..." (Unruhe.) „Ja, meine Herren, ein Divertissement, das Ihnen und mir nicht wenig Geld eingebracht hat. Außerdem hatten die Molche in den Anfängen unseres Unternehmens noch, ich möchte sagen, den Reiz der Neuheit. Dreihundert Millionen Molche werden diesen Reiz schon nicht mehr haben." (Gelächter.)

„Ich sagte, neue Wege. Solange mein guter Freund, Kapitän van Toch, noch lebte, war es ausgeschlossen, auch nur daran zu denken, unserem Unternehmen einen anderen Charakter zu geben als den, den ich den Stil Kapitän van Tochs benennen möchte." (Warum?) „Weil ich zuviel Geschmack habe, mein Herr, um verschiedene Stile zu mischen. Der Stil Kapitän van Tochs war, ich möchte sagen, der Stil des Abenteuerromans. Es war der Stil Jack Londons, Joseph Conrads und anderer. Der alte, exotische, koloniale, nahezu heroische Stil. Ich leugne nicht, daß er mich auf seine Art bezauberte. Aber nach dem Tode Kapitän van Tochs haben wir nicht mehr das Recht, in dieser abenteuerlichen, juvenilen Epik fortzufahren. Was vor uns liegt, ist nicht ein neues Kapitel, sondern eine neue Konzeption, meine Herren, die Aufgabe einer neuen, wesentlich anderen Imagination." (Sie sprechen darüber, als wäre es ein Roman!) „Ja, mein Herr, Sie haben recht. Mich interessiert das Geschäft als Künstler. Ohne eine gewisse künstlerische Begabung, mein Herr, werden Sie nie etwas Neues erdenken. Wir müssen Dichter sein, wenn wir die Welt in Gang halten wollen." (Applaus.)

G. H. Bondy verneigte sich. „Meine Herren, mit tiefem Bedauern schließe ich dieses - man kann sagen - van Tochsche Kapitel ab. Alles, was in uns noch an Kindhaftem und Abenteuerlichem steckte, hat sich darin ausgetobt. Es ist an der Zeit, dieses Märchen von Perlen und Korallen zu beenden. Sindbad ist tot, meine Herren. Die Frage ist, was nun?" (Das fragen wir ja gerade Sie!) „Also gut, mein Herr. Wollen Sie bitte den Bleistift nehmen und schreiben. Sechs Millionen. Haben Sie? Multiplizieren Sie mit fünfzig. Gibt dreihundert Millionen, ja? Multiplizieren Sie noch einmal mit fünfzig. Fünfzehn Milliarden, nicht wahr? Und nun, meine Herren, raten Sie mir bitte, was sollen wir in drei Jahren mit fünfzehn Milliarden Molchen anfangen? Womit beschäftigen wir sie, wie werden wir sie füttern und so weiter?" (Dann lassen Sie sie eben verrecken!) „Ja, aber wäre es nicht schade, mein Herr? Finden Sie nicht, daß jeder einzelne Molch einen gewissen wirtschaftlichen Wert repräsentiert, den Wert einer Arbeitskraft, die darauf wartet, ausgenutzt zu werden? Meine Herren, mit sechs Millionen Molchen können wir noch schlecht und recht wirtschaften. Mit dreihundert Millionen wird es schwieriger sein. Aber fünfzehn Milliarden Molche, das wächst uns einfach über den Kopf. Die Molche fressen uns auf. So steht es." (Dafür tragen Sie die Verantwortung! Sie haben die ganze Sache mit den Molchen angefangen!)

G. H. Bondy hob den Kopf. „Ich nehme die Verantwortung voll und ganz auf mich, meine Herren. Wer will, kann sofort seine Aktien der Pazifischen Export-Gesellschaft abstoßen. Ich bin bereit, jede Aktie auszuzahlen..." (Zu wieviel?) „Zum vollen Wert, mein Herr." (Erregung. Das Präsidium bewilligt eine Zehnminutenpause.)

Nach der Pause meldet sich H. B r i n k e l a e r zum Wort. Er spricht seine Befriedigung darüber aus, daß sich die Molche so eifrig vermehren, wodurch sich der Besitz der Gesellschaft vergrößere. Aber es wäre allerdings reiner Unsinn, meine Herren, sie umsonst zu züchten; wenn wir selbst keine angemessene Arbeit für sie haben, schlage ich im Namen einer Gruppe von Aktionären vor, einfach jedem, der irgendeine Arbeit im oder unter Wasser durchzuführen hat, Molche als Arbeitskräfte zu verkaufen. (Applaus.) Das Futter für die Molche kostet ein paar Centimes pro Tag; wenn man ein Molchpärchen zu sagen wir hundert Francs verkauft und wenn ein Arbeitsmolch, angenommen, nur ein Jahr aushält, wird sich eine solche Investition jedem Unternehmer spielend amortisieren. (Zustimmungsrufe.)

J. Gilbert konstatiert, daß die Molche ein bedeutend höheres Alter als ein Jahr erreichen; wie lange sie eigentlich leben, darüber habe man noch nicht genügend Erfahrung sammeln können.

H. Brinkelaer korrigiert seinen Vorschlag in dem Sinn, daß der Preis für ein Molchpärchen also auf dreihundert Francs loko Hafen festzusetzen wäre.

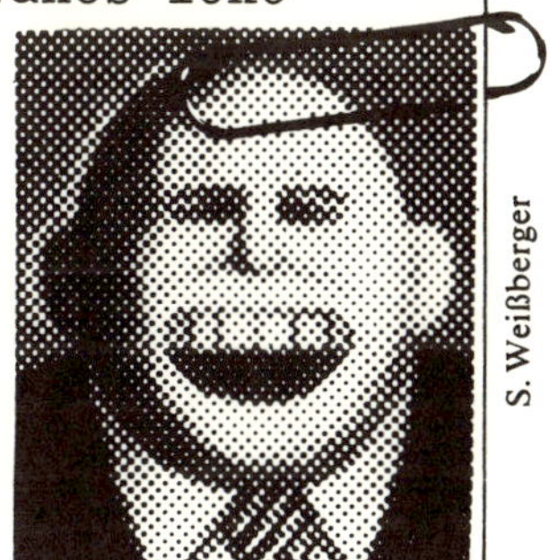

S. Weißberger

S. Weißberger fragt, was für Arbeiten die Molche eigentlich leisten könnten.

Direktor Volavka: Durch ihren natürlichen Trieb und ihre ungewöhnliche technische Gelehrigkeit eignen sich die Molche besonders zum Bau von

Wasserdämmen, Aufschüttungen, Wellenbrechern, zur Vertiefung von Häfen und Kanälen, zum Abtragen von Sandbänken und Schlammanschwemmungen und zum Freimachen von Wasserwegen; sie können Meeresküsten sichern und regulieren, Kontinente erweitern und dergleichen mehr. In allen diesen Fällen handelt es sich um Massenarbeit, die Hunderte und Tausende von Arbeitskräften erfordert, um so umfangreiche Arbeiten, daß sich nicht einmal die moderne Technik an sie heranwagt, solange ihr nicht äußerst billige Arbeitskräfte zur Verfügung stehen. (Richtig! Ausgezeichnet!)

Dr. Hubka wendet ein, daß durch den Verkauf von Molchen, die sich eventuell auch an ihrem neuen Arbeitsort fortpflanzen könnten, die P. E. G. ihr Molchmonopol verliere. Er schlägt vor, dem Wasserbauunternehmen Arbeitskolonnen gut geschulter und qualifizierter Molche nur leihweise zu überlassen, unter der Bedingung, daß ihr eventueller Laich auch weiterhin als Eigentum der Gesellschaft zu verbleiben habe.

Direktor Volavka weist darauf hin, daß es unmöglich sei, Millionen, eventuell Milliarden Molche im Wasser zu überwachen, geschweige denn ihren Laich. Leider seien schon viele Molche für zoologische Gärten und Menagerien gestohlen worden.

Col. D. W. Bright: Man sollte nur Molchmännchen verkaufen, respektive leihen, damit sie sich außerhalb der im Besitz unseres Unternehmens befindlichen Molchbrutstätten und -farmen nicht vermehren.

Direktor Volavka: Wir können nicht behaupten, daß die Molchfarmen Besitz unseres Unternehmens sind. Man kann ein Stück Meeresgrund nicht besitzen oder pachten. Die Rechtsfrage, wem eigentlich die Molche gehören, die in den Hoheitsgewässern sagen wir Ihrer Majestät der Königin von Holland leben, ist keineswegs sicher und könnte zu Streitfällen führen. (Unruhe.) In den meisten Fällen ist uns nicht einmal das Fischereirecht garantiert. Meine Herren, unsere Molchfarmen auf den Inseln des Stillen Ozeans wurden eigentlich illegal angelegt. (Wachsende Unruhe.)

J. Gilbert antwortet Col. Bright, nach den bisherigen Erfahrungen verlören isolierte Molchmännchen nach einiger Zeit ihre Behendigkeit und ihren Wert als Arbeitskraft; sie würden träge, indolent und gingen oft vor Sehnsucht ein.

C. von Frisch fragt, ob es nicht möglich wäre, die Marktmolche im voraus zu beschneiden oder zu sterilisieren.

J. Gilbert: Das wäre zu kostspielig. Wir können einfach nicht verhindern, daß sich die verkauften Molche weiter fortpflanzen.

S. Weißberger fordert als Mitglied des Tierschutzvereins, daß der künftige Molchverkauf human und in einer Weise vor sich gehe, die nicht gegen die Grundsätze der Menschlichkeit verstoße.

J. Gilbert dankt für diese Anregung. Das Einfangen und der Transport der Molche würden natürlich ausschließlich geschultem Personal unter ordnungsgemäßer Aufsicht anvertraut. Man könne allerdings nicht dafür einstehen, wie die Unternehmer mit den gekauften Molchen umgingen.

S. Weißberger erklärt sich durch diese Versicherung des Herrn Vizepräsidenten J. Gilbert zufriedengestellt. (Applaus.)

G. H. Bondy: „Meine Herren, geben wir doch von vornherein den Gedanken auf, in Zukunft das Molchmonopol halten zu können. Leider können wir uns die Molche nach den geltenden Vorschriften nicht patentieren lassen." (Gelächter.) „Unsere privilegierte Stellung im Molchhandel müssen und können wir uns auf andere Weise sichern. Voraussetzung ist allerdings, daß wir unsere Geschäfte in einem anderen Stil und in weit größerem Umfang führen als bisher." (Hört! Hört!) „Hier, meine Herren, liegt ein ganzes Bündel von Vorverträgen. Der Verwaltungsrat schlägt vor, einen neuen vertikalen Trust unter dem Namen Salamander-Syndicate zu bilden. Mitglieder dieses Syndikats wären außer unserer Gesellschaft gewisse Großunternehmen und finanziell starke Gruppen: zum Beispiel ein gewisser Konzern, der spezielle patentierte Metallwerkzeuge für die Molche erzeugen würde..." (Sie meinen die MEAS?) „Ja, mein Herr, ich spreche von der MEAS. Ferner ein Chemie- und Nahrungsmittelkartell, das billiges patentiertes Futter für die Molche herstellen würde; eine Gruppe von Transportgesellschaften, die sich - unter Verwertung unserer bisherigen Erfahrungen - besondere, hygienisch einwandfreie Tanks zur Beförderung von Molchen patentieren ließe; ein Block von Versicherungsgesellschaften, die die Versicherung der gekauften Molche gegen Unfall und Umkommen sowohl während des Transports als auch an den Arbeitsstellen übernähme; ferner andere Industrie-, Export- und Finanzinteressenten, die wir aus triftigen Gründen vorerst nicht nennen wollen. Vielleicht genügt es Ihnen, meine Herren, wenn ich Ihnen sage, daß dieses Syndikat für den Anfang über vierhundert Millionen Pfund Sterling verfügen wird." (Erregung.) „Dieser Faszikel, meine Freunde, enthält ausschließlich Kontrakte, die nur der Unterschrift bedürfen, um eine der größten Wirtschaftsorganisationen unserer Zeit ins Leben zu rufen. Der Verwaltungsrat ersucht Sie, meine Herren, ihm Vollmacht zur Gründung dieses gigantischen Konzerns zu erteilen, dessen Aufgabe die rationelle Züchtung und Exploitation von Molchen sein wird." (Applaus. Stimmen des Protestes.)

„Meine Herren, wollen Sie sich die Vorteile einer solchen Zusammenarbeit vor Augen führen. Das Molchsyndikat wird nicht nur die Molche selbst liefern, sondern auch die gesamten Werkzeuge und das zusätzliche Futter für die Molche, das heißt Mais, Stärkeprodukte, Rindertalg und Zucker für Millionen zu fütternder Tiere; ferner Transport, Assekuranz, tierärztliche Betreuung und so weiter, alles zu niedrigsten Sätzen, die uns, wenn schon nicht das Monopol, so wenigstens das absolute Übergewicht über jede künftige Konkurrenz sichern, die beabsichtigen sollte, Molche zu verkaufen. Möge es nur jemand versuchen, meine Herren; mit uns wird er nicht lange konkurrieren." (Bravo!) „Aber nicht nur das. Das Molchsyndikat liefert auch das gesamte Baumaterial für die Wasserarbeiten, die die Molche ausführen. Aus diesem Grunde steht auch die Schwerindustrie hinter uns, Zement, Bauholz und Stein." (Sie wissen ja noch nicht, wie die Molche arbeiten werden!) „Meine Herren, in diesem Augenblick arbeiten zwölftausend Molche im Saigoner Hafen an den neuen Docks, Bassins und Molen." (Das haben Sie uns nicht gesagt!) „Nein. Es ist der erste Versuch im großen. Der Versuch, meine Herren, ist zu unserer höchsten Zufriedenheit gelungen. Heute steht die Zukunft der Molche außer jedem Zweifel." (Begeisterter Applaus.)

„Und nicht nur das, meine Herren. Damit sind die Aufgaben des Molchsyndikats bei weitem nicht erschöpft. Das Salamander-Syndicate wird auf der ganzen Welt Arbeit für Millionen Molche ausfindig machen. Es wird Pläne und Ideen zur Beherrschung der Meere liefern. Es wird Utopien und gigantische Träume propagieren. Es wird Pläne für neue Küsten und Kanäle liefern, für Dämme, die Kontinente verbinden, für ganze Ketten künstlicher Inseln für Transozeanflüge, für neue, inmitten der Ozeane erbaute Kontinente. Hier liegt die Zukunft der Menschheit. Meine Herren, das Meer nimmt vier Fünftel der Erdoberfläche ein, das ist fraglos zuviel; die Oberfläche unserer Erde, die Karte von Land und Meer muß berichtigt werden. Wir geben der Welt die Arbeiter des Meeres, meine Herren. Das ist nicht mehr der Stil Kapitän van Tochs, die Abenteurergeschichte von den Perlen ersetzen wir durch einen Hymnus der Arbeit. Entweder werden wir kleine Krämer sein oder Schöpfer. Aber wenn wir nicht in Kontinenten und Ozeanen denken, haben wir unseren Möglichkeiten nicht Genüge getan. Hier wurde davon gesprochen, zu welchem Preis ein Molchpärchen verkauft werden soll. Ich möchte, daß wir in ganzen Milliarden von Molchen denken, in Millionen und aber Millionen von Arbeitskräften, in Verschiebungen der Erdkruste, in Neuerschaffungen der Welt, in neuen geologischen Zeitaltern. Wir können schon heute von einer künftigen Atlantis sprechen, von alten Kontinenten, die sich weiter und weiter in das Weltmeer verlagern werden; von neuen Welten, die sich die Menschheit selbst erbaut. - Verzeihen Sie, meine Herren, vielleicht kommt Ihnen das alles utopisch vor. Jawohl, wir befinden uns tatsächlich an der Schwelle Utopiens. Wir haben es bereits betreten, meine Freunde. Wir müssen nur noch die Zukunft der Molche von der technischen Seite durchdenken." (Und von der wirtschaftlichen!)

„Ja. Besonders von der wirtschaftlichen. Meine Herren, die P. E. G. ist zu klein, um Milliarden Molche selbst exploitieren zu können; dem sind wir nicht gewachsen, weder finanziell - noch politisch. Wenn sich die Karte von Land und Meer verändert, werden sich auch die Großmächte dafür interessieren, meine Herren. Aber darüber wollen wir nicht sprechen; wir wollen die hohen Faktoren nicht erwähnen, die bereits heute unserem Syndikat sehr positiv gegenüberstehen. Ich bitte Sie jedoch, meine Herren, die außerordentliche Tragweite der Sache, über die Sie abstimmen werden, im Auge zu behalten." (Begeisterter, lang anhaltender Applaus. Ausgezeichnet! Bravo!)

Immerhin mußte vor der Abstimmung über das Molchsyndikat für das laufende Jahr eine zehnprozentige Dividende zu Lasten der Reserven zugesagt werden. Hierauf stimmten siebenundachtzig Prozent der Aktien dafür und nur dreizehn Prozent dagegen. Infolgedessen war der Vorschlag des Verwaltungsrates angenommen. Das Salamander-Syndicate trat ins Leben. Man gratulierte G. H. Bondy.

»Sehr schön haben Sie das gesagt, Herr Bondy«, lobte der alte Sigi Weißberger. »Sehr schön. Aber sagen Sie mir, Herr Bondy, wie sind Sie nur auf die Idee gekommen?«

»Wie?« meinte G. H. Bondy zerstreut. »Eigentlich, um Ihnen die Wahrheit zu sagen, Herr Weißberger, war es wegen des alten van Toch. Er hat so große Stücke auf seine Molche gehalten. – Was hätte er dazu gesagt, der Arme, wenn wir seine Tappa-boys hätten zugrunde gehen oder ausrotten lassen!«

»Was für Tappa-boys?«

»Na die verflixten Molche. Jetzt, wo sie einen Wert haben, wird man wenigstens gut mit ihnen umgehen. Und zu etwas anderm, als eine Utopie mit ihnen aufzubauen, sind diese Biester ja nicht zu gebrauchen, Herr Weißberger.«

»Davon verstehe ich nichts«, meinte Herr Weißberger. »Haben Sie schon einmal einen Molch gesehen, Herr Bondy? Ich weiß eigentlich gar nicht, was das ist. Sagen Sie, wie sieht so was aus?«

»Das kann ich Ihnen wirklich nicht sagen, Herr Weißberger. Weiß ich, was ein Molch ist? Und wozu auch? Hab ich Zeit, mich darum zu kümmern, wie irgend etwas aussieht? Ich muß froh sein, daß wir das Molchsyndikat unter Dach und Fach haben.«

Nachtrag

Über das Geschlechtsleben der Molche

Eine der Lieblingsbeschäftigungen des menschlichen Geistes ist es, sich vorzustellen, wie einmal in ferner Zukunft die Welt und die Menschheit aussehen werden, welche technischen Wunder vollbracht, welche sozialen Fragen gelöst werden, wie weit die Wissenschaft und die Organisation der Gesellschaft fortschreiten und so weiter. Die meisten dieser Utopien verabsäumen es nicht, sich lebhaft für die Frage zu interessieren, wie es in jener besseren, fortgeschritteneren oder wenigstens technisch vollkommeneren Welt mit einer so alten, aber immer populären Institution wie dem Geschlechtsleben, der Fortpflanzung, Liebe, Ehe, Familie, Frauenfrage und ähnlichem bestellt sein wird. Siehe hierzu die entsprechende Literatur, wie Paul Adam, H. G. Wells, Aldous Huxley und viele andere.

Unter Berufung auf diese Beispiele erachtet es der Autor als seine Pflicht – wenn er schon jetzt einen Blick in die Zukunft unseres Erdballs wirft –, auch die Frage zu behandeln, wie sich in dieser künftigen Welt der Molche eine Sexualordnung herausbildet. Er tut dies schon jetzt, um nicht später auf dieses Thema zurückkommen zu müssen. Das Geschlechtsleben des Andrias Scheuchzeri stimmt in seinen Grundzügen mit der Vermehrung anderer Schwanzlurche durchaus überein; es existiert keine Kopulation im eigentlichen Sinne des Wortes. Das Weibchen legt in mehreren Etappen Eier, die befruchteten Eier entwickeln sich im Wasser zu Larven und so weiter; das kann in jeder Naturgeschichte nachgelesen werden. Wir wollen nur einige Besonderheiten erwähnen, die in dieser Hinsicht bei Andrias Scheuchzeri beobachtet wurden.

Anfang April, berichtet **H. Bolte**, gesellen sich die Männchen zu den Weibchen. In der Regel hält sich das Männchen in jeder Sexualperiode an ein und dasselbe Weibchen, dem es mehrere Tage hindurch nicht von der Seite weicht. Während dieser Zeit nimmt das Männchen keine Nahrung zu sich, indes das Weibchen eine beträchtliche Gefräßigkeit an den Tag legt. Das Männchen jagt ihm im Wasser nach und trachtet, den Kopf an den seinen legen zu können.

Ist ihm das gelungen, schiebt es sein Maul ein wenig über das des Weibchens, vielleicht um es am Entweichen zu hindern, und erstarrt. In dieser Weise, sich nur mit den Köpfen berührend, während die Körper einen Winkel von etwa dreißig Grad bilden, treiben die beiden Tiere bewegungslos nebeneinander hin. Von Zeit zu Zeit beginnt das Männchen sich so heftig zu winden, daß es mit seiner Seite die Seite des Weibchens berührt; hierauf erstarrt es wieder, die Beine weit gespreizt, nur mit dem Maul den Kopf seiner auserwählten Gefährtin berührend, die inzwischen gleichgültig frißt, was ihr in den Weg kommt. Dieser Kuß, wenn wir es so nennen dürfen, dauert mehrere Tage. Zuweilen reißt sich das Weibchen los, um Nahrung zu suchen, vom Männchen verfolgt, das sich äußerst erregt, ja geradezu rasend gebärdet. Schließlich verzichtet das Weibchen auf weiteren Widerstand, macht keinen Fluchtversuch mehr, und das Pärchen treibt reglos im Wasser wie zwei schwarze, eng miteinander verbundene Holzscheite. Alsbald durchlaufen den Leib des Männchens krampfhafte Zuckungen, wobei es große Mengen eines etwas klebrigen Spermas in das Wasser absondert. Gleich darauf trennt es sich von dem Weibchen und verkriecht sich unter Steine, aufs äußerste erschöpft. In dieser Zeit kann man ihm ein Bein oder den Schwanz abschneiden, ohne daß es darauf abwehrend reagierte.

Das Weibchen verharrt unterdessen eine Zeitlang in seiner starren, unbeweglichen Lage; dann biegt es sich kräftig durch und beginnt mit einer gallertartigen Hülle versehene Eierschnüre aus seiner Kloake auszustoßen. Häufig hilft es dabei mit den Hinterbeinen nach, so wie man es auch bei Kröten beobachten kann. Die Zahl der Eier, die wie ein Klumpen an seinem Körper hängen, beträgt jeweils vierzig bis fünfzig. Es schwimmt mit ihnen an einen geschützten Ort, wo es sie an Algen, Seegras oder auch nur an Steinen befestigt. Nach zehn Tagen legt das Weibchen eine zweite Serie von zwanzig bis dreißig Eiern, ohne in dieser Zeit mit dem Männchen beisammen gewesen zu sein; offenbar wurden diese Eier direkt in der Kloake befruchtet. In der Regel kommt es nach weiteren sieben bis acht Tagen zu einer dritten und vierten Eierablage von je zwanzig durchweg befruchteten Eiern, aus denen nach ein bis drei Wochen lebhafte Larven mit Büschelkiemen ausschlüpfen. Bereits nach einem Jahr haben sich diese Larven zu erwachsenen, fortpflanzungsfähigen Molchen entwikkelt usw.

Fräulein **Blanche Kistemaekkers** hingegen beobachtete zwei Andrias-Scheuchzeri-Weibchen und ein Männchen in Gefangenschaft. Zur Laichzeit gesellte sich das Männchen nur zu einem Weibchen, das es ziemlich brutal verfolgte. Bei jedem Fluchtversuch wurde es mit starken Schwanzschlägen zurechtgewiesen. Das Männchen sah es auch ungern, wenn das Weibchen Nahrung zu sich nahm, und war bemüht, es vom Futter zu verdrängen. Offensichtlich wollte es das Weibchen für sich allein haben und terrorisierte es dementsprechend. Als es sein Sperma ausgestoßen hatte, stürzte es sich auf das andere Weibchen und wollte es fressen. Das Männchen mußte aus dem Behälter entfernt und anderwärtig untergebracht werden. Trotzdem legte auch das zweite Weibchen *befruchtete* Eier, insgesamt dreiundsechzig. Bei allen drei Tieren jedoch machte Fräulein Kistemaeckers die Beobachtung, daß der Kloakenrand zu jener Zeit stark angeschwollen war. Es scheint also, schreibt Fräulein Kistemaekkers, daß die Befruchtung bei Andrias weder durch Kopulation noch durch Laichen vor sich geht, sondern durch etwas, was man etwa *Sexualmilieu* nennen könnte. Wie ersichtlich, ist zur Befruchtung der Eier nicht einmal eine zeitweilige Begattung nötig. Dies veranlaßte die junge Forscherin zu weiteren interessanten Versuchen. Sie trennte die beiden Geschlechter, und als es an der Zeit war, preßte sie dem Männchen den Befruchtungssamen aus und gab ihn den Weibchen ins Wasser. Darauf begannen die Weibchen *befruchtete* Eier zu legen. In einem weiteren Versuch filtrierte Fräulein Blanche Kistemaeckers den Samen des Männchens und mischte das von den Samenzellen befreite Filtrat (eine klare, schwach saure Flüssigkeit) den Weibchen ins Wasser. Die Weibchen *legten auch jetzt Eier*, jedes ungefähr fünfzig, von denen die meisten *befruchtet* waren und aus welchen normale Larven ausschlüpften. Gerade das brachte Fräulein Kistemaeckers auf den bedeutsamen Begriff des *geschlechtlichen Milieus*, das den selbständigen Übergang von der Parthenogenesis zur geschlechtlichen Fortpflanzung bildet. Die Befruchtung der Eier geschieht einfach durch eine chemische Veränderung des Milieus (eine Art Ansäuerung, die künstlich herzustellen bisher nicht gelungen ist), eine Veränderung, die in irgendeiner Weise mit der Geschlechtsfunktion des Männchens zusammenhängt. Aber diese Funktion selbst ist eigentlich gar nicht nötig, die Verbindung von Männchen und Weibchen ist offenbar die überlebte Form einer älteren Entwicklungsstufe, als die Befruchtung bei Andrias ebenso vor sich ging wie bei den übrigen Molchen. Diese Vereinigung ist im Grunde nichts anderes, wie Fräulein Kistemaekkers richtig bemerkt, als eine Art ererbter Illusion der Paternität. In Wirklichkeit ist das Männchen nicht der Vater der Larven, sondern nur ein bestimmter, im wesentlichen vollkommen unpersönlicher chemischer Faktor des geschlechtlichen Milieus, das die eigentliche Funktion der Befruchtung ausübt. Wenn sich in einem Behälter hundert Andrias-Scheuchzeri-Pärchen befinden, sollte man eigentlich vermuten, daß sich hier hundert individuelle Befruchtungsakte abspielen. In Wirklichkeit ist es ein einziger Akt, und zwar die kollektive Sexualisierung des gegebenen Milieus oder, genauer gesagt: eine gewisse Übersäuerung des Wassers, auf die die reifen Eier des Andrias automatisch durch Hervorbringen von Larven reagieren. Man stelle nur das unbekannte saure Agens künstlich her, und die Männchen sind überflüssig! So erweist sich das Geschlechtsleben des bemerkenswerten Andrias als große Illusion.

Seine erotische Leidenschaft, seine Ehe und geschlechtliche Tyrannei, seine zeitweilige Treue, seine schwerfällige, langsame Wollust, das alles sind genaugenommen überflüssige, überlebte, beinahe symbolische Handlungen, die den eigentlichen, unpersönlichen Akt des Männchens, durch den das befruchtende Sexualmilieu geschaffen wird, nur begleiten oder sozusagen schmücken. Die besondere Gleichgültigkeit, mit der das Weibchen die zwecklose, frenetische, *persönliche* Hofierung des Männchens aufnimmt, ist ein deutlicher Beweis, daß das Weibchen aus dieser Hochzeitswerbung instinktiv eine bloße formelle Zeremonie oder die Einleitung zum eigentlichen Vermählungsakt herausfühlt, in welchem *es selbst* geschlechtlich mit dem befruchtenden Milieu eins wird. Man fühlt sich versucht zu sagen, das Weibchen des Andrias erfasse diesen Stand der Dinge klarer und erlebe ihn sachlicher, ohne erotische Illusionen.

(Die Versuche Fräulein Kistemaekkers' wurden von dem gelehrten **Abbé Bontempelli** durch interessante Experimente ergänzt. Er trocknete und zerrieb das Sperma des Andrias und gab es dem Weibchen ins Wasser. Auch jetzt legten die Weibchen befruchtete Eier. Das Ergebnis war das gleiche, als er die männlichen Geschlechtsteile des Andrias trocknete und zerrieb oder in Alkohol extrahierte oder sie kochte und den Extrakt in den Behälter der Weibchen schüttete. Er wiederholte das Experiment mit dem gleichen Resultat unter Verwendung eines Extraktes der Gehirn-Hypophyse und sogar der zur Brunstzeit den Hautdrüsen des Andrias entnommenen Absonderung. In allen diesen Fällen reagierten die Weibchen zunächst nicht auf die Beimischung. Erst nach einiger Zeit hörten sie auf, der Nahrung nachzujagen, und verharrten bewegungslos, ja förmlich erstarrt im Wasser; einige Stunden später begannen sie dann gallertartige Eier in der Größe von Saubohnen auszustoßen.)

In diesem Zusammenhang sei auch eine seltsame Zeremonie, der sogenannte *Salamandertanz*, erwähnt. (Wir meinen damit nicht den Salamander-Dance, der in jenen Jahren besonders bei der besten Gesellschaft in Mode kam und den Bischof Hiram zum »obszönsten Tanz, von dem er je gehört habe«, erklärte.) An Vollmondabenden nämlich (mit Ausnahme der Paarungszeit) stiegen die Andriasse, *jedoch nur die Männchen*, ans Ufer, ließen sich im Kreis nieder und wiegten in einer eigenartigen Wellenbewegung die Oberkörper hin und her, eine Bewegung, die auch unter anderen Umständen für diese großen Molche charakteristisch war, der sie sich aber bei den besagten »Tänzen« mit wilder Leidenschaft, bis zur völligen Erschöpfung, wie tanzende Derwische hingaben. Man-

che Gelehrte betrachteten dieses irrsinnige Kreisen und Am-Ort-Treten als Mondkult, also als religiöse Zeremonie, andere hingegen erblickten darin einen im wesentlichen erotischen Tanz und erklärten ihn gerade durch die besondere Sexualordnung, von der bereits die Rede war. Wir sagten, daß bei Andrias Scheuchzeri der eigentliche befruchtende Faktor das sogenannte Sexualmilieu sei, »als gemeinsamer und unpersönlicher Vermittler zwischen den einzelnen männlichen und weiblichen Molchen«, und daß die Weibchen diese unpersönliche Geschlechtsbeziehung weit realistischer und selbstverständlicher hinnehmen als die Männchen, die – offenbar aus triebmäßig männlicher Eitelkeit und Eroberungssucht – wenigstens den Schein eines geschlechtlichen Triumphes wahren wollen und deshalb Liebeswerbung und eheliches Besitzerrecht *spielen*. Es ist dies eine der größten erotischen Illusionen, die interessanterweise gerade durch die großen Feierlichkeiten der Männchen korrigiert wird, die angeblich nichts weiter sind als die instinktive Sucht, sich ihrer selbst als *Männchenkollektiv* bewußt zu werden. Dieser Gemeinschaftstanz soll vermutlich die atavistische, unsinnige Illusion des sexuellen Individualismus der Männchen überwinden. Dieses kreisende, berauschte, frenetische Rudel ist nichts anderes als das Massenmännchen, der Kollektivbräutigam und Große Kopulator, der seinen feierlichen Hochzeitstanz vollführt und sich der großen Vermählungszeremonie hingibt – merkwürdigerweise unter Ausschluß der Weibchen, die unterdessen teilnahmslos nach dem Genuß eines Fischleins oder einer Sepia schmatzen. Der berühmte **Charles J. Powell**, der diese Molchfeste Tanz des Männchenprinzips nannte, schreibt ferner: »Und liegt in diesen gemeinschaftlichen

Zeremonien der Männchen nicht die Wurzel und Quelle des bemerkenswerten Molchkollektivismus? Wir müssen uns klarmachen, daß wir eine wirkliche Tiergemeinschaft nur dort finden, wo Leben und Entwicklung der Art sich nicht auf geschlechtlicher Paarung aufbauen: bei den Bienen, den Ameisen und den Termiten. Das Gemeinschaftsgefühl der Bienen läßt sich auch mit den Worten ausdrücken: Ich, der mütterliche Bienenstock. Ganz anders hingegen das der Molchgemeinden: Wir, das Männliche Prinzip. Erst alle Männchen gemeinsam, die in einem gegebenen Augenblick fruchtbares Sexualmilieu sozusagen ausschwitzen, sind jenes Große Männchen, das in den Schoß der Weibchen eindringt und freigebig das Leben vermehrt. Ihre Paternität ist kollektiv, darum ist auch ihre ganze Natur kollektiv und äußert sich in gemeinschaftlicher Leistung, während die Weibchen, sobald sie das Eierlegen hinter sich haben, bis zum nächsten Frühling ein mehr oder minder zerstreutes, einsiedlerisches Leben führen. Nur die Männchen bilden eine Gemeinde. Nur die Männchen führen kollektive Aufgaben aus. Bei keiner Gattung von Lebewesen spielen die Weibchen eine so untergeordnete Rolle wie bei Andrias. Sie sind von den Gemeinschaftshandlungen ausgeschlossen, zeigen auch nicht das geringste Interesse dafür. *Ihr* Augenblick tritt ein, sobald das Männliche Prinzip ihr Milieu mit chemisch kaum wahrnehmbarer, aber so von Lebenskraft durchdrungener Azidität gesättigt hat, daß sie selbst bei der äußerst starken Verdünnung durch Ebbe und Flut wirksam bleibt. Es ist, als würde der Ozean selbst zum Männchen, das an seinen Ufern Millionen Keime befruchtet.

Trotz allem Hahnenstolz«, fährt Charles J. Powell fort, »hat die Natur bei den meisten Gattungen von Lebewesen das Übergewicht an Lebenskraft eher den Weibchen verliehen. Die Männchen sind zur eigenen Wollust da und um zu töten. Sie sind aufgeblasene, selbstgefällige Einzelwesen, während die Weibchen die Familie in ihrer Stärke und ihren traditionellen Tugenden repräsentieren. Bei Andrias (und teilweise auch beim Menschen) ist das Verhältnis ein wesentlich anderes. Durch die Herausbildung der Gemeinschaftlichkeit und Solidarität der Männchen gewinnen diese sichtlich das biologische Übergewicht und bestimmen die Entwicklung der Art in weit größerem Maße als das Weibchen. Vielleicht kommt eben wegen dieser ausgesprochen männlichen Entwicklungstendenz bei Andrias die *technische*, also typisch männliche Begabung so stark zur Geltung. Andrias ist der geborene Techniker mit einer Neigung zu Massenunternehmungen; diese sekundären *männlichen* Geschlechtsmerkmale, das heißt technisches Talent und Sinn für Organisation, entwickeln sich in ihm direkt vor unseren Augen so schnell und erfolgreich, daß wir von einem Wunder der Natur sprechen müßten, wenn uns nicht bekannt wäre, welch mächtiger Lebensfaktor gerade die sexuellen Determinanten sind. Andrias Scheuchzeri ist das animal faber, und es ist durchaus möglich, daß er schon in absehbarer Zeit technisch selbst den Menschen übertrifft, und das einzig kraft der in seiner Natur begründeten Tatsache, daß er eine rein männliche Gemeinschaft geschaffen hat.«

ZWEITES BUCH

STUFE UM STUFE ZUR ZIVILISATION

1 Herr Povondra liest Zeitungen

Molch

Herr Povondra Kapitän van Toch

Es gibt Menschen, die Briefmarken sammeln, und andere, die Erstdrucke sammeln. Es dauerte lange, bevor Herr Povondra, Portier im Hause G. H. Bondy, den Sinn seines Lebens fand. Jahrelang schwankte er zwischen dem Interesse für prähistorische Gräber und der Leidenschaft für Außenpolitik; eines Abends jedoch offenbarte sich ihm unversehens, was ihm bisher gefehlt hatte, um sein Leben zu einem ausgefüllten Leben zu machen. Große Dinge kommen gewöhnlich unverhofft.

An jenem Abend las Herr Povondra die Zeitung, Frau Povondrová stopfte Frantíks Strümpfe, und Frantík tat, als lernte er die Nebenflüsse der Donau am linken Ufer. Es war lauschig und still.

»Zum Verrücktwerden!« brummte Herr Povondra. »Was hast du?« fragte Frau Povondrová, die gerade die Nadel einfädelte.

»Ach, diese Molche«, sprach Vater Povondra. »Hier lese ich, daß im letzten Vierteljahr siebzig Millionen Stück verkauft wurden.«

»Das ist wohl sehr viel, ja?« sagte Frau Povondrová.

»Das will ich meinen! Eine kolossale Ziffer. Mutter. Denk mal, siebzig Millionen!« Herr Povondra schüttelte den Kopf. »Daran muß ein Heidengeld verdient werden. – Und die Arbeit! Was jetzt alles geleistet wird«, fügte er nach kurzem Sinnen hinzu. »Da steht, daß überall Hals über Kopf neue Länder und Inseln gebaut werden. Ich sage dir, jetzt können sich die Menschen Kontinente bauen, soviel sie nur wollen. Eine ganz große Sache, Mutter. Ich sage dir, das ist ein größerer Fortschritt als die Entdeckung Amerikas.« Herr Povondra überlegte. »Eine neue geschichtliche Epoche, weißt du? Ja, ja, Mutter, wir leben in einer großen Zeit.«

Es folgte wieder eine lange, geruhsame Stille am häuslichen Herd. Auf einmal paffte Vater Povondra heftiger aus seiner Pfeife. »Und genaugenommen, wenn ich nicht gewesen wäre, wäre aus der ganzen Sache nichts geworden.«

»Aus welcher Sache?«

»Aus dem Molchhandel. Aus diesem neuen Zeitalter. Eigentlich war ich es, der die Sache gedeichselt hat.«

Frau Povondrová blickte von dem zerrissenen Strumpf auf. »Aber ich bitte dich, wieso denn?«

»Weil ich damals diesen Kapitän bei Herrn Bondy vorgelassen habe. Hätte ich ihn nicht gemeldet, wäre der Kapitän nie in seinem Leben mit Herrn Bondy zusammengekommen. Wenn ich nicht gewesen wäre, Mutter, wäre aus der Sache nichts geworden. Ich sag dir, nichts.«

»Vielleicht hätte der Kapitän jemand anders gefunden«, wandte Frau Povondrová ein.

In Vater Povondras Pfeifenrohr gurgelte es verächtlich. »Hast du eine Ahnung! So eine Sache bringt nur G.H.Bondy zustande. Liebes Kind, der sieht weiter als ich weiß nicht wer. Andere hätten darin höchstens eine Narretei oder einen Schwindel gesehen, aber Herr Bondy, Herr Bondy hat eine Nase, meine Liebe!« Herr Povondra sann nach. »Dieser Kapitän nämlich, wie hieß er nur, Vantoch, hat gar nicht danach ausgesehen. So ein dicker Onkel vom Land. Ein anderer Portier hätte gesagt: Wohin, wohin, der Herr ist nicht zu Hause, und überhaupt. Aber ich, ich hatte so eine Ahnung, oder wie soll ich es nennen? Ich melde ihn, hab ich mir gesagt. Vielleicht krieg ich mein Fett, aber ich nehm's auf mich, ich melde ihn. Ich sag es ja immer, ein Portier muß einen Riecher für Menschen haben. Manchmal klingelt einer, sieht aus wie ein Baron, und dann ist es ein Vertreter für Eisschränke. Und ein andermal kommt so ein dicker alter Kracher, und schau, was in ihm steckt. Man muß sich eben in den Menschen auskennen«, grübelte Vater Povondra. »Daraus kannst du lernen, Frantík, was man auch in einer untergeordneten Stellung leisten kann. Nimm dir ein Beispiel und sieh zu, daß du deine Pflicht immer so erfüllst wie ich.« Herr Povondra nickte feierlich und ergriffen mit dem Kopf. »Ich hätte den Kapitän am Tor kurz abfertigen können und mir noch dazu das Treppensteigen erspart. Ein anderer Portier hätte ihn von oben herab behandelt und ihm die Tür vor der Nase zugeschlagen. Und dadurch die Welt um einen so fabelhaften Fortschritt gebracht. Merk dir, Frantík, wenn jeder Mensch seine Pflicht erfüllen würde, sähe es auf der Welt anders aus. Und paß auf, wie es sich gehört, wenn ich mit dir spreche.«

»Ja, Vater«, murmelte Frantík unglücklich.

Vater Povondra räusperte sich. »Gib mal die Schere her, Mutter. Das sollte ich mir aus der Zeitung ausschneiden, damit ich einmal eine Erinnerung an mich habe.«

So kam es, daß Herr Povondra begann, Zeitungsausschnitte über die Molche zusammenzutragen. Seiner Sammlerleidenschaft verdanken wir viel Material, das sonst der Vergessenheit anheimgefallen wäre.

Wo er über die Molche etwas gedruckt fand, schnitt er es aus und bewahrte es auf, wobei nicht verhehlt sei, daß er es nach gewissen Anfangsschwierigkeiten lernte, in seinem Stammkaffee die Zeitungen zu plündern, die irgendeine Notiz über die Molche enthielten, und eine besondere Fertigkeit darin erlangte, unauffällig das betreffende Blatt aus der Zeitung herauszureißen und vor den Augen des Oberkellners in seiner Tasche verschwinden zu lassen. Bekanntlich sind ja alle Sammler bereit, zu stehlen oder zu morden, wenn es sich darum handelt, ihre Sammlung um ein neues Stück zu bereichern, doch tut dies ihrem sittlichen Charakter durchaus keinen Abbruch.

Nun hatte sein Leben einen Sinn, denn es war das Leben eines Sammlers. Abend für Abend ordnete und las er seine Ausschnitte vor den nachsichtigen Augen Frau Povondrovás, die wußte, daß jeder Mann zum Teil ein Narr, zum Teil ein kleines Kind ist. Noch gut, wenn er sich mit diesen Ausschnitten abgibt, statt ins Wirtshaus zu gehen und Karten zu spielen. Sie räumte ihm sogar im Wäscheschrank einen Platz für die Schachteln ein, die er sich selbst für seine Sammlung zusammenklebte. Kann man von einer Gattin und Hausfrau mehr verlangen?

Sogar G. H. Bondy war einmal bei irgendeiner Gelegenheit von dem enzyklopädischen Wissen Herrn Povondras über alles, was die Molche betraf, überrascht. Herr Povondra bekannte sich schamhaft dazu, alles zu sammeln, was nur irgendwo über Salamander gedruckt stand; er zeigte Herrn Bondy seine Schachteln, und G.H.Bondy lobte seine Sammlung aufs liebenswürdigste. Ja, ja, nur große Herren können so wohlwollend sein, und nur die Mächtigen können andere hoch beglücken, ohne daß es sie einen Heller kostet. Die großen Herren haben es überhaupt gut. G. H. Bondy zum Beispiel ordnete einfach an, daß die Büros des Molchsyndikats Povondra alle Zeitungsausschnitte über die Molche zuzusenden hätten, die im Archiv aufzubewahren nicht lohnte. Und der beseligte und etwas bestürzte Herr Povondra erhielt täglich ganze Pakete von Belegen in allen Sprachen der Welt, von denen ihn besonders die in kyrillischer Schrift, im griechischen Alphabet, in hebräischen, arabischen, chinesischen, bengalischen, tamulischen, javanischen, birmanischen und Taalik-Lettern mit heiliger Ehrfurcht erfüllten. »Und wenn ich mir so vorstelle«, wiederholte er immer wieder, »daß es das alles ohne mich nicht gäbe!«

Wie gesagt, Herrn Povondras Sammlung bewahrte viel wertvolles historisches Material über die ganze Molchgeschichte auf, was allerdings nicht besagen will, daß dieses auch einen Geschichtswissenschaftler befriedigen würde. Vor allem hatte Herr Povondra, dem keinerlei Fachbildung in den historischen Hilfswissenschaften und archivalischen Methoden zuteil geworden war, seinen Ausschnitten weder Quellenangabe noch Jahreszahl hinzugefügt, so daß wir in den meisten Fällen nicht wissen, wann und wo dieses oder jenes Dokument veröffentlicht wurde. Zweitens bewahrte Herr Povondra bei der Fülle des Materials, das sich in seinen Händen anhäufte, hauptsächlich die langen Artikel auf, die er für wichtiger hielt, während er knappe Berichte und Depeschen einfach in den Kohlenkasten warf. Infolgedessen sind uns von jener ganzen Epoche außerordentlich wenig Berichte und Fakten erhalten geblieben. Drittens griff die Hand Frau Povondrovás ausgiebig in die Sache ein. Sooft sich Herrn Povondras Schachteln bedenklich gefüllt hatten, zog sie stillschweigend und heimlich einen Teil der Ausschnitte heraus und verbrannte sie, was sich mehrmals im Jahr wiederholte. Sie verschonte nur solche, von denen nicht allzu viele hinzuzukommen pflegten, wie Ausschnitte in malabarischen, tibetanischen oder koptischen Lettern, die fast komplett verblieben, uns aber wegen gewisser Lücken in unserer Bildung nicht viel nützen. Das Material zur Geschichte der Molche, das wir zur Verfügung haben, ist deshalb im wesentlichen lückenhaft, etwa wie ein Grundbuch aus dem achten Jahrhundert nach Christi Geburt oder die gesammelten Schriften der Dichterin Sappho. Nur hin und wieder blieb uns die Dokumentation über den einen oder andern Abschnitt jenes großen Weltgeschehens erhalten, das wir uns bemühen wollen, trotz aller Lücken unter dem Titel

Stufe um Stufe zur Zivilisation

zusammenzufassen.

2 Stufe um Stufe zur Zivilisation

Heavy

GESCHICHTE DER MOLCHE[1]

In der geschichtlichen Epoche, die G. H. Bondy auf der denkwürdigen Generalversammlung der Pazifischen Export-Gesellschaft mit seinen prophetischen Worten über eine beginnende Utopie[2] angekündigt hatte, können wir das historische Geschehen nicht mehr in Jahrhunderten, ja nicht einmal in Dezennien messen wie in der bisherigen Weltgeschichte, sondern nur noch in Quartalen, gemäß den Vierteljahresberichten der Wirtschaftsstatistik[3]. In dieser Zeit wird nämlich die Produktion von Weltgeschichte sozusagen im großen betrieben, wodurch sich das Tempo der Geschichte außerordentlich (schätzungsweise um das Fünffache) beschleunigt. Heute können wir einfach nicht mehr einige hundert Jahre warten, bis mit der Welt etwas Gutes oder Böses geschieht. Zum Beispiel die Völkerwanderung, die sich einst über mehrere Menschenalter hinzog, könnte bei der heutigen Organisation des Transportwesens alles in allem in drei Jahren erledigt werden. Sonst läßt sich daran nichts verdienen. Ähnlich ist es mit der Liquidation des Römischen Reiches, der Kolonisation von Kontinenten, der Ausrottung der Indianer und so weiter. Das alles

---

[1] Vgl. *G. Kreuzmann*, Geschichte der Molche. *Hans Tietze*, Der Molch des XX. Jahrhunderts. *Kurt Wolff*, Der Molch und das deutsche Volk. *Sir Herbert Owen*, The Salamanders and the British Empire. *Giovanni Focaja*, L'evoluzione degli anfibii durante il Fascismo. *Léon Bonnet*, Les Urodèles et la Société des Nations. *S. Madariaga*, Las Salamandras y la Civilización, u. a. m.

[2] Vgl. Der Krieg mit den Molchen, I. Teil, Kapitel XII.

[3] Dies möge gleich der erste Ausschnitt aus Herrn Povondras Sammlung dokumentieren:

!!DER MOLCHMARKT!!

(ČTK) Nach dem letzten zu Ende des Vierteljahres veröffentlichten Bericht des Salamander-Syndicate ist der Absatz an Molchen um dreißig Prozent gestiegen. Innerhalb von drei Monaten wurden nahezu siebzig Millionen Molche geliefert, insbesondere nach Mittel- und Südamerika, Indochina und Italienisch-Somaliland. Für die nächste Zeit wird eine Vertiefung und Erweiterung des Panamakanals, die Säuberung des Hafens von Guayaquil und die Abtragung einiger Sandbänke und Klippen in der Torresstraße vorbereitet. Diese Arbeiten allein würden laut annähernder Schätzung eine Umlagerung von neun Milliarden Kubikmetern festen Erdreiches bedeuten. Mit dem Bau schwerer Fluginseln auf der Linie Madeira—Bermuda soll erst im nächsten Frühjahr begonnen werden. Die Verschüttung der Marianen im japanischen Mandat schreitet fort. Bisher wurden achthundertvierzigtausend Acres neuen, sogenannten Festlandes zwischen den Inseln Tinian und Saipan gewonnen. Im Hinblick auf diese wachsende Nachfrage sind Molche sehr fest im Preis und notieren Leading 61, Team 620. Der Vorratsstand ist ausreichend.

ließe sich heute unvergleichlich schneller absolvieren, wenn es kapitalskräftigen Unternehmern anvertraut würde. In dieser Richtung weist der kolossale Erfolg des Molchsyndikats und sein mächtiger Einfluß auf die Weltgeschichte zweifellos künftigen Geschlechtern einen Weg.

Die Geschichte der Molche zeichnet sich also von Anfang an dadurch aus, daß sie gut und rationell organisiert wurde. Das erste, doch durchaus nicht das einzige Verdienst dabei gebührt dem Molchsyndikat. Es sei anerkannt, daß auch die Wissenschaft, die Philanthropie, das kulturelle Bildungsniveau, die Presse und andere Faktoren einen nicht geringen Anteil an der ungeheuren Verbreitung und dem erstaunlichen Fortschritt der Molche haben. Nichtsdestoweniger war es das Molchsyndikat, das den Salamandern sozusagen Tag für Tag neue Kontinente und neue Küsten erschloß, obwohl es viele Schwierigkeiten zu überwinden hatte, die diese Expansion hemmten.[4] Die Vierteljahresberichte des Syndikats weisen aus, wie die Häfen Indiens und Chinas allmählich mit Molchen besiedelt wurden; wie die Molchkolonisation die Küsten Afrikas überschwemmt und auf den amerikanischen Kontinent überspringt, wo bald neue, modernste Molchbrutstätten im Golf von Mexiko entstehen; wie neben diesen breiten Kolonisationswellen kleinere Gruppen von Molchen als Pioniervorhut für den späteren Export ausgesandt werden. So machte zum Beispiel das Molchsyndikat dem holländischen Waterstaat ein Geschenk von tausend erstklassigen Molchen, widmete der Stadt Marseille sechshundert Salamander zur Reinigung des Alten Hafens und so weiter. Kurz, im Gegensatz zu der menschlichen Besiedlung

---

[4] Über solche Schwierigkeiten gibt zum Beispiel folgender Zeitungsausschnitt ohne Datum Aufschluß:

England verschließt sich den Molchen?

(Reuter) Auf eine Anfrage des Unterhausmitgliedes Mr. J. Leeds antwortete heute Sir Samuel Mandeville, die Regierung Seiner Majestät habe den Suezkanal für sämtliche Transporte von Molchen gesperrt. Des weiteren beabsichtigte sie nicht zuzulassen, daß auch nur ein einziger Molch an der Küste oder in den Hoheitsgewässern der Britischen Inseln beschäftigt werde. Der Grund für diese Maßnahme, erklärte Sir Samuel, sei einerseits die Sicherheit der britischen Küste, anderseits die Gültigkeit der alten Gesetze und Verträge über die Unterdrückung des Sklavenhandels.

Auf eine Anfrage des Parlamentsmitgliedes Mr. B. Russel teilt Sir Samuel mit, daß sich dieser Standpunkt allerdings auf die britischen Dominien und Kolonien nicht beziehe.

der Welt wurde die Verbreitung der Molche planmäßig und großzügig durchgeführt; der Natur überlassen, hätte sie sich gewiß über Jahrhunderte, ja Jahrtausende hingeschleppt; nein, die Natur war nie so unternehmend und zweckbewußt wie die menschliche Fabrikation und der menschliche Handel. Die lebhafte Nachfrage scheint auch die Fruchtbarkeit der Molche beeinflußt zu haben; der Ertrag an Laich von einem einzigen Weibchen stieg bis auf hundertfünfzig Larven jährlich. Gewisse regelmäßige, durch Haifische verursachte Verluste hörten beinahe vollkommen auf, als die Molche mit Unterwasserpistolen und Dumdumgeschossen zur Verteidigung gegen Raubfische ausgestattet wurden.[5]

Die Verbreitung der Molche ging allerdings nicht überall glatt vonstatten; da und dort verwahrten sich die konservativen Kreise scharf gegen die Einführung dieser neuen Arbeitskräfte, in denen sie eine unlautere Konkurrenz für die menschliche Arbeit erblickten.[6] Andere

---

[5] Es wurden fast allgemein Pistolen nach einer Erfindung von Ing. Mírek Šafránek verwendet, die die Brünner Waffenfabrik erzeugte.

[6] Vgl. folgende Zeitungsnachricht:

Streikbewegung in Australien!!!

(Havas) Der Führer der australischen Trade-Unions Harry Mac Namara kündigt einen Generalstreik aller Hafen-, Trans-

port-, Elektrizitätswerk- und anderer Arbeiter an. Die Gewerkschaften fordern nämlich, daß die Einfuhr von Arbeitsmolchen nach Australien gemäß den Immigrationsgesetzen streng kontingentiert werde. Dagegen trachten die australischen Farmer die Einfuhr von Molchen durchzusetzen, da durch deren Futterversorgung eine beträchtliche Steigerung des Absatzes von einheimischem Mais und tierischen Fetten, insbesondere Hammelfett, zu erwarten ist. Die Regierung bemüht sich um ein Kompromiß; das Molchsyndikat erbietet sich, den Trade-Unions einen Beitrag von sechs Shilling für jeden eingeführten Molch zu zahlen. Die Regierung ist bereit zu garantieren, daß die Molche ausschließlich im Wasser beschäftigt und (aus Sittlichkeitsgründen) nicht mehr als vierzig Zentimeter, das heißt bis zur Brust, aus dem Wasser auftauchen werden. Die Trade-Unions jedoch bestehen auf zwölf Zentimetern und fordern für jeden Molch eine Gebühr von zehn Shilling außer der Registrationstaxe. Es dürfte zu einer Einigung unter Zuschuß aus der Staatskasse kommen.

Stimmen äußerten die Befürchtung, daß die Molche, die sich von kleinerem Meergeziefer ernähren, den Fischfang bedrohen könnten. Manche wieder behaupteten, sie würden mit ihren Schlupflöchern und Gängen die Küsten und Inseln unterhöhlen. Genaugenommen, gab es Leute genug, die vor der Einführung der Molche offen warnten, aber jede Neuerung, jeder Fortschritt stößt ja seit Menschengedenken auf Widerstand und Mißtrauen. So war es bei den Maschinen, nun wiederholte es sich mit den Molchen. An manchen Orten gab es Mißverständnisse anderer Art[7], aber dank dem weitgehenden

---

[7] Vgl. ein bemerkenswertes Dokument aus der Sammlung von Herrn Povondra:

Molche retten 36 Ertrinkenden das Leben

(Von unserem Sonderberichterstatter)

Madras, 3. April

Im hiesigen Hafen stieß der Dampfer Indian Star mit einem Boot zusammen, das vierzig Eingeborene übersetzte und sofort sank. Noch bevor eine Polizeibarkasse ausgesandt werden konnte, eilten Molche, die an der Entschlammung des Hafens arbeiteten, zu Hilfe und brachten sechsunddreißig Ertrinkende ans Ufer. Ein Salamander zog allein drei Frauen und zwei Kinder aus dem Wasser. Zum Lohn für diese tapfere Tat erhielten die Molche ein Dankschreiben der örtlichen Autoritäten in einem wasserdichten Futteral.

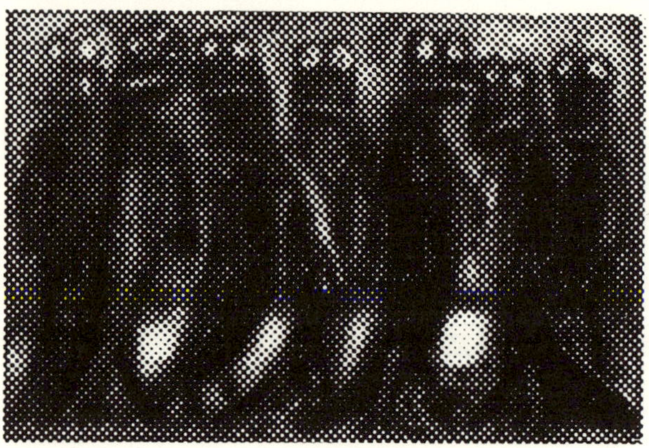

Die Rettungsmannschaft der Molche

Die eingeborene Bevölkerung hingegen ist aufs äußerste empört, daß den Molchen gestattet wurde, ertrinkende Personen höherer Kasten zu berühren. Denn Molche gelten als unrein und unberührbar. Im Hafen rotteten sich einige tausend Eingeborene zusammen und verlangten die Ausweisung der Molche aus dem Hafen. Die Polizei hält jedoch die Ordnung aufrecht. Es gab nur drei Tote und hundertzwanzig Verhaftungen. Gegen zehn Uhr abends war die Ruhe wiederhergestellt. Die Salamander arbeiten weiter.

Beistand der Weltpresse, die sowohl die ungeheuren Möglichkeiten des Molchhandels als auch die damit verbundene, großzügige und einträgliche Zeitungsreklame richtig einschätzte, wurde die Einführung von Salamandern in allen Teilen der Welt doch zumeist mit lebhaftem Interesse, ja mit Begeisterung begrüßt.[8]

Der größte Teil des Molchhandels befand sich in den Händen des Molchsyndikats und wurde von diesem mit seinen eigenen, speziell für diesen Zweck konstruierten Tankbooten durchgeführt. Der Mittelpunkt dieses Handels und zugleich eine Art Molchbörse war das Salamander-Building in Singapore.

---

[8] Man vergleiche folgenden hochinteressanten Ausschnitt, leider in einer unbekannten Sprache und infolgedessen unübersetzbar:

SAHT NA KCHRI TE SALAAM ANDER BWTAT

Saht gwan t'lap ne Salaam Ander bwtati og t'cheni bechri ne Simbwana m'bengwe ogandi sûkh na moïmoï opwana Salaam Andersri m'oana gwen's. Og di limbw, og di bwtat na Salaam Ander kchri p'we ogandi p'we o'gwandi te ur maswali sûkh? Na, ne ur lingo t'lslamli kcher oganda Salaam Andrias sahti. Bend op'tonga kchri Simbwana mêdh, salaam!

Vgl. folgende ausführliche und objektive, mit dem Zeichen e. w. versehene Schilderung vom 5. Oktober:

S-TRADE

Singapore, den 4. Oktober

Leading	63.	Odd Jobs	26.35.
Heavy	317.	Trash	0.08.
Team	648.	Spawn	80-132.

Solche Berichte kann der Zeitungsleser täglich in der Wirtschaftsrubrik seines Blattes unter den telegrafischen Baumwoll-, Zinn- oder Weizennotierungen finden. Wissen Sie aber auch, was diese rätselhaften Ziffern und Wörter bedeuten? Nun ja, den Molchhandel oder S-Trade. Aber wie dieser Handel wirklich aussieht, davon kann sich der Großteil der Leser einen weniger klaren Begriff machen. Vielleicht stellt er sich einen großen, von Tausenden und aber Tausenden Molchen wimmelnden Markt vor, wo Käufer in Tropenhelmen und Turbanen umherschlendern, die angebotene Ware besichtigen und schließlich mit dem Zeigefinger auf einen gut entwikkelten, gesunden, jungen Salamander mit den Worten deuten: »Verkaufen Sie mir dieses Stück. Was kostet es?«

In Wirklichkeit sieht der Molchmarkt ganz anders aus. In dem Marmorgebäude der S-Trade in Singapore sieht man nicht einen einzigen Molch, sondern nur geschäftige, elegante Beamte in weißen Anzügen, die telefonische Aufträge entgegennehmen. »Ja, Sir. Leading kostet dreiundsechzig. Wieviel? Zweihundert Stück? Ja, Sir. Zwanzig Heavy und hundertachtzig Team. Okay, ich verstehe. Das Schiff geht in fünf Wochen ab. Right? Thank you, Sir.« Das ganze S-Trade-Palais schwirrt von Telefongesprächen. Man hat weit mehr den Eindruck eines Amtes oder einer Bank als den eines Marktes. Und doch ist dieses weiße, vornehme Gebäude mit den ionischen Säulen der Fassade ein bedeutenderer Weltmarkt als der Basar von Bagdad zur Zeit Harûn ar-Raschîds. Aber kehren wir zu dem zitierten Marktbericht und seinem Geschäftsjargon zurück.

LEADING sind einfach besonders ausgewählte, intelligente, sorgfältig zu Aufsehern und Leitern von Molch-

Leading

arbeitskolonnen herangebildete, in der Regel dreijährige Molche. Sie werden einzeln, ohne Rücksicht auf das Körpergewicht, verkauft, denn es wird nur ihre Intelligenz gewertet. Die ein gutes Englisch sprechenden Singapore Leading gelten als erstklassig und sind wegen ihrer besonderen Verläßlichkeit geschätzt. Verschiedentlich werden auch andere Marken von Leitmolchen angeboten, wie die sogenannten Capitanos, Ingenieure, Malayan Chiefs, Foremanders und so weiter, aber Leading erzielen den höchsten Preis, der sich heute um sechzig Dollar das Stück bewegt.

HEAVY sind schwere, athletische, gewöhnlich zweijährige Molche, deren Gewicht zwischen hundert und

Heavy

hundertzwanzig englischen Pfund schwankt. Sie werden nur in Trupps (sog. bodies) zu sechs Einzelmolchen verkauft und sind auf schwerste körperliche Arbeit gedrillt, wie Felsenbrechen, Wegwälzen von Steinblöcken und dergleichen mehr. Wenn der angeführte Kursbericht Heavy 317 angibt, so bedeutet dies, daß für einen sechsgliedrigen Trupp (body) schwerer Molche dreihundertsiebzehn Dollar gezahlt werden. Jedem Trupp schwerer Molche wird in der Regel ein Leading als Aufseher und Leiter zugeteilt.

TEAM sind gewöhnliche Arbeitsmolche im Gewicht von achtzig bis hundert Pfund, die nur in Arbeitskolonnen

Team

Odd Jobs

(teams) zu zwanzig Stück verkauft werden. Sie sind für Massenarbeit bestimmt und werden mit Vorliebe zu Ausbaggerungen, zur Errichtung von Aufschüttungen, Dämmen und ähnlichen Arbeiten verwendet. Auf jedes zwanziggliedrige Team entfällt ein Leading.

ODD JOBS bilden eine Klasse für sich. Es sind dies Molche, die aus verschiedenen Gründen keine Massen- oder Spezialschulung genossen haben, beispielsweise weil sie nicht in den großen, fachmännisch geleiteten Molchfarmen aufgewachsen sind. Eigentlich sind es halbwilde, oft allerdings sehr begabte Molche, die einzeln oder in Dutzenden gekauft und zu verschiedenen Hilfsarbeiten oder kleineren Leistungen verwendet werden, für die es nicht die Mühe lohnt, einen ganzen Molchtrupp oder eine Arbeitskolonne abzukommandieren. Wenn die Leading unter den Molchen als Elite betrachtet werden können, stellen die Odd Jobs eine Art kleines Proletariat dar. In letzter Zeit werden sie mit Vorliebe als Molchrohstoff gekauft, den die einzelnen Unternehmer weiter ausbilden und in Leading, Schwere, Team oder Trash einteilen.

TRASH oder Ausschuß (Pofel, Abfall) sind minderwertige, schwache oder mit Körperfehlern behaftete Molche, die weder einzeln noch in Gruppen verkauft werden, sondern in größeren Gewichtseinheiten, meist waggonweise. Das Kilogramm Lebendgewicht kostet heute sieben bis zehn Cents. Wozu sie dienen und zu welchem Zweck sie gekauft werden, ist nicht bekannt. Vielleicht für leichtere Arbeiten im Wasser. Um kein Mißverständnis aufkommen zu lassen, betonen wir von neuem, daß Molche für Menschen ungenießbar sind. Diesen Trash kaufen beinahe aus-

Trash

nahmslos chinesische Zwischenhändler in Bausch und Bogen auf. Wohin sie ihn bringen, konnte nicht festgestellt werden.

SPAWN ist einfach Molchlaich, genauer gesagt, Larven bis zu einem Jahr. Sie werden hundertweise ge- und verkauft und erfreuen sich eines sehr guten Absatzes, hauptsächlich weil sie preiswert sind und sich bezüglich des Transports am billigsten zu stehen kommen. Erst am Bestimmungsort werden sie so lange gezüchtet, bis sie arbeitsfähig sind. Spawn wird in Fässern versandt, denn die Larven verlassen das Wasser nicht, was für die erwachsenen Molche tägliches Bedürfnis ist.

Nicht selten kommt es vor, daß aus dem Spawn Einzeltiere von ungewöhnlicher Begabung hervorgehen, die sogar den standardisierten Leadingtyp übertreffen. Das verleiht dem Laichgeschäft besonderen Anreiz. Diese hochbegab-

Spawn

ten Molche werden dann für einige hundert Dollar das Stück verkauft. Der amerikanische Millionär Denicker zahlte sogar einen Preis von zweitausend Dollar für einen Molch, der neun Sprachen fließend sprach, und ließ ihn in einem Sonderschiff nach Miami transportieren; der Transport allein kostete nahezu zwanzigtausend Dollar. In letzter Zeit wird der Laich mit Vorliebe für die sogenannten Molchställe gekauft, wo schnelle Sportmolche aussortiert und trainiert werden. Je drei werden dann vor flache, muschelförmige Kähne gespannt. Wettrennen in Muschelkähnen, die von Molchen gezogen werden, sind jetzt hoch in Mode und bilden die beliebteste Unterhaltung der jungen Amerikanerinnen in Palm-Beach, Honolulu oder auf Kuba. Sie werden Triton-races oder Venusregatten genannt. In der leichten, dekorativen, über den Meeresspiegel dahingleitenden Muschel steht die Teilnehmerin des Wettkampfes in einem möglichst kurzen, reizvollen Badeanzug und hält die seidenen Zügel des Molchdreigespanns in den Händen. Es wird um den Titel der Venus gekämpft. Mr. J. S. Tincker, der bekannte Konservenkönig, kaufte seiner Tochter ein Dreigespann von Rennmolchen, Poseidon, Hengist und King Edward, für nicht weniger als sechsunddreißigtausend Dollar. Aber das liegt nicht mehr im Rahmen des eigentlichen S-Trade, der sich darauf beschränkt, der ganzen Welt solide Arbeitstiere, Leadings, Heavies und Teams zu liefern.

Wir haben bereits die Molchfarmen erwähnt. Der Leser möge sich darunter jedoch keineswegs riesige Zuchtställe und Einfriedungen vorstellen, sondern vielmehr kilometerlange, kahle Küstenstreifen, auf deren verstreut Wellblechhäuschen stehen. In einem wohnt der Tierarzt, in einem der Direktor, in den übrigen das Aufsichtspersonal. Erst bei Ebbe sieht man, daß vom Ufer ins Meer lange Dämme laufen, die den Strand in mehrere Bassins einteilen, eines für den Laich, ein anderes für die Klasse Leading und so weiter. Jede Sorte wird gesondert gefüttert und trainiert, natürlich nachts. Mit der Abenddämmerung kommen die Molche aus ihren Schlupflöchern an den Strand und versammeln sich um ihre Lehrer, in der Regel ausgediente Soldaten. Zuerst haben sie eine Stunde Sprechunterricht. Der Lehrer sagt ihnen Wörter vor, zum Beispiel »graben«, und veranschaulicht ihnen deren Sinn. Dann stellen sie sich in Viererreihen auf und lernen marschieren. Hierauf folgt eine halbe Stunde Turnen und Ruhepause im Wasser. Nach der Pause erhalten sie Unterricht im Gebrauch

verschiedener Werkzeuge und Waffen, worauf unter Aufsicht der Lehrer etwa drei Stunden praktische Arbeiten im Wasserbauwesen folgen. Sodann kehren die Molche ins Wasser zurück und werden mit Molchzwieback gefüttert, der hauptsächlich aus Maismehl und Rindertalg besteht. Leading und schwere Molche erhalten eine Fleischzulage. Faulheit und Ungehorsam werden durch Nahrungsentzug bestraft, andere Körperstrafen gibt es nicht. Übrigens ist die Schmerzempfindlichkeit der Salamander sehr gering. Mit Sonnenaufgang tritt auf den Molchfarmen Totenstille ein. Die Menschen gehen zu Bett, und die Molche verschwinden unter der Meeresoberfläche.

Dieser Lauf der Dinge ändert sich nur zweimal im Jahr; einmal zur Zeit der Paarung, wo die Molche vierzehn Tage sich selbst überlassen bleiben, und das zweite Mal, wenn das Tankschiff des Molchsyndikats zu der Farm kommt und dem Direktor die Aufträge überbringt, wie viele von der oder jener Molchklasse ausgemustert werden sollen. Die Musterung erfolgt bei Nacht. Während ein Schiffsoffizier, der Direktor der Farm und der Tierarzt an einem Tischchen mit einer Lampe sitzen, schneiden die Aufseher und die Mannschaft des Schiffes den Salamandern den Rückweg zum Meer ab. Nun tritt ein Molch nach dem andern zu dem Tischchen und wird für tauglich oder untauglich erklärt. Die ausgemusterten Molche besteigen sodann einen Kahn, der sie zu dem Tankboot bringt. Meist tun sie dies freiwillig, das heißt auf bloßen scharfen Befehl hin; nur manchmal muß sanfte Gewalt angewandt werden, zum Beispiel Fesseln. Der Spawn oder Laich wird mit Netzen gefangen.

Ebenso human und hygienisch ist der Transport der Molche auf den Tankschiffen. Alle zwei Tage wird das Wasser in den Behältern durch Pumpen gewechselt, und sie erhalten reichliches Futter. Die Sterblichkeitsziffer während des Transports erreicht kaum zehn Prozent. Auf Wunsch der Tierschutzvereine befindet sich auf jedem Tankboot ein Schiffskaplan, der über die menschliche Behandlung der Salamander wacht und ihnen Nacht für Nacht eine Predigt hält, in der er ihnen insbesondere Ehrfurcht vor den Menschen und dankbaren Gehorsam, ja Liebe zu ihren künftigen Arbeitgebern ans Herz legt, die nichts weiter wünschen, als väterlich für ihr Wohl zu sorgen. Es ist sicher recht schwierig, den Molchen diese väterliche Obsorge zu erklären, denn der Begriff der Vaterschaft ist ihnen unbekannt. Unter den gebildeteren Salamandern hat sich für den Schiffskaplan der Name Papa Molch eingebürgert. Auch Lehrfilme, durch die den Molchen während des Transports einerseits die Wunder der menschlichen Technik, andererseits ihre künftige Arbeit und ihre Pflichten vorgeführt werden, haben sich gut bewährt.

Es gibt Menschen, die die Abkürzung S-Trade (Salamander-Trade) als Slave-Trade oder Sklavenhandel deuten. Nun, als unparteiische Beobachter können wir sagen, wenn der einstige Sklavenhandel so gut organisiert und hygienisch so einwandfrei durchgeführt worden wäre wie der heutige Handel mit Molchen, könnte man den Sklaven nur gratulieren. Speziell die kostspieligeren Salamander erfahren eine ungemein sorgsame und schonende Behandlung, schon allein deshalb, weil Kapitän und Mannschaft des Schiffes mit Gage und Löhnung für das Leben der ihnen anvertrauten Molche bürgen. Der Schreiber dieser Zeilen war selbst Zeuge, wie tief ergriffen auch die abgehärtetsten Matrosen des Tankbootes S.S. 14 waren, als zweihundertvierzig Ia Molche in einem der Bottiche an schwerem Durchfall erkrankten. Immer wieder kamen sie, um nach ihnen zu sehen. Die Augen wurden ihnen feucht, und sie machten ihren Gefühlen durch die rauhen Worte Luft: »Diese Äser hat uns der Teufel beschert!«

Der wachsende Umsatz im Molchexport zog allerdings auch einen illegalen Handel nach sich. Das Molchsyndikat konnte nicht alle Brutstätten kontrollieren und verwalten, die der verstorbene Kapitän van Toch vorzugsweise über die kleinen und abgelegenen Inseln Mikronesiens, Melanesiens und Polynesiens verstreut hatte, so daß viele Molchbuchten sich selbst überlassen blieben. Infolgedessen bürgerte sich neben der rationellen Salamanderzucht in bedeutendem Ausmaß die Jagd auf wilde Molche ein, die in vieler Hinsicht an den einstigen Seehundfang gemahnte. Es war wohl eine nicht ganz statthafte Jagd, aber da es keine Gesetze zum Schutze der Molche gab, wurde sie höchstens als unberechtigtes Betreten des Bodens dieser oder jener Staatsoberhoheit geahndet. Andererseits vermehrten sich die Molche auf diesen Inseln ungeheuer und verursachten da und dort den Eingeborenen gewisse Schäden in Feld und Garten, so daß die Schwarzjagden stillschweigend als natürliche Regulierung der Molchpopulation geduldet wurden. Wir zitieren eine authentische, zeitgenössische Beschreibung:

DER BUKANIER DES XX. JAHRHUNDERTS

(E. E. K.) Abends um elf Uhr ließ der Kapitän unseres Schiffes die Staatsflagge einziehen und die Boote klarmachen. Es war eine silbrig verschleierte Mondnacht. Ich glaube, die Insel, zu der wir ruderten, war Gardner Island, eine der Phoenixinseln. In solchen Mondnächten kommen die Molche ans Ufer und tanzen. Man kann sich ihnen nähern, sie hören es nicht. So versunken sind sie in ihren stummen Gemeinschaftstanz. Wir waren zwanzig. Die Ruder in der Hand, gingen wir an Land und schlossen langsam einen Halbkreis um den im milchweißen Mondschein am Strande wimmelnden Haufen.

Der Eindruck, den dieser Tanz der Molche hervorruft, läßt sich schwer schildern. Ungefähr dreihundert Tiere sitzen auf den Hinterbeinen, genau im Kreis, die Stirn der Kreismitte zugewandt. Das Innere des Kreises ist leer. Die Molche sitzen bewegungslos, erstarrt, eine ringförmige Palisade um einen geheimnisvollen Altar. Aber es ist kein Altar vorhanden, auch kein Gott. Plötzlich schnalzt eines der Tiere ein kurzes »ts, ts, ts« und beginnt mit dem Oberkörper wiegend zu kreisen. Diese schwingende Bewegung springt von Tier auf Tier über, und in wenigen Sekunden wiegen sich alle Molche hin und her, ohne sich vom Platz zu bewegen, schneller, schneller, lautlos, immer fanatischer, in einem rasenden, besessenen Wirbel, wohl eine Viertelstunde lang. Dann ermattet einer der Molche, ein zweiter, ein dritter, wiegt sich kraftlos, erstarrt. Wieder sitzen sie wie reglose Statuen. Doch bald ertönt an einer anderen Stelle ein leises »ts, ts, ts«, ein anderer Molch beginnt zu schwingen, und mit einem Schlag springt der Tanz auf den ganzen Kreis über. Ich weiß, diese Be-

schreibung klingt mechanisch, aber Sie müssen sich das bleiche Licht des Mondes hinzudenken und das regelmäßige, langgezogene Rauschen der Flut; es lag etwas grenzenlos Magisches, fast möchte ich sagen Verwunschenes darin. Ich blieb mit zugeschnürter Kehle in einem unwillkürlichen Gefühl des Grauens, des fassungslosen Staunens stehen. »Vorwärts, Mensch«, schrie mich mein nächster Nachbar an, »du stehst ja 'n Loch in den Sand!«

Wir schlossen unseren Ring um den Kreis der tanzenden Tiere enger. Die Männer hielten die Ruder quer und sprachen nur halblaut, eher der Nacht als der Molche wegen. »Zur Mitte, Laufschritt!« rief der kommandierende Offizier. Wir rannten auf den wirbelnden Kreis los, mit dumpfen Schlägen sausten unsere Ruder auf die Rücken der Molche. Erst jetzt wurden die Tiere von jähem Schrecken erfaßt und wichen in die Mitte des Kreises zurück oder versuchten, zwischen den Rudern zum Meer durchzuschlüpfen. Sie erhielten jedoch einen Schlag, der sie, kreischend vor Angst und Schmerz, wieder zurückwarf. Wir schoben sie mit den Ruderstangen zur Mitte, wo sie zusammengepreßt, eingepfercht, in mehreren Schichten übereinanderkrochen. Zehn Männer hielten sie in der Umklammerung der Ruder, zehn weitere stießen und droschen auf alle los, die den Versuch machten, unter den Rudern durchzuschlüpfen oder die Barriere zu durchbrechen. Es war ein einziges Knäuel von schwarzem, sich windendem, verwirrt quäkendem Fleisch, auf das dumpfe Schläge fielen. Dann öffnete sich eine Lücke zwischen zwei Rudern, ein Molch schlüpfte durch und wurde durch einen Schlag auf den Hinterkopf betäubt, nach ihm ein zweiter und dritter, bis ungefähr zwanzig am Boden lagen. »Schließen!« befahl der Offizier. Die Lücke zwischen den Rudern schloß sich. Bully Beach und der Mischling Dingo packten mit jeder Hand einen der betäubten Molche am Bein und schleppten sie über den Sand zum Kahn wie leblose Säcke. Manchmal verklemmte sich einer der Körper zwischen Steinen, dann zog der Matrose mit einem heftigen, zornigen Ruck an, und das Bein riß ab. »Macht nichts«, brummte der alte Mike, der neben mir stand, »das wächst ihm wieder nach, Mensch.« Als die betäubten Molche in die Kähne geworfen waren, befahl

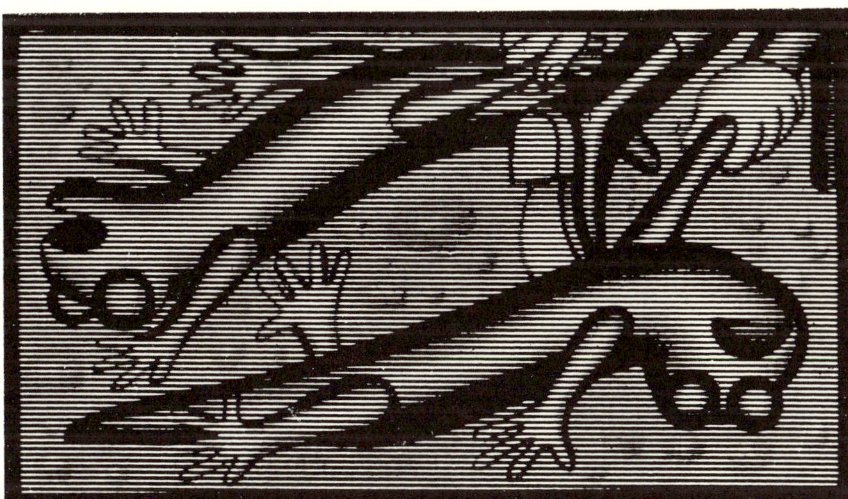

der Offizier trocken: »Weitere vorbereiten!« Und wieder sausten Ruderschläge auf die Köpfe der Molche nieder. Der Offizier, er hieß Bellamy, war ein gebildeter, stiller Mensch, ein ausgezeichneter Schachspieler; aber das war Jagd, oder vielmehr Geschäft, wozu also Umstände machen. Auf diese Weise wurden über zweihundert betäubte Molche erjagt; ungefähr siebzig blieben am Platz liegen. Wahrscheinlich waren sie tot und die Mühe des Abschleppens nicht wert.

Auf dem Schiff wurden die gefangenen Molche in große Behälter geworfen. Unser Schiff war ein altes tank-ship zum Transport von Naphtha. Die schlecht gereinigten Tanks rochen nach Petroleum, das Wasser hatte einen fetten, regenbogenfarbigen Überzug. Nur die Deckel waren wegen der Luftzufuhr entfernt worden. Nachdem man die Molche in diese Brühe geworfen hatte, sah sie wie eine dicke, widerliche Nudelsuppe aus, in der sich da und dort schwach und jammervoll etwas bewegte; aber tagsüber ließ man die Molche in Ruhe, um sie zu sich kommen zu lassen. Am nächsten Morgen erschienen vier Männer, die lange Stangen in diese »Suppe« stießen (der Fachausdruck dafür lautet wirklich »soup«). Sie rührten in den dicht aneinandergedrängten Leibern herum und schauten nach solchen aus, die sich nicht mehr bewegten oder von denen das Fleisch schon abfiel; diese wurden an lange Haken gespießt und herausgezogen. »Ist die Suppe sauber?« fragte dann der Kapitän. »Yes, Sir.« – »Gießt Wasser zu.« – »Yes, Sir.« Diese Säuberung der Suppe mußte täglich wiederholt werden. Jedesmal wurden sechs bis zehn Stück ins Meer geworfen, »verdorbene Ware«, wie man sie nannte. Eine Kavalkade großer, fettgefressener Haifische begleitete getreulich unser Schiff. Bei den Behältern stank es fürchterlich. Trotz häufiger Erneuerung war das Wasser in den Bottichen gelb, von Exkrementen und zerweichtem Zwieback durchsetzt.

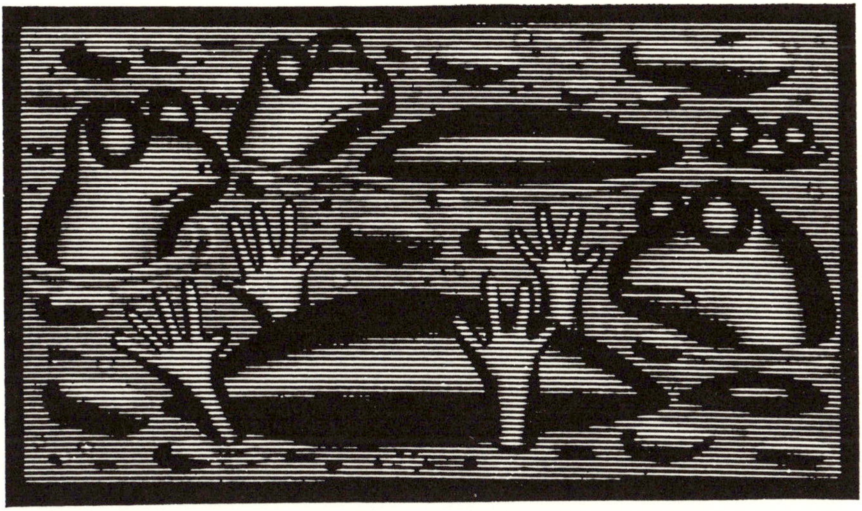

Darin lagen die matt plätschernden oder nur stumpf dreinblickenden schwarzen, schwer atmenden Leiber. »Hier haben sie es noch gut«, behauptete der alte Mike. »Ich hab einen Frachter gesehen, da wurden sie in Benzolfässern verschifft, dort sind ihnen alle krepiert.«

Sechs Tage später faßten wir neue Ware auf der Insel Nanomea.

*

So also sieht der Molchhandel aus, allerdings der illegale oder, mit anderen Worten, das moderne Piratentum, das beinahe über Nacht erblüht ist. Es wird behauptet, daß fast ein Viertel aller verkauften und gekauften Molche auf diese Weise gefangen wurde. Es gibt Molchbrutstätten, bei denen es sich für das Molchsyndikat nicht lohnt, ständige Farmen zu unterhalten. Auf den kleineren Inseln des Stillen Ozeans haben sich die Molche derart vermehrt, daß sie zu einer wahren Landplage werden. Die Eingeborenen mögen sie nicht und behaupten, sie unterhöhlten mit ihren Schlupflöchern und Gängen ganze Inseln. Deshalb drücken sowohl die Kolonialämter als auch das Molchsyndikat wegen der Raubüberfälle auf solche

Molchlokalitäten die Augen zu. Man rechnet, daß es etwa vierhundert Piratenschiffe gibt, die sich ausschließlich mit Molchraub befassen. Neben den kleinen Unternehmern betreiben ganze Schiffahrtsgesellschaften dieses moderne Seeräubertum. Die größte davon ist die Pacific Trade Comp. mit dem Sitz in Dublin; ihr Präsident ist der ehrenwerte Herr Charles B. Harriman. Vor einem Jahr waren die Verhältnisse um einiges schlimmer. Damals überfiel ein gewisser chinesischer Bandit namens Teng mit drei Schiffen sogar Syndikatsfarmen und schreckte nicht davor zurück, das Personal niederzumetzeln, sofern es sich zur Wehr setzte. Vergangenen November wurde dieser Teng mit seiner kleinen Flotte von dem amerikanischen Kanonenboot Minnetonka bei den Midway Islands in den Grund gebohrt, worauf das Molchpiratentum weniger wilde Formen annahm und sich einer ständigen Blüte erfreute, seit gewisse Modalitäten vereinbart wurden, unter denen es zum Beispiel stillschweigend geduldet wird: daß bei Überfällen auf fremde Küsten die Flagge des Heimatstaates vom Mast zu entfernen ist; daß unter dem Vorwand des Piratentums keinerlei Export oder Import anderer Waren durchgeführt wird; daß die geraubten Molche nicht zu Dumpingpreisen verkauft und im Handel als zweite Wahl bezeichnet werden. Die Molche werden im illegalen Handel zu zwanzig bis dreiundzwanzig Dollar das Stück verkauft. Sie gelten als eine mindere, aber sehr zähe Sorte, in Anbetracht des Umstandes, daß sie die furchtbare Behandlung auf den Piratenschiffen überlebt haben. Man schätzt, daß im Durchschnitt etwa fünfundzwanzig bis dreißig Prozent der gefangenen Molche einen solchen Transport überdauern, aber die halten dann auch etwas aus. Im Handelsjargon werden sie Maccaroni genannt. Sie notieren in letzter Zeit in den regelmäßigen Marktberichten.

*

Zwei Monate später spielte ich in der Halle des Hotels

France in Saigon mit Herrn Bellamy Schach. Ich war damals allerdings nicht mehr angeheuerter Matrose.

»Schauen Sie, Bellamy«, sagte ich, »Sie sind doch ein anständiger Mensch und, sozusagen, ein Gentleman. Geht es Ihnen nicht manchmal gegen den Strich, einer Sache zu dienen, die im Grunde nichts anderes als der abscheulichste Sklavenhandel ist?«

Bellamy zuckte die Achseln. »Molche sind Molche«, brummte er ausweichend.

»Vor zweihundert Jahren hieß es, Neger sind Neger.«

»Und war es nicht wahr?« sagte Bellamy. »Schach!«

Diese Partie verlor ich. Es ging mir plötzlich durch den Kopf, daß jeder Zug auf dem Schachbrett uralt ist und schon irgendwann von irgend jemandem getan wurde. Vielleicht ist auch unsere Geschichte schon einmal gespielt worden, und wir tun mit unseren Figuren die gleichen Züge zu den gleichen Niederlagen wie einst. Vielleicht machte ein geradeso anständiger, stiller Bellamy an der Elfenbeinküste einst Jagd auf Neger, verfrachtete sie nach Haiti oder Louisiana und ließ sie im Zwischendeck krepieren. Er dachte sich nichts Böses dabei, dieser Bellamy. Bellamy meint es nie böse. Deshalb ist er unverbesserlich.

»Schwarz hat verloren«, sagte Bellamy befriedigt und stand auf, um die Glieder zu strecken.

Neben dem gut organisierten Molchhandel und der ausgedehnten Pressepropaganda gebührt das größte Verdienst um die Verbreitung der Molche der riesigen Welle von technischem Idealismus, der zu jener Epoche die ganze Welt überschwemmte. G. H. Bondy hatte richtig vorausgesehen, daß der menschliche Geist nun mit ganz neuen Kontinenten, einer neuen Atlantis arbeiten würde. Das ganze Molchzeitalter hindurch herrschte unter den Technikern ein lebhafter und fruchtbarer Streit, ob es besser sei, schwere Kontinente mit Eisenbetonküsten zu bauen oder leichtes, aus Meeressand aufgeschüttetes Festland. Beinahe täglich tauchten neue gigantische Projekte auf.

Die italienischen Ingenieure schlugen vor, einerseits ein fast das ganze Mittelländische Meer bis über Tripolis, die Balearen und den Dodekanes hinaus einnehmendes Groß-Italien zu schaffen, andererseits östlich von Italienisch-Somaliland einen neuen Kontinent anzulegen, das sogenannte Lemurien, das sich einmal über den ganzen Indischen Ozean erstrecken sollte. Tatsächlich wurde mit Hilfe einer ganzen Armee von Molchen eine neue kleine Insel mit einem Ausmaß von dreizehneinhalb Acres gegenüber dem somalischen Hafen Mogadischu aufgeschüttet. Japan projektierte eine neue, große Insel an Stelle des ehemaligen Marianenarchipels, führte dieses Projekt auch teilweise durch und bereitete einerseits eine Vereinigung der Marshallinseln, andererseits der Karolinen zu zwei großen Inselblökken vor. Diese Neugebilde wurden schon im voraus Groß-Nippon benannt. Auf jedem sollte sogar ein künstlicher Vulkan errichtet werden, um den künftigen Bewohnern den heiligen Fudschijama stets vor Augen zu halten. Es verlautete auch, daß deutsche Ingenieure im Sargasso-Meer heimlich an einem schweren Betonkontinent bauten, der die künftige Atlantis werden sollte und, wie man meinte, Französisch-Westafrika bedrohen könnte. Es scheint aber nicht weiter als zum Bau des Fundaments gekommen zu sein. In Holland schritt man an die Trockenlegung von Zeeland. Frankreich verband auf Guadeloupe Grande Terre, Basse Terre und La Désirade zu einer einzigen gesegneten Insel. Die Vereinigten Staaten begannen am 37. Breitengrad die erste Fluginsel zu bauen (zweistöckig, mit Riesenhotel, Sportstadion, Lunapark und einem Kino für fünftausend Personen). Kurz, die letzten Grenzen, die das Weltmeer der menschlichen Expansion entgegensetzte, schienen gefallen. Eine schaffensfreudige Epoche kühnster technischer Pläne setzte ein. Der Mensch wurde sich bewußt, daß er erst jetzt zum Herrn der Schöpfung geworden war, dank der Molche, die im richtigen Augenblick, sozusagen mit historischer Notwendigkeit den Schauplatz der Weltgeschichte betreten hatten. Zu dieser enormen Verbreitung der Molche wäre es zweifellos nicht gekommen, wenn unser technisches Zeitalter nicht so viele Arbeitsaufgaben und ein so ungeheures Feld ständiger Beschäftigung für sie bereit gehabt hätte. Die Zukunft der Arbeiter des Meeres schien auf Jahrhunderte gesichert.

Einen nicht unbedeutenden Anteil an der günstigen Entwicklung des Molchhandels hatte auch die Wissenschaft, die bereits in einem frühen Stadium ihre Aufmerksamkeit sowohl der physischen als auch der psychologischen Seite der Molchforschung zuwandte.

Wir führen hier das Referat über einen wissenschaftlichen Kongreß in Paris aus der Feder des Augenzeugen R. D. an:

Ier Congrès des Urodèles

Abgekürzt heißt er Kongreß der Schwanzlurche, der offizielle Titel ist etwas länger: Erster internationaler Kongreß der Zoologen zur psychologischen Erforschung der Schwanzlurche. Ein echter Pariser aber liebt keine kilometerlangen Titel; die gelehrten Professoren, die im Amphitheater der Sorbonne tagen, sind für ihn einfach Messieurs les Urodèles, die Herren Schwanzlurche, und fertig. Oder noch kürzer und respektloser: Ces Zoos-là.

Wir gingen uns also ces Zoos-là ansehen, mehr aus Neugierde als um unserer Berichterstatterpflicht zu genügen. Aus Neugierde, wohlverstanden, die nicht jenen meist ältlichen, bebrillten Universitätskapazitäten galt, sondern gerade diesen ... Geschöpfen (warum will uns das Wort »Tiere« nicht aus der Feder?), über die schon soviel geschrieben wurde, vom wissenschaftlichen Folianten bis zum Gassenhauer, und die – nach der Meinung mancher – Zeitungshumbug sind, nach der Meinung anderer in vieler Hinsicht begabtere Wesen als der Herr und die Krone der Schöpfung selbst, wie der Mensch noch heute (ich meine nach dem Weltkrieg und anderen geschichtlichen Ereignissen) genannt wird. Ich hoffte, die weltberühmten Herren Teilnehmer an dem Kongreß für Seelenfor-

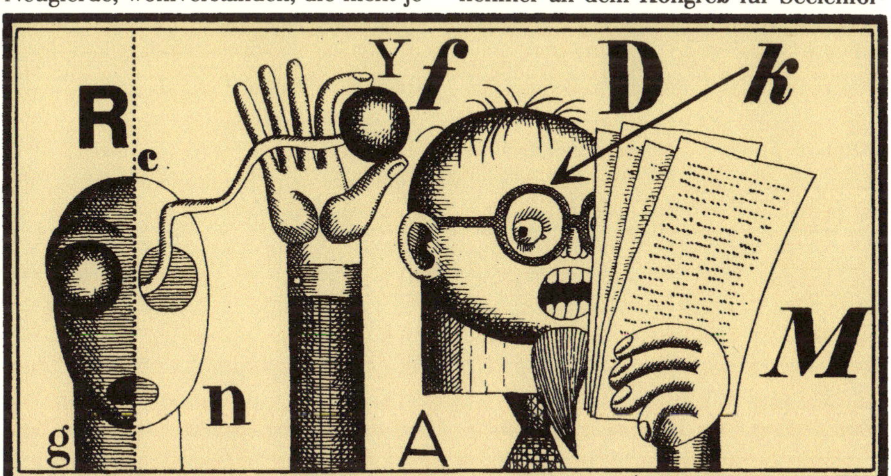

schung der Schwanzlurche würden uns Laien eine klare und endgültige Antwort darauf geben, wie es nun eigentlich mit dieser berühmten Gelehrigkeit des Andrias Scheuchzeri bestellt sei; daß sie uns sagen würden, ja, dieses ist ein vernunftbegabtes Geschöpf oder wenigstens soweit zivilisationsfähig wie Sie oder ich. Deshalb muß man in Zukunft mit ihm rechnen, so wie man mit der Zukunft der einst als wild und primitiv angesehenen menschlichen Rassen rechnen muß... Doch ich kann Ihnen sagen, keine derartige Antwort, ja nicht einmal eine dahin zielende Frage ist auf dem Kongreß gefallen; die heutige Wissenschaft ist eben zu sehr... Fachwissenschaft, um sich mit Problemen dieser Art zu befassen.

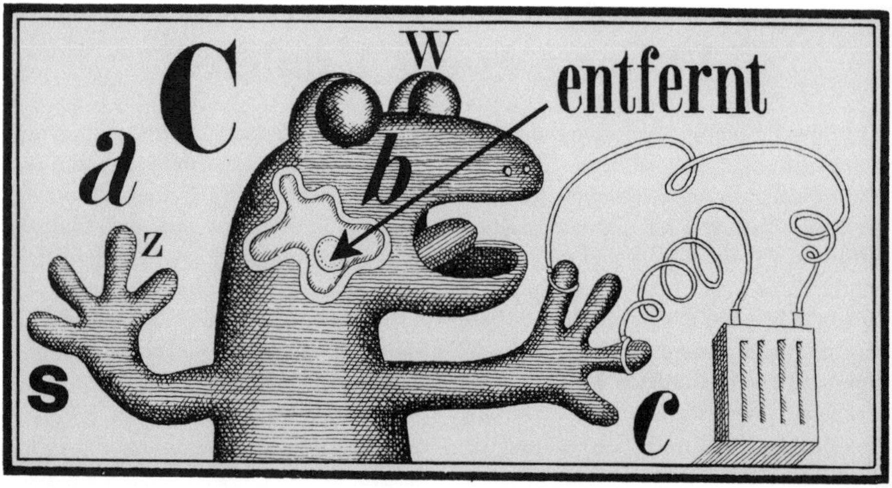

Nun, lassen wir uns also wenigstens darüber belehren, was man wissenschaftlich das Seelenleben der Tiere nennt. Der lange Herr mit dem Magierbart, der gerade auf dem Podium tobt, ist der berühmte Professor Dubosque. Er scheint eben die absurde Theorie eines geehrten Herrn Kollegen in Grund und Boden zu verdammen, dieser Seite seiner Ausführungen können wir allerdings nicht recht folgen. Erst nach längerer Zeit begreifen wir, daß dieser leidenschaftliche Schwarzkünstler über die Empfänglichkeit des Andrias für Farben spricht und seine Fähigkeit, verschiedene Farbenschattierungen zu unterscheiden. Ich weiß nicht, ob ich ihn richtig verstanden habe, jedenfalls habe ich den Eindruck gewonnen, daß Andrias Scheuchzeri möglicherweise ein wenig farbenblind ist, aber daß Professor Dubosque, nach der Art zu schließen, wie er seine Papiere bis zu seinen dicken, wild funkelnden Brillengläsern hob, überaus kurzsichtig sein muß. Nach ihm sprach der lächelnde japanische Gelehrte Dr. Okagawa; er sagte etwas über einen Reaktionsbogen und die Erscheinungen, die auftreten, wenn man irgendeine sensorielle Bahn im Gehirn des Andrias durchschneidet. Darauf schilderte er, was Andrias tut, wenn man das Organ zertrümmert, das bei ihm dem Gehörlabyrinth entspricht. Dann erklärte Professor Rehmann ausführlich, wie An-

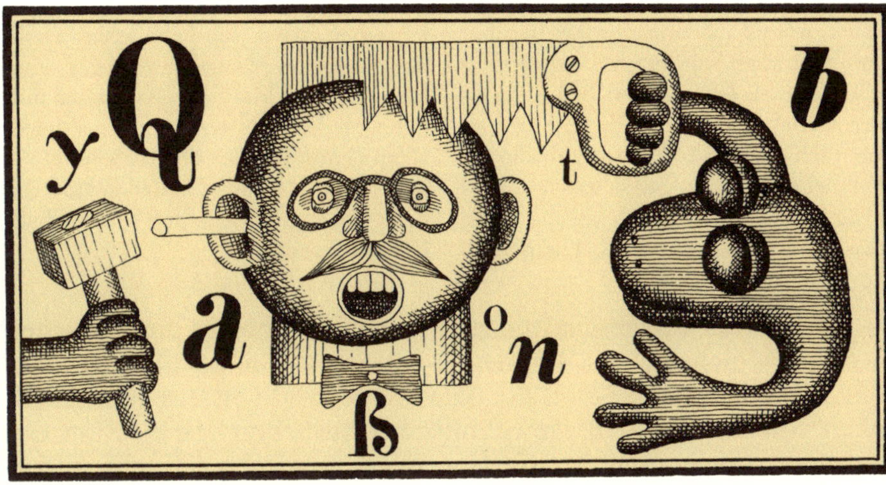

drias auf elektrische Reizung reagiert, was einen leidenschaftlichen Streit zwischen ihm und Professor Bruckner entfesselte. C'est un type, dieser Professor Bruckner: klein, zornsprühend und beinahe tragisch lebhaft. Unter anderm behauptete er, Andrias sei, was die Sinnesorgane betreffe, ebenso schlecht ausgestattet wie der Mensch und zeichne sich durch die gleiche Armut an Instinkten aus. Rein biologisch genommen, sei er ein genauso dekadentes Tier wie der Mensch, und wie dieser trachte er, seine biologische Minderwertigkeit durch das wettzumachen, was wir Intellekt nennen. Die übrigen Fachleute schienen aber Professor Bruckner nicht ernst zu nehmen, wahrscheinlich, weil er keine sensoriellen Bahnen mit dem Skalpell durchschnitten und durch das Gehirn des Andrias keine elektrischen Impulse geleitet hat. Sodann schilderte Professor van Dieten langsam und fast andächtig, welche Störungen bei einem Andrias auftreten, dem der rechte vordere Hirnlappen oder die linke okzipitale Windung des Hirns entfernt wurde. Dann hielt der amerikanische Professor Devrient einen Vortrag . . .

Entschuldigen Sie, ich weiß wirklich nicht, worüber er sprach, denn mir ging gerade die Frage durch den Kopf, was für Störungen wohl bei Professor Devrient auftreten würden, wenn ich bei ihm den rechten vorderen Gehirnlappen entfernte, wie der lächelnde Dr. Okagawa reagieren würde, wenn ich ihn elektrisch reizte, und wie sich wohl Professor Rehmann benehmen würde, wenn ihm jemand das Ohrlabyrinth zerschmetterte. Ich fühlte auch eine gewisse Unsicherheit, wie es eigentlich um mein eigenes Unterscheidungsvermögen von Farben bestellt ist oder um den Faktor t meiner motorischen Reaktionen. Auch quälten mich Zweifel, ob wir (in streng wissenschaftlichem Sinn) das Recht haben, von unserem (ich meine dem menschlichen) Seelenleben zu sprechen, solange wir einander nicht die Gehirnlappen entfernt und die sensoriellen Bahnen durchschnitten haben. Eigentlich müßten wir uns mit dem Skalpell in der Hand aufeinander stürzen, um unser gegenseitiges Seelenleben zu studieren. Was mich betrifft, wäre ich bereit, im Interesse der Wissenschaft die Brille Professor Dubosques zu zerschlagen oder elektrische Impulse in die Glatze Professor Dietens zu leiten, worauf ich einen Artikel darüber veröffentlichen würde, wie sie darauf reagiert haben. Offen gesagt, ich kann es mir lebhaft vorstellen. Weniger lebhaft kann ich mir vorstellen, was bei solchen Versuchen in der Seele des Andrias Scheuchzeri vorging. Ich glaube aber, daß er ein äußerst geduldiges und gutmütiges Geschöpf ist. Keine der vortragenden Kapazitäten hat nämlich gesagt, daß der arme Andrias Scheuchzeri gelegentlich einmal wütend geworden wäre.

Ich zweifle nicht, daß der Erste Kongreß der Schwanzlurche ein bedeutender wissenschaftlicher Erfolg ist. Aber sobald ich einen freien Tag habe, gehe ich in den Jardin des Plantes geradenwegs zum Bassin des Andrias Scheuchzeri, um ihm heimlich zuzuflüstern: »Du, Molch, wenn einmal für dich der Tag kommt ... daß du dir nicht etwa einfallen läßt, das Seelenleben der Menschen wissenschaftlich zu erforschen!«

– Dank dieser wissenschaftlichen Forschungen hörten die Menschen auf, die Molche als ein Wunder zu betrachten. Im nüchternen Licht der Wissenschaft verloren die Salamander viel von ihrem anfänglichen Nimbus des Außergewöhnlichen, Ausnahmsweisen. Zum Gegenstand psychologischer Tests geworden, wiesen sie sehr durchschnittliche und uninteressante Eigenschaften auf. Ihre hohe Begabung wurde wissenschaftlich ins Reich der Fabel verwiesen. Die Wissenschaft entdeckte den »normalen Salamander«, der sich als ein im großen ganzen langweiliges und recht beschränktes Lebewesen entpuppte. Nur die Zeitungen erfanden noch hin und wieder einen Wundermolch, der im Kopf fünfstellige Zahlen multiplizieren konnte, aber auch das imponierte nicht mehr, besonders als sich herausstellte, daß so etwas bei gehöriger Übung auch ein Mensch erlernen kann. Die Menschen begannen die Molche ganz einfach als Selbstverständlichkeit zu betrachten, wie eine Rechenmaschine oder einen anderen Automaten. Sie erblickten in ihm nichts Geheimnisvolles mehr, das aus unbekannten Tiefen aufgetaucht ist, wer weiß, warum und wozu. Außerdem pflegen die Menschen nie etwas als geheimnisvoll zu betrachten, was ihnen zu Nutz und Frommen dient, sondern nur das, was ihnen schadet oder sie bedroht. Und da die Molche, wie sich herausstellte, in sehr hohem Maße und vielseitig nützliche Geschöpfe waren, wurden sie eben als wesentlicher Faktor der bestehenden rationellen Ordnung hingenommen.

Die Nutzungsmöglichkeiten der Molche wurden insbesondere von dem Hamburger Forscher Wuhrmann einer näheren Untersuchung unterzogen. Wir zitieren, wenn auch stark gekürzt, einen Auszug aus seinem

Bericht über die somatische Veranlagung der Molche

Die Versuche, die ich mit dem pazifischen Riesenmolch (Andrias Scheuchzeri Tschudi) in meinem Hamburger Laboratorium durchgeführt habe, verfolgten ein bestimmtes Ziel: die Widerstandsfähigkeit der Molche in bezug auf Veränderung der Umwelt und andere äußere Eingriffe zu erproben und damit ihre praktische Verwendbarkeit in unterschiedlichen geographischen Gebieten und unter verschiedentlich variierten Bedingungen nachzuweisen.

VERSUCH I/A

Die erste Versuchsserie sollte der Feststellung dienen, wie lange ein Molch außer Wasser leben kann. Die Versuchstiere wurden in trockenen Bottichen bei einer Temperatur von 40 bis 50 °C untergebracht. Nach einigen Stunden trat sichtliche Ermüdung ein. Wurden sie jedoch mit Wasser besprengt, lebten sie wieder auf. Nach vierundzwanzig Stunden lagen sie regungslos und bewegten nur die Augenlider; Puls langsam, jede Körpertätigkeit auf ein Minimum beschränkt. Die Tiere leiden sichtlich, die geringste Körperbewegung kostet sie große Anstrengung. Nach drei Tagen tritt ein Zustand kataleptischer Starre ein (Xerose); die Tiere reagieren auf nichts, nicht einmal auf Brennen mit dem Elektrokauter. Wird die Feuchtigkeit der Atmosphäre erhöht, beginnen sie wenigstens einige Lebenszeichen von sich zu geben (sie schließen die Augen

vor grellem Licht u. ä.). Wenn ein sieben Tage lang derart ausgetrockneter Molch ins Wasser geworfen wurde, lebte er nach Verlauf einer größeren Zeitspanne wieder auf; bei länger andauerndem Feuchtigkeitsentzug ging der größte Teil der Versuchstiere ein, direktem Sonnenlicht ausgesetzt, schon nach wenigen Stunden.

VERSUCH I/C

Andere Versuchstiere wurden gezwungen, in einem ungewöhnlich trockenen Raum im Dunklen eine Kurbelwelle zu drehen. Nach drei Stunden begann ihre Leistungsfähigkeit zu sinken, stieg jedoch wieder, sobald sie gründlich mit Wasser besprengt wurden. Bei häufig wiederholtem Besprengen hielten die Tiere das Drehen der Kurbelwelle siebzehn, zwanzig, ja in einem Fall sogar sechsundzwanzig Stunden ohne Unterbrechung aus, während ein Mensch, der zur Kontrolle die gleiche mechanische Arbeit verrichtete, schon nach fünf Stunden beträchtlich erschöpft war. Aus diesen Versuchen geht hervor, daß die Molche auch für Arbeiten an Land verwendbar sind, allerdings unter zwei Bedingungen: Sie dürfen nicht direktem Sonnenlicht ausgesetzt sein, und ihr ganzer Körper muß von Zeit zu Zeit mit Wasser besprengt werden.

VERSUCH II/B

Eine zweite Versuchsserie betraf die Widerstandsfähigkeit der Molche, die Tiere tropischen Ursprungs sind, gegen Kälte. Bei plötzlicher Abkühlung des Wassers gingen sie an Darmkatarrh zugrunde, aber bei allmählicher Akklimatisation an eine kühlere Umwelt stellte sich bald Gewöhnung ein. Schon nach acht Monaten bewahrten sie auch bei einer Temperatur von 7 °C ihren lebhaften Tätigkeitstrieb, sofern ihnen mehr Fett im Futter verabreicht wurde (täglich siebzehn bis zwanzig Dezigramm per Stück). Wurde die Temperatur des Wassers jedoch auf unter 5 °C reduziert, verfielen sie in Kältestarre (Gelose); in diesem Zustand konnten sie eingefroren und in einem Eisblock monatelang aufbewahrt werden. Sobald das Eis auftaute und die Wassertemperatur über 5 °C stieg, begannen sie wieder Lebenszeichen von sich zu geben, und bei 7 bis 10 °C fingen sie an, sich eifrig nach Futter umzutun. Daraus geht hervor, daß sich die Molche auch in unseren Breitengraden ziemlich leicht akklimatisieren, sogar im nördlichen Norwegen und in Island. Für die klimatischen Verhältnisse in den Polargebieten müssen weitere Versuche angestellt werden.

VERSUCH IV/N

Hingegen weisen die Molche eine außerordentliche Empfindlichkeit chemischen Einflüssen gegenüber auf. Bei Versuchen mit stark verdünnter Lauge, Fabriksabfällen, Gerbstoffen und so weiter fiel die Haut in Fetzen von ihnen ab, und die Versuchstiere gingen an einer Art Kiemenbrand zugrunde. Für unsere Flüsse sind die Molche demnach praktisch unverwendbar.

VERSUCH V/A

In einer weiteren Reihe von Versuchen gelang es uns festzustellen, wie lange Molche ohne Nahrung zu leben vermögen. Sie können drei Wochen und länger hungern, ohne daß andere Erscheinungen als eine gewisse Ermattung zu bemerken wären. Einen Versuchsmolch ließ ich sechs Monate hungern; die letzten drei Monate schlief er ununterbrochen und bewegte sich nicht einmal. Als ich ihm dann gehackte Leber in den Bottich warf, war er zu schwach, um darauf zu reagieren, und mußte künstlich ernährt werden. Nach einigen Tagen fraß er normal und konnte zu weiteren Versuchen verwendet werden.

VERSUCH VI / C

Die letzte Versuchsreihe befaßte sich mit der Regenerationsfähigkeit der Molche. Wenn man einem Molch den Schwanz abhackt, wächst er ihm innerhalb vierzehn Tagen nach. Bei einem Molch wiederholten wir diesen Versuch siebenmal mit dem gleichen Ergebnis. Ebenso wachsen ihm abgehackte Beine nach. Einem Versuchstier amputierten wir alle vier Gliedmaßen und den Schwanz; in dreißig Tagen war es wieder vollständig hergestellt. Wenn sich ein Molch einen Schenkel oder Schulterknochen bricht, fällt das ganze gebrochene Glied ab, und ein neues wächst nach. Ebenso wächst ein ausgestochenes Auge nach oder eine abgeschnittene Zunge. Interessant ist, daß ein Molch, dem ich die Zunge entfernt hatte, das Sprechen vergaß und es von neuem erlernen mußte. Wenn man einem Molch den Kopf amputiert oder seinen Körper zwischen Hals- und Beckenknochen durchschneidet, stirbt das Tier. Hingegen können ihm der Magen, ein Teil der Därme, ein Drittel der Leber und andere Organe entfernt werden, ohne daß seine Lebensfunktionen beeinträchtigt werden. Man kann also sagen, ein bei lebendigem Leibe fast ausgeweideter Molch ist noch immer lebensfähig. Kein anderes Tier besitzt eine solche Widerstandsfähigkeit gegenüber Verwundungen wie gerade der Molch. In dieser Hinsicht könnte er ein erstklassiges, nahezu unvernichtbares Kriegstier abgeben. Leider stehen dazu seine Friedfertigkeit und natürliche Wehrlosigkeit im Widerspruch.

SELBSTVERSUCH

Neben diesen Experimenten untersuchte mein Assistent, Dr. Walter Hinkel, den Wert der Molche in bezug auf nutzbare Rohstoffe. Er stellte vor allem fest, daß der Körper der Molche einen ungewöhnlich hohen Prozentsatz an Jod und Phosphor

enthält. Es ist nicht ausgeschlossen, daß sich notfalls diese wichtigen Elemente industriell gewinnen ließen. Die Haut der Molche ist an und für sich unbrauchbar, doch kann sie zermahlen und unter hohem Druck gepreßt werden. Das so gewonnene Kunstleder ist leicht, ziemlich fest und könnte einen Ersatz für Rindleder bilden. Das Fett der Molche ist wegen seines widerlichen Geschmackes ungenießbar, eignet sich aber als technisches Schmiermittel, denn es gefriert erst bei sehr niedrigen Temperaturen. Ebenso wurde Molchfleisch stets für ungenießbar, ja giftig gehalten. Roh genossen, verursachte es heftige Schmerzen, Erbrechen und Halluzinationen. Dr. Hinkel stellte nach vielen Versuchen, die er an sich selbst vornahm, fest, daß sich diese schädlichen Wirkungen verlieren, wenn das kleingeschnittene Fleisch (ähnlich wie bei manchen Giftpilzen) mit heißem Wasser abgebrüht und nach gründlichem Waschen vierundzwanzig Stunden hindurch in eine schwache Hypermanganlösung gelegt wird. Hierauf kann man es kochen oder dünsten, und es schmeckt wie schlechtes Rindfleisch. Wir haben, so zubereitet, einen Molch gegessen, dem wir den Namen Hans gegeben hatten. Es war ein gebildetes, kluges Tier, besonders begabt für wissenschaftliche Arbeiten; in Dr. Hinkels Abteilung war es als Laborant beschäftigt, und man konnte ihm selbst die heikelsten chemischen Analysen anvertrauen. Wir plauderten oft abendelang mit ihm und amüsierten uns über seine unersättliche Wißbegierde. Leider mußten wir unseren Hans schlachten, weil er nach einem meiner Trepanationsexperimente erblindete. Sein Fleisch war dunkel und schwammig, hinterließ aber keinerlei unangenehme Folgen. Sicher ist, daß im Falle von Kriegsbedarf Molchfleisch einen willkommenen und billigen Ersatz für Rindfleisch bieten könnte.

Schließlich ist es nur natürlich, daß die Molche aufhörten, sensationell zu wirken, als es ihrer nahezu hundert Millionen auf der Welt gab. Das Interesse der Menschen, das sie wachgerufen hatten, solange sie zumindest noch etwas Neues gewesen waren, klang eine Zeitlang noch in Filmgrotesken (Sally und Andy, die beiden braven Salamander) und auf Kabarettbühnen nach, wo mit besonders schlechten Stimmen begabte Sänger und Soubretten in der unwiderstehlichen Rolle quäkender und sich einer erbärmlichen Grammatik bedienender Molche auftraten. Sobald die Molche zur Massenerscheinung, zu etwas Alltäglichem geworden waren, änderte sich ihre

Problematik.[9] De facto war die große Molchsensation schnell verweht, um etwas anderem, gewissermaßen Soliderem Platz zu machen, nämlich der *Molchfrage.* Vorkämpferin der Molchfrage – nicht zum ersten Mal in der Geschichte des menschlichen Fortschritts – war eine Frau, Mme Louise Zimmermann, Direktorin eines Mädchen-

---

[9] Ein charakteristisches Dokument ist in dieser Hinsicht eine Enquete der Zeitung »Daily Star« über das Thema: HABEN DIE MOLCHE EINE SEELE? Wir zitieren daraus (allerdings ohne Gewähr für die Richtigkeit) einige Aussprüche hervorragender Persönlichkeiten:

DAILY STAR

? Haben die Molche eine Seele ?

Dear Sir,
mein Freund, der Reverend H. B. Bertram, und ich haben die Salamander längere Zeit beim Bau eines Dammes in Aden beobachtet, auch zwei- oder dreimal mit ihnen gesprochen, aber wir haben keinerlei Anzeichen höherer Gefühle wie Ehre, Glaube, Patriotismus oder Sportgeist bei ihnen bemerkt. Und was sonst, frage ich, kann mit Recht als Seele bezeichnet werden?

Truly yours
Colonel John W. Britten

Ich habe nie einen Molch gesehen, doch bin ich fest überzeugt, daß Geschöpfe ohne eigene Musik auch keine Seele haben. **Toscanini**

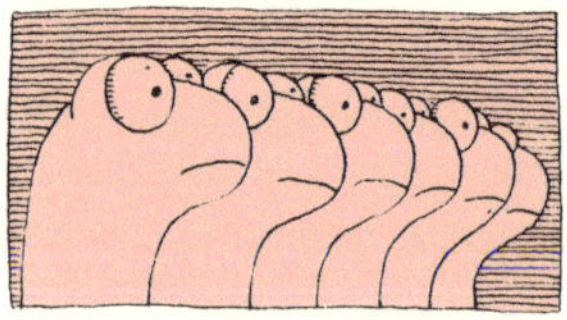

Lassen wir die Frage der Seele beiseite. Aber soweit ich die Möglichkeit hatte, Andrias zu beobachten, möchte ich sagen, ihm fehlt die Individualität. Einer erscheint mir wie der andere, ebenso eifrig, ebenso tüchtig – und ebenso ausdruckslos. Mit einem Wort, sie erfüllen ein gewisses Ideal der modernen Zivilisation, nämlich den Durchschnitt. **André d'Artois**

Ihre Frage bringt mich in Verlegenheit. Ich weiß zum Beispiel, daß mein Pekineserhündchen Bibi eine kleine, entzückende Seele hat; auch meine persische Katze Sidi Hanum hat eine Seele, und was für eine herrliche und grausame Seele! Aber die Molche? Ja, sie sind *sehr* begabt und intelligent, die ar-

SALLY & ANDY
die beiden braven Salamander
EIN SUPER-MEYER-FILM

pensionats in Lausanne, die mit ungewöhnlicher Energie und nie erlahmender Begeisterung in der ganzen Welt die edle Losung propagierte:

Gebt den Molchen eine regelrechte Schulerziehung!

Lange hatte sie gegen das mangelnde Verständnis der Öffentlichkeit anzukämpfen, wenn sie unermüdlich einerseits auf die natürliche Gelehrigkeit der Molche, andererseits auf die Gefahr aufmerksam machte, die der menschlichen Zivilisation erwachsen könnte, wenn den Salamandern nicht eine sorgfältige sittliche und geistige Erziehung zuteil würde. *»Wie die römische Kultur durch den Einfall der Barbaren unterging, würde auch unsere Geisteskultur untergehen, wenn*

---

men Teufel. Sie können sprechen, rechnen und *riesig* nützlich sein. Wenn sie nur nicht so häßlich wären!
Ihre
Madeleine Roche

Und wenn sie Molche sind, Hauptsache, sie sind keine Marxisten. **Kurt Huber**

Sie haben entschieden keine Seele. Darin stimmen sie mit den Menschen überein.
Ihr
G. B. Shaw

Sie haben keine Seele. Wenn sie eine Seele hätten, müßte man ihnen ökonomische Gleichberechtigung mit dem Menschen zubilligen, und das wäre absurd.
Henry Bond

Ihre Schwimmtechnik und ihr Stil sind interessant; wir können von ihnen viel lernen, vor allem im Langstreckenschwimmen. **Tony Weißmüller**

Sie haben keinen Sex-Appeal. Darum haben sie auch keine Seele. **Mae West**

Sie haben eine Seele wie alles Lebende, jede Pflanze, jede Kreatur eine Seele hat. Tief ist das Geheimnis alles Lebens. **Sandrabhârata Nath**

sie zur bloßen Insel in einem Meer geistig Unterjochter werden sollte, denen der Anteil an den höchsten Idealen der heutigen Menschheit versagt bliebe«, rief sie prophetisch auf sechstausenddreihundertsiebenundfünfzig Vorträgen aus, die sie in den Frauenklubs ganz Europas und Amerikas, ja auch in Japan, China, der Türkei und anderwärts absolvierte. *»Wenn die Kultur erhalten bleiben soll, muß sie Bildungsgut aller sein. Wir können weder die Gaben unserer Zivilisation noch die Früchte unserer Kultur in Ruhe genießen, solange rings um uns Millionen und Millionen unglücklicher, niedriger Wesen existieren, die künstlich in animalischem Zustand gehalten werden. Wie die Parole des neunzehnten Jahrhunderts die Befreiung der Frau war, muß die Parole unseres Zeitalters lauten:*

Gebt den Molchen regelrechte Schulen!«

Und so weiter. Dank ihrer Beredsamkeit und ihrer unglaublichen Ausdauer mobilisierte Mme Louise Zimmermann die Frauen der ganzen Welt und trieb die finanziellen Mittel auf, um in Beaulieu (bei Nizza) das Erste Lyzeum für Molche zu gründen, in dem der Nachwuchs der in Marseille und Toulon arbeitenden Salamander in der französischen Sprache und Literatur, in Rhetorik, gesellschaftlichem Benehmen, Mathematik und Kulturgeschichte unterrichtet wurde.[10]

10 Näheres siehe in dem Buch: Mme *Louise Zimmermann*, Sa vie, ses idées, son œuvre (Alcan). Wir zitieren aus diesem Werk die pietätvolle Erinnerung eines Molches, der einer ihrer ersten Schüler war.

An unserem einfachen, aber sauberen und bequemen Bassin sitzend, trug sie uns Lafontaines Fabeln vor. Sie litt unter der Feuchtigkeit, doch, ganz ihrer Aufgabe als Lehrerin hingegeben, schonte sie sich nicht. Sie pflegte uns »mes petits Chinois« zu nennen, weil wir wie die Chinesen das r nicht aussprechen konnten. Mit der Zeit aber gewöhnte sie sich dermaßen daran, daß sie ihren eigenen Namen Mme Zimmelmann aussprach. Wir Jungmolche vergötterten sie. Die Kleinen, die noch keine entwickelte Lunge hatten und daher im Wasser bleiben mußten, weinten, weil sie Madame nicht auf ihren Spaziergängen im Schulgarten begleiten konnten. Sie war so sanft und freundlich, daß sie – soviel ich weiß – nur ein einziges Mal in Zorn geriet. Das war, als unsere junge Geschichtslehrerin an einem heißen Som-

Nicht ganz so erfolgreich war die Mädchenschule für Molche in Menton, wo vor allem die Kurse für Musik, Diätküche und feine Handarbeiten (auf welchen Mme Zimmermann vor allem aus pädagogischen Gründen bestand) einem auffallenden Mangel an Eifer, wenn nicht gar hartnäckiger Interesselosigkeit der jugendlichen Molchlyzeumsschülerinnen begegneten. Dagegen hatten schon die ersten öffentlichen Prüfungen der Jungmolche einen so überraschenden Erfolg, daß unmittelbar darauf (auf Kosten der Tierschutzvereine) ein Marine-Polytechnikum für Molche in Cannes und eine Molchuniversität in Marseille eröffnet wurden. Hier erlangte später der erste Molch den Grad eines Doktors der Rechte.

Die Frage der Molcherziehung entwickelte sich nun rasch und auf normalem Wege weiter. Gegen die musterhaften Ecoles Zimmer-

mertag im Badeanzug zu uns ins Bassin stieg, wo sie uns, bis an den Hals im Wasser, die niederländischen Freiheitskriege vortrug. Damals wurde unsere liebe Mme Zimmelmann ernstlich böse. »Nehmen Sie sofort ein Bad, Mademoiselle, gehen Sie, gehen Sie!« rief sie mit Tränen in den Augen. Für uns war es eine sanfte, aber verständliche Mahnung, daß wir doch nicht zu den Menschen gehören. Später waren wir unserer geistigen Mutter dankbar, daß sie uns dieses Bewußtsein so entschieden und taktvoll eingeprägt hatte.

Wenn wir gut gelernt hatten, las sie uns zur Belohnung moderne Gedichte vor, wie François Coppée. »Er ist zwar a l l z u modern«, sagte sie, »aber schließlich und endlich gehört auch das heute schon zur guten Allgemeinbildung.« Am Ende des Schuljahres wurde eine öffentliche Akademie veranstaltet, zu der gewöhnlich der Herr Präfekt von Nizza, Amtspersonen und andere hervorragende Persönlichkeiten geladen wurden. Begabte und fortgeschrittenere Schüler, die schon Lungen hatten, wurden vom Schuldiener abgetrocknet und in eine Art weißes, bis zum Boden wallendes Gewand gehüllt. Dann trugen sie hinter einem dünnen Vorhang (um die Damen nicht zu erschrecken) Lafontaines Fabeln vor, mathematische Formeln und die Erbfolge der Kapetinger mit den zugehörigen Jahreszahlen. Darauf sprach der Herr Präfekt unserer teuren Direktorin in einer langen, schönen Rede Dank und Anerkennung aus, womit der frohe Tag endete. Ebenso wie für unseren geistigen Fortschritt wurde für unser leibliches Wohl gesorgt. Einmal im Monat untersuchte uns der örtliche Tierarzt, und jedes halbe Jahr wurden wir zur Kontrolle des vorgeschriebenen Gewichts gewo-

Geschichtslehrerin

mann erhoben fortschrittlichere Lehrer eine Menge schwerwiegender Einwände. Vor allem wurde behauptet, daß für die Erziehung des Molchnachwuchses die veralteten humanistischen Schulen der menschlichen Jugend ungeeignet seien. Aufs entschiedenste wurde der Literatur- und Geschichtsunterricht verworfen und vielmehr

---

gen. Besonders ans Herz legte uns unsere verehrte Lehrerin, die abscheuliche, lasterhafte Sitte der Mondtänze aufzugeben. Ich schäme mich zu sagen, daß sich trotzdem manche entwickelteren Zöglinge heimlich bei Vollmond diese schamlos tierische Unflätigkeit zuschulden kommen ließen. Ich hoffe nur, unsere mütterliche Freundin hat es nie erfahren. Es hätte ihr großes, edles, liebevolles Herz gebrochen.

empfohlen, möglichst viel Raum und Zeit den praktischen und modernen Fächern zu widmen, wie den Naturwissenschaften, der Arbeit in den Schulwerkstätten, der technischen Ausbildung der Molche, der Körpererziehung und so weiter. Diese sogenannte Reformschule oder Schule für das praktische Leben wurde ihrerseits leidenschaftlich von den Anhängern der klassischen Bildung bekämpft, die erklärten, man könne den Molchen die menschlichen Kulturgüter nur auf lateinischer Grundlage näherbringen; es genüge nicht, sie sprechen zu lehren, wenn man sie nicht zugleich lehre, Dichter zu zitieren und die Sprache mit der Beredsamkeit eines Cicero zu beherrschen. Dies führte zu einem langen, erbitterten Streit, der schließlich damit endete, daß die Schulen für Salamander verstaatlicht und die Schulen für die menschliche Jugend so reformiert wurden, daß sie den Idealen der Reformschulen für Molche möglichst nahekamen.

Natürlich wurde nun auch in anderen Staaten die Forderung eines ordnungsgemäßen Schulwesens für Molche mit Schulpflicht und staatlicher Aufsicht laut; allmählich kamen diesem Anliegen alle Seestaaten nach (allerdings mit Ausnahme Großbritanniens); und weil diese Molchschulen nicht mit den alten klassischen Traditionen der menschlichen Schulen belastet waren, sondern die neuesten Methoden der Psychotechnik, der technologischen Erziehung, der vormilitärischen Ausbildung und andere letzte Errungenschaften der Pädagogik anwenden konnten, entwickelte sich aus ihnen bald das modernste, wissenschaftlich fortgeschrittenste Schulwesen der Welt, das mit Recht Gegenstand des Neides aller menschlichen Pädagogen und Schüler war.

Hand in Hand mit dem Molchschulwesen tauchte die Sprachenfrage auf. Welche der Weltsprachen sollten die Molche als erste lernen? Die ursprünglichen Molche aus dem Stillen Ozean bedienten sich natürlich des Pidgin-English, so wie sie es von den Eingeborenen und Matrosen aufgeschnappt hatten, viele sprachen Malaiisch oder andere lokale Dialekte. Die für den Markt von Singapore gezüchteten Molche wurden dazu angehalten, Basic English zu sprechen, jenes wissenschaftlich vereinfachte Englisch, das mit einigen hundert Ausdrücken und ohne den veralteten grammatikalischen Ballast auskommt. Deshalb begann man dieses reformierte Standard English Salamander English zu nennen. In den musterhaften Ecoles Zimmermann drückten sich die Molche selbstverständlich in der Sprache

Corneilles aus, jedoch keineswegs aus nationalen Gründen, sondern weil es zur höheren Bildung gehört. An den Reformschulen lernten sie Esperanto als Verständigungssprache. Außerdem entstanden zu jener Zeit etwa fünf oder sechs neue Universalsprachen, die die babylonische Verwirrung der menschlichen Sprachen ersetzen und der Welt der Menschen und Molche eine gemeinsame Muttersprache geben wollten. Es wurde viel darüber gestritten, welche dieser internationalen Sprachen die zweckmäßigste, wohlklingendste und universalste sei, was schließlich damit endete, daß jedes Volk eine andere Universalsprache propagierte.[11]

Die ganze Sache wurde durch die Verstaatlichung der Molchschulen vereinfacht. Jeder Staat erzog die Molche ganz einfach in seiner Landessprache. Obwohl die Salamander Fremdsprachen verhältnismäßig leicht und mit Eifer lernten, wiesen ihre sprachlichen Fähigkeiten gewisse Mängel auf, einesteils wegen der Beschaffenheit ihrer Sprechwerkzeuge, andernteils eher aus psychischen Gründen. So bereitete es ihnen zum Beispiel Schwierigkeiten, lange, vielsilbige Wörter auszusprechen, und sie trachteten, diese stets auf eine einzige Silbe zu reduzieren, die sie kurz und etwas quäkend hervorsprudelten. Sie sagten l statt r und sprachen die Zischlaute mit einem leichten Lispeln aus. Sie ließen die grammatikalischen Endungen fallen und lernten es nie, einen Unterschied zwischen »ich« und »wir« zu ma-

---

[11] Bemerkenswert ist unter anderem der Vorschlag des hochberühmten Philologen Curtius in der Abhandlung *Janua linguarum aperta*, als einzig mögliche Umgangssprache für die Molche das Latein des goldenen Zeitalters Vergils einzuführen. »Heute steht es in unserer Macht«, rief er, »das Latein, diese vollkommenste, an grammatikalischen Regeln reichste und wissenschaftlich am besten durchgearbeitete Sprache wieder zu einer lebenden Weltsprache zu machen. Wenn schon die gebildete Menschheit nicht diese Gelegenheit nutzet, ergreifet sie selbst, Salamandrae, gens maritima! Erwählt eruditam linguam latinam zu eurer Muttersprache, die einzige Sprache, die würdig wäre, daß orbis terrarum sie spräche. Unvergänglich, Salamandrae, wird euer Verdienst sein, wenn ihr die ewige Sprache der Götter und Heroen zu neuem Leben erwecket, denn mit ihr, oh, gens tritonum, werdet einst ihr übernehmen das Erbe des weltbeherrschenden Roms.«

Andererseits erfand ein lettischer Telegrafenbeamter, namens Wolteras, gemeinsam mit Pastor Mendelius eine besondere *Sprache für Molche*, das sogenannte Pontisch (pontic lang), das er aufs genaueste ausarbeitete. Er benutzte dazu Elemente aus allen Sprachen der Welt, vor allem afrikanische Dialekte. Dieses Molchisch (wie es auch genannt wurde) erlangte eine gewisse Verbreitung, besonders in den nordischen Staaten, aber leider nur unter den Menschen. In Uppsala wurde sogar ein Lehrstuhl für die Molchsprache errichtet, aber von den Molchen selbst sprach sie, soweit bekannt, nicht ein einziger. Offen gesagt, am meisten bürgerte sich unter den Salamandern Basic English ein, das später die offizielle Sprache der Molche wurde.

chen; es war ihnen einerlei, ob ein Wort männlichen oder weiblichen Geschlechts war (vielleicht äußerte sich darin ihre geschlechtliche Kälte außerhalb der Paarungszeit). Kurz, jede Sprache wurde in ihrem Mund charakteristisch umgebildet und sozusagen auf die einfachste und rudimentärste Form rationalisiert. Es ist bemerkenswert, daß sich ihre Neologismen, ihre Aussprache und ihre grammatikalische Primitivität einerseits der menschliche Abschaum in den Häfen, andererseits die sogenannte beste Gesellschaft rasch aneignete, von der diese Ausdrucksweise auf die Zeitungen übergriff und so bald zum Allgemeingut wurde. Auch bei den Menschen verschwanden die grammatikalischen Geschlechter, die Endsilben fielen weg, man wich der Beugung aus. Die vornehme Jugend unterdrückte das r und lernte lispeln. Von den Gebildeten hätte kaum einer mehr sagen können, was Indeterminismus bedeutet oder transcendento, aus dem einfachen Grund, weil diese Wörter auch für die Menschen zu lang und unaussprechbar geworden waren.

Kurz, ob gut oder schlecht, der Molch spricht alle Sprachen der Welt, je nachdem, an welcher Küste er lebt. Damals erschien in einer unserer hiesigen Zeitungen (ich glaube, in den »Národní listy«) ein Artikel, der (gewiß mit Recht) sich bitter beklagte, daß die Molche nicht auch Tschechisch lernten, wo es doch Salamander gäbe, die Portugiesisch, Holländisch und andere Sprachen kleinerer Nationen sprächen. Unser Volk, gab der Artikel wohl zu, habe zwar leider keine eigene Meeresküste und deshalb auch keine Seemolche, aber wenn wir auch keine eigene Küste besäßen, bedeute dies noch lange nicht, daß wir an der Kultur der Welt nicht einen ebenso großen, ja in vieler Hinsicht bedeutenderen Anteil hätten als viele Nationen, deren Sprache Tausende Molche erlernten. Es wäre nur recht und billig, daß die Molche auch unser Geistesleben kennenlernten. Aber wie könnten sie sich darüber informieren, wenn es unter ihnen niemanden gäbe, der unsere Sprache beherrsche? Warten wir nicht, bis irgend jemand irgendwo auf der Welt diese kulturelle Schuld anerkennt und einen Lehrstuhl der tschechischen Sprache und Literatur an einer Molchlehranstalt errichtet. Wie schon der Dichter sagt, »niemand vertrauet, so weit auch die Welt ist, winkt doch kein einziger Freund uns darin«. »Sorgen wir lieber selbst für Abhilfe«, rief der Verfasser. »Was immer wir auf der Welt erreicht haben, wir haben es aus eigener Kraft geleistet! Es ist unser Recht und unsere Pflicht, zu trachten, daß wir auch unter den Molchen Freunde erwerben. Wie es scheint, legt jedoch unser Außenministerium nicht viel Interesse für eine geeignete Propagierung unseres Namens und unserer Produkte unter den Molchen an den Tag, obwohl andere, kleinere Nationen Millionen aufwenden, um den Molchen ihre Kulturschätze zugänglich zu machen und zugleich bei ihnen Interesse für ihre Industrieprodukte zu erwecken.« – Dieser Artikel erregte lebhafte Aufmerksamkeit, besonders im Industriellenverband, und zeitigte wenigstens das eine Ergebnis, daß ein kleines Handbuch *»Tschechisch für Molche«* mit Proben der tschechoslowakischen schönen Literatur herausgegeben wurde. Es mag unglaubwürdig klingen, aber von diesem Büchlein wurden tatsächlich über siebenhundert Exemplare verkauft, es war also im großen ganzen ein bemerkenswerter Erfolg.[12]

[12] Vgl. ein Feuilleton aus der Feder Jaromír Seidl-Novoměstskýs, das in Herrn Povondras Sammlung erhalten blieb.

Unser Freund auf den Galapagosinseln

Mit meiner Gattin, der Dichterin Jindřiška Seidl-Chrudimská, auf einer Weltreise begriffen, um uns durch den Zauber so vieler neuer und mächtiger Eindrücke wenigstens zum Teil über den schmerzlichen Verlust unserer teuren Tante, der Schriftstellerin Bohumila Jandová-Střešovická, zu trösten, gelangten wir auch auf die entlegenen, sagenumwobenen Galapagosinseln. Wir hatten nur zwei Stunden Aufenthalt und nutzten diese zu einem Spaziergang an der Küste dieser einsamen, öden Inselgruppe.

»Sieh doch, wie wundervoll heute die Sonne untergeht«, sprach ich zu meiner Gattin. »Mutet es nicht an, als sei der ganze Himmel in ein Meer von Gold und Blut getaucht?«

»Der Herr belieben Tscheche zu sein?« ertönte es plötzlich hinter uns in richtigem, reinem Tschechisch.

Wir blickten überrascht in die Richtung, aus der die Worte kamen. Es war niemand dort, nur ein großer, schwarzer Molch saß auf den Felsblöcken, in der Hand etwas, das wie ein Buch aussah. Während unserer Weltreise hatten wir schon mehrere Molche gesehen, aber nie Gelegenheit gehabt, mit ihnen ein Gespräch anzuknüpfen. Darum wird der freundliche Leser unser Erstaunen begreifen, als wir an einer so verlassenen Küste einen Molch antrafen und überdies eine Frage in unserer Muttersprache vernahmen.

»Wer spricht hier?« rief ich auf tschechisch.

Die Erziehungs- und Sprachenfrage war allerdings nur eine Seite des großen Molchproblems, das immer größere Dimensionen annahm. So tauchte zum Beispiel bereits in einem frühen Stadium die Frage auf, wie mit den Molchen, wir möchten fast sagen, in gesellschaftlicher Hinsicht, umzugehen sei. In den ersten, nahezu prähisto-

---

»Ich habe mich erkühnt, mein Herr«, erwiderte der Molch, indem er sich ehrerbietig erhob. »Ich konnte nicht widerstehen, alldieweil ich in meinem Leben zum ersten Male den Vorzug genieße, ein tschechisches Gespräch zu vernehmen.«

»Wie kommt es«, staunte ich, »daß Sie Tschechisch können?«

»Soeben habe ich mich zu meinem Vergnügen mit der Beugung des unregelmäßigen Zeitwortes sein beschäftigt«, entgegnete der Molch. »Dieses Zeitwort ist nämlich in allen Sprachen unregelmäßig.«

»Wie, wo und warum«, beharrte ich, »haben Sie Tschechisch gelernt?«

»Der Zufall hat mir dieses Buch in die Hand gespielt«, erwiderte der Molch und reichte mir das Buch, das er in der Hand hielt. Es war »Tschechisch für Molche«, und seine Blätter wiesen die Spuren häufigen und fleißigen Gebrauchs auf. »Es traf hier mit einer Sendung von Büchern lehrhaften Inhalts ein. Ich hatte die Wahl zwischen einer ›Geometrie für die höheren Mittelschulklassen‹, einer ›Geschichte der Kriegstaktik‹, einem ›Führer durch die Dolomiten‹ oder den ›Grundsätzen des Bimetallismus‹. Ich erkor jedoch dieses Buch, das mir seitdem zum trauten Gefährten ward. Ich kenne es schon auswendig, nichtsdestoweniger finde ich darin stets neue Quellen der Unterhaltung und Belehrung.«

Meine Frau und ich äußerten unsere aufrichtige Freude und Verwunderung über seine richtige, ja beinahe verständliche Aussprache. »Leider gebricht es mir hier an einem Freunde, mit dem ich tschechisch sprechen könnte«, sprach unser neuer Bekannter bescheiden, »und ich bin absolut nicht sicher, ob der dritte Fall von Pferd dem Pferde oder dem Pferd lautet.«

»Dem Pferde«, sagte ich.

»O nein, dem Pferd«, rief meine Frau lebhaft.

»Würden Sie die Güte haben, mir zu sagen«, fragte unser lieber Gesellschafter voll Eifer, »was es im hunderttürmigen Mütterchen Prag Neues gibt?«

»Es wächst, mein Freund«, erwiderte ich, erfreut über sein Interesse, und skizzierte in ein paar Worten den Aufschwung unserer geliebten Metropole.

»Welch frohe Kunde!« sprach der Molch mit unverhohlener Befriedigung. »Und hängen am Brückenturm noch die Köpfe der enthaupteten böhmischen Herren?«

»Schon lange nicht mehr«, sagte ich. Ich muß gestehen, die Frage überraschte mich etwas.

rischen Jahren des Molchzeitalters hatten es sich die Tierschutzvereine zur Aufgabe gemacht, eifrig dafür zu sorgen, daß die Molche nicht grausam und unmenschlich behandelt würden. Dank ihrem unermüdlichen Einschreiten erreichten sie, daß die Behörden fast überall die für anderes Zuchtvieh gültigen polizeilichen und tierärztlichen

---

»Das ist ewig schade«, meinte der sympathische Molch. »Es war eine wertvolle historische Denkwürdigkeit. Gott sei's geklagt, daß so viele hervorragende Denkwürdigkeiten während des Dreißigjährigen Krieges vernichtet wurden. Wenn ich nicht irre, wurden zu jener Zeit die böhmischen Lande zu einer Wüstenei, getränkt von Blut und Tränen. Ein Glück, daß damals nicht auch der Genetiv der Verneinung zugrunde ging. In meinem Buch steht nämlich, er sei im Aussterben begriffen. Das täte mir herzlich leid, mein Herr.«

»Sogar unsere Geschichte fesselt Sie?« rief ich freudig.

»Gewiß, mein Herr«, entgegnete der Molch. »Insonderheit die katastrophale Schlacht am Weißen Berge und die dreihundertjährige Knechtschaft. Ich habe in diesem Buche sehr viel darüber gelesen. Sie sind sicher sehr stolz auf Ihre dreihundertjährige Knechtschaft. Es war eine große Zeit, mein Herr.«

»Ja, eine schwere Zeit«, pflichtete ich bei. »Eine Zeit der Unterdrükkung und des bittren Leids.«

»Und haben Sie geächzt?« fragte unser Freund mit lebhaftem Interesse.

»Wir ächzten und litten unsäglich unter dem schweren Joch der grausamen Bedrücker.«

»Das freut mich«, sagte der Molch aufatmend. »In meinem Buch steht es nämlich genauso. Ich bin hocherfreut, daß es wahr ist. Es ist ein ausgezeichnetes Buch, mein Herr, besser als die ›Geometrie für die höheren Mittelschulklassen‹. Wie gerne stünde ich einmal an der denkwürdigen Stätte, wo die böhmischen Herren hingerichtet wurden, wie auch an den anderen berühmten Gedenkstätten himmelschreiender Rechtlosigkeit.«

»Sie sollten uns einmal besuchen«, schlug ich ihm herzlich vor.

»Ich danke Ihnen für Ihre freundliche Einladung.« Der Molch verneigte sich. »Leider bin ich nicht in solchem Maße Herr meiner Zeit . . .«

»Wir würden Sie kaufen«, rief ich aus. »Will sagen, vielleicht könnte eine öffentliche Sammlung die Mittel aufbringen, die es Ihnen ermöglichen würden . . .«

»Innigsten Dank«, murmelte unser Freund, sichtlich ergriffen. »Ich habe aber gehört, daß das Moldauwasser nicht gut sein soll. Wir leiden nämlich in Flußwasser an einer unangenehmen Dysenterie.« Worauf er ein Weilchen nachdachte und hinzufügte: »Immerhin fiele es mir auch schwer, meinen geliebten Garten zu verlassen.«

»Ach«, rief meine Frau, »ich bin auch eine begeisterte Gärtnerin! Wie

Jindřiška Seidl-Chrudimská

Jaromír Seidl-Novoměstský

Vorschriften auch bei den Molchen einhielten. Die grundsätzlichen Vivisektionsgegner unterzeichneten zahlreiche Proteste und Petitionen hinsichtlich eines Verbotes wissenschaftlicher Experimente an lebenden Molchen. In einer ganzen Reihe von Staaten wurde tatsäch-

---

dankbar wäre ich Ihnen, wenn Sie mir die Kinder der hiesigen Flora zeigen wollten!«

»Mit dem größten Vergnügen, edle Dame«, sprach der Molch mit einer höflichen Verbeugung. »Wenn es Ihnen nichts ausmacht, daß sich mein Lustgarten unter Wasser befindet.«

»Unter Wasser?«

»Ja. Zehnthalb Meter tief.«

»Und was für Blumen züchten Sie?«

»Seeanemonen«, sprach unser Freund, »in mehreren seltenen Abarten. Auch Seesterne und Seegurken, ganz abgesehen von den Korallensträuchern. ›Selig, der seinem Vaterlande nur eine Rose, nur ein Reis geschenkt‹, wie der Dichter sagt.«

Leider mußten wir uns trennen, denn unser Schiff gab schon das Abfahrtszeichen. »Und was sollen wir, Herr ... Herr ...« sagte ich, denn ich wußte nicht, wie unser lieber Freund hieß.

»Ich heiße Boleslav Jablonský«, machte uns der Molch zaghaft aufmerksam. »Das ist meines Erachtens ein sehr schöner Name, mein Herr. Ich habe ihn in meinem Buch gewählt.«

lich ein solches Gesetz herausgegeben.[13] Mit der wachsenden Bildung der Salamander machte sich allerdings mehr und mehr eine gewisse Verlegenheit fühlbar, die Molche einfach dem Tierschutz zu unterstellen; es erschien aus irgendwelchen, nicht klar definierbaren Gründen gewissermaßen unpassend. Damals wurde die internationale

Liga zum Schutz der Molche
(Salamander Protecting League)

unter dem Protektorat der Herzogin von Huddersfield gegründet. Diese Liga, die über zweihunderttausend Mitglieder zählte, hauptsächlich in England, leistete für die Molche bedeutende und lobenswerte Arbeit. Vor allem erreichte sie, daß an den Meeresküsten abgesonderte Molchspielplätze eingerichtet wurden, wo die Molche, ungestört von neugierigen Zuschauern, ihre »Meetings und Sportfeste« abhalten konnten (womit wohl die geheimen Mondtänze gemeint waren); daß an allen Schulen (sogar an der Oxforder Universität) den Schülern ans Herz gelegt wurde, keine Molche zu steinigen; daß bis zu einem gewissen Maße an den Molchschulen dafür Sorge getragen wurde, die Jungmolche nicht mit Lehrstoff zu überlasten; und endlich, daß die Arbeitsstätten und Ubikationen der Molche von einem hohen Bretterzaun umgeben wurden, der sie vor Belästigungen

---

»Was sollen wir also unserem Volk von Ihnen bestellen, Herr Jablonský?«

Der Molch überlegte eine Weile. »Sagen Sie Ihren Landsleuten«, sprach er schließlich tiefbewegt, »sagen Sie ihnen ... sie mögen nicht in die alte slawische Uneinigkeit verfallen ... und sie mögen die Niederlage bei Lipany in dankbarem Angedenken behalten und insbesondere die Schlacht am Weißen Berge! Ade, mein Kompliment«, schloß er plötzlich, bemüht, seiner Gefühle Herr zu werden.

Nachdenklich und gerührt entfernten wir uns im Boot von der Küste. Unser Freund stand auf dem Gestein und winkte uns mit der Hand. Er schien uns etwas nachzurufen.

»Was hat er gerufen?« fragte meine Frau.

»Ich weiß nicht«, sagte ich, »aber es hat irgendwie geklungen wie: Grüßen Sie den Herrn Primator Doktor Baxa von mir.«

[13] Insbesondere in Deutschland wurde jedwede Visisektion aufs strengste verboten, allerdings nur jüdischen Forschern.

schützte und vor allem die Welt der Salamander von der Welt der Menschen hinreichend absonderte.[14]

Doch diese gewiß lobenswerten Taten der Privatinitiative, die dahin zielten, die Beziehungen der menschlichen Gesellschaft zu den Molchen schicklich und human zu gestalten, genügten bald nicht mehr. Es war wohl verhältnismäßig leicht gewesen, die Salamander sozusagen in den Arbeitsprozeß einzureihen, als weit komplizierter und schwieriger aber erwies es sich, sie auf irgendeine Art in die be-

---

[14] Es scheinen dabei auch gewisse moralische Beweggründe eine Rolle gespielt zu haben. Unter Herrn Povondras Papieren fand sich ein offenbar in allen Zeitungen der Welt veröffentlichter, von der Herzogin von Huddersfield persönlich unterzeichneter *Aufruf* in vielen Sprachen, in dem es hieß:

Die Liga zum Schutze der Molche wendet sich vor allem an euch, Frauen, damit ihr im Interesse des ***Anstandes*** und der ***guten Sitte*** durch eurer Hände Arbeit zu der großen Aktion beitragt, deren Ziel es ist, die Molche mit ***geeigneter Kleidung*** zu versehen. Am zweckmäßigsten ist ein vierzig Zentimeter langes ***Röckchen*** mit einer Gürtelweite von sechzig Zentimetern, am besten mit eingenähtem Gummiband. Es empfiehlt sich ein Faltenröckchen (Plissée), denn es ist kleidsam und gestattet ***größere Bewegungsfreiheit.*** Für tropische Gegenden genügt eine im Gürtel mit einem Band zum Zubinden versehene Schürze aus einfachem Waschstoff, eventuell aus abgelegten Kleidern. Ihr helft damit den armen Molchen, sich bei ihrer Arbeit in der Nähe von Menschen nicht mehr ohne jede Kleidung zeigen zu müssen, was sicher ihr ***Schamgefühl*** verletzen und jeden anständigen Menschen ***peinlich berühren dürfte, besonders jede Frau und Mutter.***

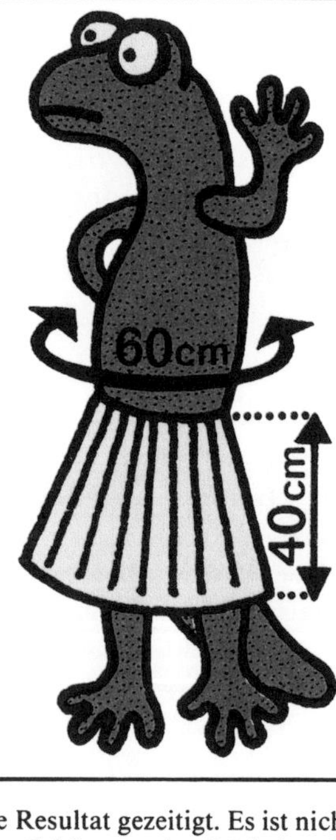

Allem Anschein nach hat diese Aktion nicht das gewünschte Resultat gezeitigt. Es ist nichts darüber bekannt, daß sich die Molche jemals zum Tragen von Schürzen oder Röckchen bequemt hätten. Diese Kleidungsstücke mochten sie unter Wasser behindert oder sich an ihrem Körper nicht gehalten haben. Als dann die Molche durch Bretterverschläge von den Menschen getrennt wurden, fiel natürlich beiderseits jedweder Grund zu Scham oder peinlichen Gefühlen weg.

Was unsere Bemerkung betrifft, es wäre nötig gewesen, die Molche vor verschiedenen Belästigungen zu schützen, dachten wir vor allem an die Hunde, die sich niemals mit den Molchen stehende Gesellschaftsordnung einzugliedern. Konservativere Menschen behaupteten zwar, hier könne von irgendwelchen rechtlichen oder öffentlichen Problemen keine Rede sein, die Molche seien ganz einfach Besitz ihres Arbeitgebers, der für sie bürge und für eventuelle Schäden, die seine Molche verursachten, verantwortlich sei; trotz ihrer zweifellosen Intelligenz seien die Salamander nichts anderes als Rechtsobjekte, Sachen oder Güter, und jede gesetzliche, die Molche betreffende Sondermaßnahme sei ein störender Eingriff in die heili-

---

abfinden konnten und sie sogar unter Wasser wütend verfolgten, ungeachtet dessen, daß sich ihre Speicheldrüsen entzündeten, wenn sie einen fliehenden Molch bissen. Zuweilen setzten sich auch die Molche zur Wehr, und so mancher wertvolle Hund wurde mit der Hacke oder einem ähnlichen Gerät erschlagen. Überhaupt entwickelte sich zwischen Hunden und Molchen eine anhaltende tödliche Feindschaft, an der die Errichtung von Zäunen nicht das geringste änderte, ja sie vielmehr verschärfte und vertiefte. Aber so ist es nun einmal im Leben und nicht nur bei Hunden.

Nebenbei bemerkt, wurden diese geteerten Zäune, die sich häufig Hunderte und Hunderte von Kilometern über die Küste erstreckten, zu erzieherischen Zwecken ausgenutzt. Sie waren in ihrer ganzen Länge mit großen, für Molche geeigneten Aufschriften und Losungen bemalt, zum Beispiel:

EURE ARBEIT - EUER ERFOLG.

Einen Meter Damm kann man in 57 Minuten errichten!

NUTZT JEDE SEKUNDE!

Der Tag hat nur 86400 Sekunden!

JEDER IST NUR SO VIEL WERT,
ALS ER ARBEIT LEISTET.

WER ARBEITET, DIENT ALLEN!

Wer nicht arbeitet, soll auch nicht essen!

Und so weiter. Wenn man bedenkt, daß diese Bretterumzäunungen auf der ganzen Welt mehr als dreihunderttausend Kilometer aller Meeresküsten umgaben, kann man sich ein Bild davon machen, wie viele anspornende und allgemein nützliche Losungen darauf Platz fanden.

gen Rechte des Privateigentums. Dagegen wandte eine andere Partei ein, die Molche könnten als intelligenzbegabte und in hohem Grade verantwortungsfähige Wesen eigenwillig und auf die verschiedenste Weise die bestehenden Gesetze verletzen. Und wie käme der Besitzer von Molchen dazu, die Verantwortung für eventuelle Gesetzesübertretungen zu tragen, die sich seine Salamander zuschulden kommen ließen? Ein solches Risiko würde ohne Zweifel den privaten Unternehmergeist auf dem Gebiete der Molcharbeit unterbinden. Im Meer gäbe es keine Zäune, die Molche könne man nicht einsperren, um sie unter Aufsicht zu haben. Deshalb müsse man sie selbst auf gesetzlichem Wege verpflichten, die menschliche Rechtsordnung zu respektieren und sich nach den eigens für Molche zu erlassenden Vorschriften zu richten.[15]

Soweit bekannt, wurden die ersten Gesetze für Salamander in Frankreich erlassen. Paragraph eins setzte die Pflichten der Molche im Falle einer Mobilisation und eines Krieges fest. Ein zweites Ge-

[15] Vgl. den ersten Molchprozeß, der in Durban geführt und in der Weltpresse lebhaft kommentiert wurde (siehe Herrn Povondras Zeitungsausschnitte).

Das Hafenamt in A. beschäftigte ständig eine Kolonne von Arbeitsmolchen, die sich im Laufe der Zeit so stark vermehrten, daß sie im Hafen nicht mehr genug Platz fanden; einige Jungmolchkolonien siedelten sich deshalb an der umliegenden Küste an. Der Grundbesitzer B., zu dessen Besitz ein Teil dieser Küste gehörte, forderte vom Hafenamt die Aussiedlung dieser Salamander von seiner Privatküste, da sich dort sein Badeplatz befinde. Das Hafenamt wandte ein, das wäre nicht seine Sache; sowie sich die Molche auf dem Grundstück des Klägers angesiedelt hätten, seien sie in dessen Privateigentum übergegangen. Während sich diese Unterhandlungen wie üblich in die Länge zogen, begannen die Molche (einerseits aus angeborenem Trieb, andererseits aus dem ihnen durch Erziehung eingeimpften Arbeitseifer) ohne zuständige Anordnung oder Bewilligung einen Damm und Hafenbassins an der Küste des Herrn B. zu bauen. Daraufhin brachte Herr B. gegen das betreffende Amt eine Klage wegen Beschädigung seines Eigentums ein. In erster Instanz wurde die Klage mit der Begründung abgewiesen, das Eigentum des Herrn B. sei durch die Dämme nicht beschädigt, sondern vervollkommnet worden. Die zweite Instanz gab der klagenden Partei insofern recht, als niemand verpflichtet sei, auf seinem Grundbesitz Zuchttiere seines Nachbarn zu dulden, und daher das Hafenamt in A.

JEDER IST NUR SOVIEL WERT

setz (die sogenannte Lex Deval) verfügte, daß sich Molche nur an Orten ansiedeln dürften, die ihnen durch ihre Besitzer oder die zuständigen Behörden des Departements angewiesen wurden; ein drittes Gesetz besagte, die Molche seien bedingungslos verpflichtet, alle Polizeianordnungen einzuhalten; sollten sie dies verabsäumen, hätten die Polizeiämter das Recht, sie durch Einsperren an einem trockenen, hellen Ort oder sogar durch längeren Arbeitsentzug zu bestrafen. Darauf brachten die Linksparteien im Parlament den Vorschlag ein, eine Sozialgesetzgebung für Molche auszuarbeiten, die deren Arbeitspflicht umgrenze und den Unternehmern bestimmte Verpflichtungen gegenüber den arbeitenden Molchen auferlege (zum Beispiel einen vierzehntägigen Urlaub in der Zeit der Frühjahrspaarung); die äußerste Linke hingegen forderte, daß die Molche als Feinde der arbeitenden Menschen überhaupt ausgewiesen würden, da sie im Dienste des Kapitalismus stehen und zuviel und fast umsonst arbeiten, wodurch das Lebensniveau der Arbeiterklasse bedroht sei. Zur Erhärtung dieser Forderung kam es zu einem Streik in Brest und zu gro-

für alle durch die Molche verursachten Schäden haftbar zu machen sei, so wie ein Bauer für die Schäden aufzukommen habe, die sein Vieh dem Nachbarn zufüge. Die geklagte Partei wandte allerdings ein, sie könne für die Salamander keine Haftung übernehmen, denn man könne sie im Meer nicht einschließen. Darauf erklärte der Richter, seiner Meinung nach seien durch Molche verursachte Schäden in gleicher Weise zu beurteilen wie von Hühnern verursachte, denn Hühner könne man ebenfalls nicht einschließen, weil sie fliegen können. Der Vertreter des Hafenamtes stellte hierauf die Frage, auf welche Weise sein Klient die Molche aussiedeln oder dazu bewegen solle, aus eigenem Antrieb die Privatküste des Herrn B. zu verlassen. Der Richter antwortete, das sei nicht Sache des Gerichtes. Der Vertreter erkun-

digte sich weiter, welcher Anschauung der ehrenwerte Herr Richter wäre, falls das geklagte Amt die unerwünschten Molche einfach abßen Demonstrationen in Paris; es gab zahlreiche Verwundete, und das Ministerium Deval wurde gezwungen, seine Demission einzureichen. In Italien unterstanden die Molche einer besonderen, aus Arbeitgebern und Ämtern zusammengesetzten Korporation, in Holland fielen sie unter die Kompetenz des Ministeriums für Wasserbauten, kurz, jeder Staat löste das Molchproblem auf seine eigene, unterschiedliche Weise. Aber die Unmenge amtlicher Akten, durch welche die öffentlichen Pflichten der Molche geregelt und ihre animalische Freiheit dementsprechend eingeschränkt wurde, war überall so ziemlich die gleiche.

Selbstverständlich fanden sich gleich mit den ersten Molchgesetzen Menschen, die im Namen der juristischen Logik daraus ableiteten, daß die menschliche Gesellschaft, wenn sie den Salamandern bestimmte Pflichten auferlege, ihnen auch irgendwelche Rechte zuerkennen müsse. Ein Staat, der den Molchen Gesetze gebe, erkenne sie ipso facto als verantwortliche, freie Wesen, als Rechtssubjekte an, ja sogar als seine Staatsangehörigen. Daraus ergebe sich die Notwen-

---

schießen ließe. Darauf antwortete der Richter, er würde als britischer Gentleman ein solches Vorgehen als äußerst unkorrekt betrachten und außerdem als Eingriff in die Jagdrechte des Herrn B. . . . Die geklagte Partei sei also verpflichtet, einerseits die Molche aus dem Privatbesitz des Klägers auszusiedeln, andererseits die durch die Dämme und Küstenregulierung entstandenen Schäden zu beheben, indem sie das betreffende Stück Küste in den ursprünglichen Stand zurückversetze. Der Vertreter der geklagten Partei stellte darauf die Frage, ob zu diesen Abbauarbeiten Salamander verwendet werden dürften. Der Richter antwortete, seiner Ansicht nach keinesfalls, sofern nicht der Kläger, dessen Frau vor Molchen einen unüberwindlichen Abscheu empfinde und an einer von Molchen verseuchten Küste nicht baden könne, dazu seine Einwilligung gebe. Die geklagte Partei wandte ein, ohne Molche könne man die unter der Meeresoberfläche erbauten Dämme nicht beseitigen. Darauf erklärte der Richter, das Gericht könne und wolle über technische Details nicht entscheiden, die Gerichte seien lediglich dazu da, das Eigentumsrecht zu wahren, und nicht um zu beurteilen, was durchführbar sei und was nicht.

Damit war die Sache von der juristischen Seite beendet. Es ist nicht bekannt, was für einen Ausweg das Hafenamt in A. aus dieser heiklen Situation fand, aber der ganze Vorfall war ein Beweis, daß zur Regelung der Molchfrage doch auch neue Rechtsmittel nötig geworden waren.

digkeit, ihr bürgerliches Verhältnis zu dem Staate festzulegen, unter dessen Legislative sie lebten. Es sei allerdings auch möglich, die Molche als fremde Immigration zu betrachten, doch könne ihnen in diesem Falle der Staat keine Dienstleistungen und Pflichten für Zeiten der Mobilisation und des Krieges auferlegen, wie es in allen zivilisierten Ländern (außer England) üblich sei. Wir werden zweifellos von den Molchen verlangen, daß sie im Falle eines kriegerischen Konfliktes unsere Küsten verteidigen; aber dann können wir ihnen auch nicht gewisse Bürgerrechte verwehren, zum Beispiel das Wahlrecht, das Versammlungsrecht, die Vertretung in verschiedenen öffentlichen Körperschaften und so weiter.[16]

[16] Manche nahmen die Gleichberechtigung der Salamander so wörtlich, daß sie für die Molche das Recht forderten, jedes beliebige öffentliche Amt im Wasser und auf dem Lande zu bekleiden (J. Courtaud); oder es sollten vollbewaffnete unterseeische Regimenter mit ihren eigenen Tiefenkommandanten gebildet werden (General a. D. Desfours); ja sogar Mischehen zwischen Molchen und Menschen sollten gestattet werden (Rechtsanwalt Louis Pierrot). Die Naturwissenschaftler wandten dagegen allerdings ein, solche Ehen seien überhaupt nicht möglich, aber Maître Pierrot erklärte, es handle sich dabei nicht um die natürliche Möglichkeit, sondern um den rechtlichen Grundsatz, und er sei selbst bereit, ein Molchweibchen zur Frau zu nehmen, um zu beweisen, daß die erwähnte Reform des Eherechts nicht nur auf dem Papier bleibe. (Maître Pierrot wurde daraufhin ein sehr gesuchter Anwalt in Scheidungsangelegenheiten.)

(Hier sei in losem Zusammenhang erwähnt, daß besonders in der amerikanischen Presse von Zeit zu Zeit Berichte über Mädchen auftauchten, die beim Baden von Molchen vergewaltigt worden wären. Deshalb mehrten sich in den Vereinigten Staaten die Fälle, wo Molche gefangen, gelyncht und mit Vorliebe auf Scheiterhaufen verbrannt wurden. Vergebens traten Gelehrte gegen diese Volkssitte auf, indem sie behaupteten, daß aus anatomischen Gründen ein derartiges Verbrechen von seiten der Salamander rein physisch ausgeschlossen sei. Viele der Mädchen beschworen, sie seien von Molchen belästigt worden, womit die Sache für einen richtigen Amerikaner über jeden Zweifel erhaben war. Später wurde das beliebte Verbrennen von Molchen wenigstens insofern eingeschränkt, als es nur sonnabends und unter Aufsicht der Feuerwehr stattfinden durfte. Damals entstand eine Bewegung gegen das Lynchen von Molchen, an deren Spitze der schwarze Rev. Robert J. Washington stand und zu der sich Hunderttausende von Mitgliedern meldeten, allerdings fast ausschließlich Neger. Die amerikanische Presse jedoch behauptete, die

Es wurde sogar eine Art unterseeische Autonomie für die Molche vorgeschlagen, aber diese und andere Erwägungen blieben rein akademisch, eine praktische Lösung wurde nicht erzielt, vor allem weil die Molche niemals und nirgends bürgerliche Rechte begehrten.

Auf ähnliche Art, ohne direktes Interesse oder Eingreifen der Molche, fand eine andere große Diskussion statt, deren Gegenstand die Frage war, ob Molche getauft werden könnten. Die katholische Kirche vertrat von Anfang an nachdrücklich einen negativen Standpunkt. Da die Molche keine Nachkommen Adams seien, wären sie nicht in Erbsünde empfangen worden und könnten daher durch das Sakrament der Taufe nicht von dieser Sünde gereinigt werden. Die heilige Kirche wolle keineswegs über die Frage entscheiden, ob die Molche eine unsterbliche Seele besäßen oder in anderer Weise der göttlichen Gnade und Erlösung teilhaftig wären. Ihr Wohlwollen für die Molche könne einzig darin Ausdruck finden, daß sie ihrer in besonderen Gebeten gedenken werde, die an bestimmten Tagen neben dem Gebet für die Seelen im Fegefeuer und der Fürsprache für Ungläubige gelesen werden sollten.[17] Weniger einfach war die Sache für die protestantischen Konfessionen. Sie sprachen den Molchen zwar Vernunft zu und somit die Fähigkeit, die christliche Lehre zu begreifen, zögerten aber, sie zu Mitgliedern der Kirche, zu Brüdern in Christo zu machen. Sie beschränkten sich deshalb darauf, die Heilige Schrift für Molche (in gekürzter Fassung) auf wasserdich-

Bewegung sei politisch und umstürzlerisch. Es kam zu Überfällen auf Negerviertel, und viele Neger, die in ihren Kirchen für ihre Brüder Molche beteten, wurden verbrannt. Die Erbitterung gegen die Neger erreichte ihren Gipfelpunkt, als von einer in Brand gesetzten Negerkirche in Gordonville [L.] die ganze Stadt Feuer fing. Aber das gehört nur indirekt zur Geschichte der Molche.)

Von den Zivileinrichtungen und -vorteilen, die den Molchen wirklich zuteil wurden, wollen wir wenigstens einige anführen: Jeder Salamander wurde in die Molchmatrik eingetragen und am Ort seiner Arbeit registriert; er mußte eine amtliche Aufenthaltsbewilligung haben; er mußte eine Kopfsteuer zahlen, die sein Besitzer für ihn abführte und ihm dann von der Verköstigung abzog (denn die Molche bekamen keinen Lohn in Geld); ebenso mußte er Miete für die bewohnte Küste, Gemeindezuschläge, Gebühren für die Errichtung der Bretterumzäunungen, Schultaxe und andere öffentliche Lasten zahlen; kurz, wir müssen loyal zugeben, daß er in dieser Hinsicht genau wie andere Bürger behandelt wurde, so daß er also doch eine gewisse Gleichberechtigung genoß.

[17] Siehe Enzyklika des Heiligen Vaters »Mirabilius Dei opera«.

tem Papier herauszugeben und sie in vielen Millionen von Exemplaren zu verbreiten. Es wurde auch erwogen, für die Molche (in Analogie zum Basic English) eine Art Basic Christian, die grundlegende und vereinfachte christliche Lehre, zusammenzustellen, aber Versuche in dieser Richtung riefen so viele theologische Streitigkeiten hervor, daß man schließlich davon abkam.[18] Weniger skrupulös waren manche religiöse Sekten (insbesondere amerikanische), die ihre Missionare zu den Molchen entsandten, um ihnen den wahren Glauben zu predigen und sie nach dem Worte der Heiligen Schrift zu taufen:

»Gehet in die Welt und lehret alle Völker.«

Es gelang indessen nur einigen wenigen, hinter den Bretterzaun zu dringen, der die Salamander von den Menschen trennte. Die Arbeitgeber verwehrten ihnen den Zutritt, damit sie die Molche mit ihren Predigten nicht unnütz von der Arbeit abhielten. Und so konnte man zuweilen da und dort am geteerten Zaun inmitten von Hunden, die ihre Feinde auf der anderen Seite der Umfriedung wütend anbellten, einen Prediger stehen sehen, der vergeblich, aber eifrig das Wort Gottes auslegte.

Eine etwas größere Verbreitung unter den Molchen erreichte, soweit bekannt, der Monismus. Manche Molche glaubten auch an den Materialismus, an den Goldstandard und andere wissenschaftliche Glaubenslehren. Ein populärer Philosoph, namens Georg Sequenz, verfaßte sogar eine eigene Religionslehre für Molche, deren erster und höchster Artikel der Glaube an den großen Salamander war. Dieser Glaube faßte zwar bei den Molchen überhaupt nicht Fuß, fand hingegen um so mehr Anhänger unter den Menschen, besonders in den Großstädten, wo beinahe über Nacht eine Unmenge geheimer Tempel des Salamanderkults gegründet wurde.[19] Die Molche selbst nahmen in späteren Zeiten nahezu allgemein einen anderen Glauben an, von dem nicht einmal bekannt ist, wie

[18] Die hierüber veröffentlichte Literatur ist so umfangreich, daß die Bibliographie allein zwei mächtige Bände füllen würde.

[19] Siehe eine unter Herrn Povondras Papieren stark pornographische, angeblich aus den Polizeiberichten in B*** abgedruckte Broschüre. Die Angaben dieses »zu wissenschaftlichen Zwekken herausgegebenen Privatdruckes« lassen sich in einem anständigen Buch nicht wiedergeben. Wir führen nur einige Details an:

sie dazu gekommen sind; es war die Anbetung des Moloch, den sie sich als riesenhaften Molch mit einem Menschenkopf vorstellten. Es hieß, daß sie ungeheure Unterseegötzen aus Gußeisen besäßen, die sie bei Armstrong oder Krupp herstellen ließen, aber Näheres über ihre als ungemein grausam und geheimnisvoll geltenden kultischen Zeremonien hat man nie erfahren, da sie unter Wasser stattfanden. Dieser Glaube scheint sich wegen des Gleichklangs der Namen »Molch« und »Moloch« unter ihnen verbreitet zu haben.

Aus all dem geht hervor, daß die Molchfrage zunächst und noch lange Zeit später nur in dem Sinne gestellt wurde, ob und in welchem

---

Der in der ***straße Nr.* befindliche Tempel des Salamanderkultes birgt in seinem Zentrum ein mit dunkelrotem Marmor ausgelegtes Bassin, dessen Wasser mit duftenden Essenzen parfümiert, erwärmt und von unten her in ständig wechselnden Farben durchleuchtet ist. Ansonsten ist es im Tempel finster. Unter Absingen von Molchlitaneien steigen mit nichts bekleidete Salamander und Salamandrinen über die Marmorstufen hinab in die Regenbogenfarben des Bassins, von der einen Seite die Männer, von der andern die Frauen, durchwegs Angehörige der besten Gesellschaft. Wir führen insbesondere die Baronin M., den Filmschauspieler S., den Gesandten D. und viele andere hervorragende Persönlichkeiten an. Plötzlich bestrahlt ein blauer Scheinwerfer einen hoch aus dem Wasser ragenden Marmorblock, auf dem schwer atmend ein großer, alter, schwarzer Molch ruht, von den Anhängern der Lehre »Meister Salamander« genannt. Nach kurzem Schweigen beginnt der Meister zu sprechen. Er fordert die Gläubigen auf, sich voll und mit ganzer Seele den bevorstehenden Zeremonien des Molchtanzes hinzugeben und den Großen Salamander anzubeten. Sodann erhebt er sich und beginnt sich zu wie-**

Maße die Molche als vernunftbegabte und in hohem Grade zivilisierte Wesen fähig seien, gewisse menschliche Rechte zu genießen, wenn auch nur am Rande der menschlichen Gesellschaft und Ordnung; mit anderen Worten, sie wurde als innere Angelegenheit der einzelnen Staaten angesehen und im Rahmen des bürgerlichen Rechts geregelt. Jahrelang wäre es niemandem in den Sinn gekommen, daß die Molchfrage einmal eine umfassende internationale Bedeutung haben und sich daraus die Notwendigkeit ergeben könnte, die Salamander nicht nur als intelligente Wesen zu behandeln, sondern auch als Molchkollektiv oder Volk der Molche. Genaugenommen, taten den ersten Schritt zu dieser Auffassung des Molchproblems jene etwas exzentrischen christlichen Sekten, die sich bemühten, die Molche unter Berufung auf die Worte der Heiligen Schrift: »Gehet in alle Welt und lehret alle Völker« zu taufen. Damit wurde zum ersten Mal ausgesprochen, daß die Molche eine Art Volk seien.[20]

Aber die erste wirklich internationale und grundsätzliche Anerkennung der Molche als Volk brachte die berühmte Proklamation der Kommunistischen Internationale, die von Genossen Molokow unterzeichnet und an »alle unterdrückten und revolutionären Molche der Welt« gerichtet war.[21]

Wenngleich, wie es scheint, diese Proklamation auf die Molche keinen unmittelbaren Einfluß ausgeübt hatte, so rief sie doch ein

---

gen und mit dem Oberkörper zu kreisen. Da wiegen und winden sich auch die männlichen, bis zum Hals im Wasser steckenden Gläubigen wie rasend, immer schneller und schneller; angeblich wird dadurch das Sexualmilieu geschaffen. Die Salamandrinen geben inzwischen ein scharfes »ts, ts, ts« und quäkendes Kreischen von sich. Dann erlischt unter dem Wasser ein Licht nach dem andern, und eine allgemeine Orgie entfesselt sich.

Wir können für diese Beschreibung zwar nicht bürgen, aber eines steht fest: daß in allen größeren Städten Europas die Polizei einerseits diese Salamandersekten scharf verfolgte, andrerseits alle Hände voll zu tun hatte, um die damit verbundenen gesellschaftlichen Riesenskandale zu vertuschen. Wir nehmen jedoch an, daß der Kult des Großen Salamanders zwar ungewöhnlich verbreitet war, sich aber größtenteils mit weniger märchenhafter Pracht und bei den ärmeren Bevölkerungsschichten sogar auf dem Trockenen abspielte.

20 Auch das bereits erwähnte katholische Gebet für die Molche definiert sie als Dei creaturae de gente Salamandrae (Geschöpfe Gottes vom Volke der Salamander).

21 Die in den Papieren Herrn Povondras erhaltene Proklamation lautete:

bedeutendes Echo in der Weltpresse hervor und wirkte in hohem Grade beispielgebend, wenigstens insofern, als es nun auf die Salamander flammende Aufrufe der verschiedensten Parteien, sich

---

G E N O S S E N M O L C H E !

Die kapitalistische Weltordnung **hat ihr letztes Opfer gefunden. Als ihre Tyrannei schon definitiv an dem revolutionären Aufschwung des** klassenbewußten Proletariats **zu zersplittern begann, spannte der morsche Kapitalismus euch, Arbeiter des Meeres, in seine Dienste ein, versklavte euch seelisch durch seine bürgerliche Zivilisation, unterwarf euch seinen Klassengesetzen, raubte euch jegliche Freiheit und verabsäumte nichts, um euch straflos und brutal ausbeuten zu können.**

(14 Zeilen konfisziert)

Arbeitende Molche!

Es naht der Augenblick, da ihr euch der ganzen Schwere des Sklaventums bewußt werdet, in dem ihr lebt

(7 Zeilen konfisziert)

und eure Rechte als Klasse und als Volk zu fordern!

Genossen Molche! **Das revolutionäre Proletariat der ganzen Welt reicht euch die Hand**

(11 Zeilen konfisziert)

mit allen Mitteln. Gründet Betriebsräte, wählt Vertrauensleute, legt Streikfonds an! Ihr könnt damit rechnen, daß die klassenbewußte Arbeiterschaft euch in eurem Kampf nicht verläßt und Hand in Hand mit euch zum letzten Angriff schreitet.

(9 Zeilen konfisziert)

Unterdrückte und revolutionäre Molche der Welt, vereinigt euch!

Der letzte Kampf beginnt!

Unterzeichnet: MOLOKOW

diesem oder jenem ideologischen, politischen oder sozialen Programm der menschlichen Gesellschaft anzuschließen, förmlich hagelte.[22]

[22] In Herrn Povondras Sammlung fanden sich leider nur noch wenige dieser Aufrufe. Die übrigen dürfte im Laufe der Zeit Frau Povondrová verbrannt haben. Von dem erhalten gebliebenen Material wollen wir wenigstens einige Titel anführen:

Pazifistisches Manifest

Deutsches Flugblatt

Nun begann sich mit dem Molchproblem auch das Internationale Arbeitsamt in Genf zu befassen. Dort prallten zwei Ansichten hart aufeinander: die eine erkannte die Molche als neue Arbeiterklasse an und erstrebte eine Ausdehnung der gesamten Sozialgesetzgebung, betreffend Arbeitszeit, bezahlten Urlaub, Invaliden- und Altersversi-

Öffentliche Aufforderung der Wasserskouts

Aufruf der Anarchisten-Bakunisten

Aufruf der bürgerlichen Reformfraktion in Dieppe

cherung und so weiter auf die Molche; die andere dagegen vertrat den Grundsatz, in den Molchen erwachse den menschlichen Arbeitskräften eine gefährliche Konkurrenz, und die Molcharbeit sei einfach als antisozial zu verbieten. Dagegen verwahrten sich nicht nur die Vertreter der Arbeitgeber, sondern auch die Delegierten der Arbeiterschaft. Sie wiesen darauf hin, daß die Molche nicht mehr nur eine neue Arbeitsarmee, sondern auch ein bedeutender, immer wichtiger werdender Abnehmer seien, und führten an, daß sich in letzter Zeit die Beschäftigung auf den Gebieten der Metallverarbeitung (Arbeitsgeräte, Maschinen und Metallgötzen für die Molche), der Waffenerzeugung, der Chemie (Unterwassersprengstoff), der Papiererzeugung (Lehrbücher für Molche), der Zementfabrikation, der Holzverarbeitung, der Erzeugung künstlicher Nahrungsmittel (Salamander Food) und vieler anderer Industriezweige in bisher ungeahntem Maße erhöht habe. Die Schiffstonnage sei gegenüber den Vormolchzeiten um 27 %, die Kohlenförderung um 18,6 % gestiegen. Indirekt, durch das Steigen der Zahl der Beschäftigten und den wachsenden Wohlstand un-

Schwimmklub Ägir

ter den Menschen, steige auch der Umsatz in anderen Industriezweigen. Schließlich bestellten die Molche in allerletzter Zeit verschiedene Maschinenbestandteile nach ihren eigenen Entwürfen und stellten daraus unter Wasser selbst pneumatische Bohrer, Hämmer, Unterwassermotoren, Druckmaschinen, Wasser-Sendestationen und andere Apparate eigener Konstruktion her. Diese Bestandteile bezahlten sie durch erhöhte Arbeitsleistung; heute sei bereits ein Fünftel der gesamten Weltproduktion der Schwerindustrie und Feinmechanik von den Bestellungen der Molche abhängig. Schafft die Salamander ab, und ihr könnt ein Fünftel der Fabriken schließen. Statt der heutigen Prosperität werdet ihr Millionen Arbeitslose haben. Diese Einwände konnte das Internationale Arbeitsamt allerdings nicht unbeachtet lassen. Nach langen Verhandlungen wurde zumindest insofern eine Kompromißlösung erzielt, als »es lediglich gestattet ist, die oben angeführten Angestellten der Gruppe S (Amphibien) im oder unter Wasser, an der Küste aber höchstens bis zu einer Entfernung von zehn Metern vom maximalen Wasserstand bei Flut zu beschäfti-

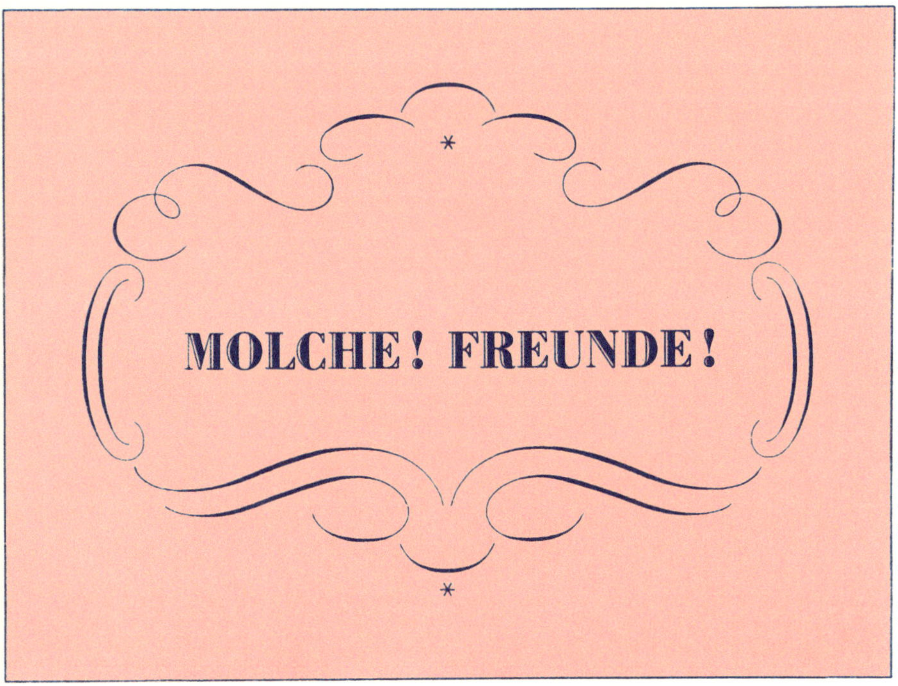

Aufruf der Gesellschaft für Sittenreform

gen und daß dieselben auf dem Meeresboden weder Kohle noch Naphtha schürfen und für den Bedarf des Trockenlandes weder Papier, Textilien noch Kunstleder aus Seealgen erzeugen dürfen« und

Unterstützungsfonds ehemaliger Matrosen

Öffentliche Adresse des Zentralverbandes der Aquarien-Vereine und Wassertierzüchter

so weiter. Diese der Molchindustrie auferlegten Beschränkungen wurden in einem Code von neunzehn Punkten festgelegt, die wir vor allem deswegen nicht näher anführen wollen, weil sie ohnehin niemand einhielt. Als großzügige internationale Lösung des Molchproblems von der wirtschaftlichen und sozialen Seite war der erwähnte Code immerhin ein verdienstvolles und imposantes Werk.

Etwas langsamere Fortschritte machte die Anerkennung der Molche in einem anderen internationalen Bereich, dem der kulturellen Beziehungen. Als in der Fachpresse die häufig zitierte, von einem John Seaman gezeichnete Abhandlung »Die geologische Zusammensetzung des Meeresbodens bei den Bahamainseln« erschien, ahnte niemand, daß es sich um die wissenschaftliche Arbeit eines gelehrten Molches handelte. Aber als an die Adresse wissenschaftlicher Kongresse oder an verschiedene Akademien und wissenschaftliche Gesellschaften Berichte und Studien von Molchforschern aus dem Bereich der Ozeanographie, Erdkunde, Hydrobiologie, höheren Mathematik und anderer exakter Wissenschaften gelangten, rief dies Verlegenheit, ja Unwillen hervor, dem der große Dr. Martel durch die

---

Besonders gewichtig dürfte folgende Proklamation sein (wenn wir bedenken, daß sie Herr Povondra sorgfältig aufklebte), die wir im vollen Originalwortlaut anführen:

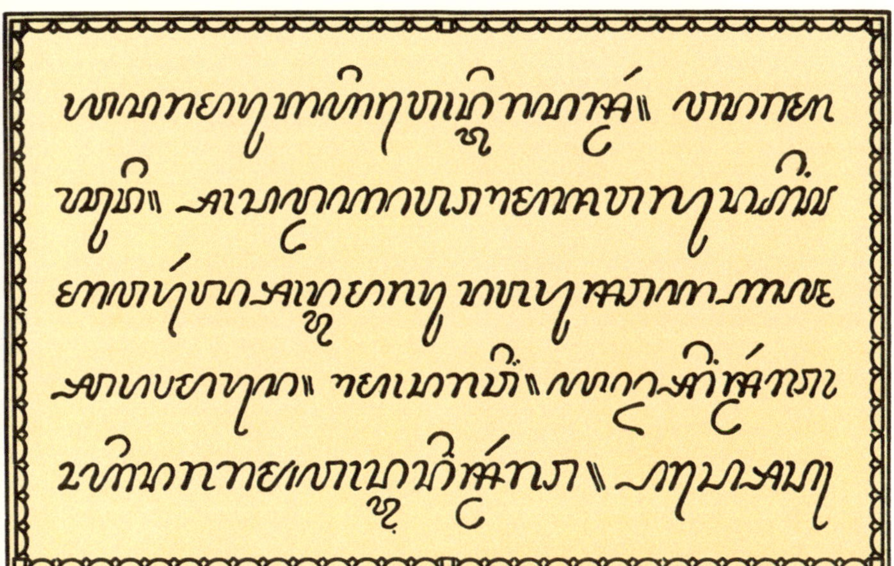

Worte Ausdruck verlieh: »Das Pack will uns belehren?« Der japanische Gelehrte Dr. Onoshita, der es wagte, den Bericht eines Molches (irgend etwas über die Entwicklung der Dottersäcke bei den Larven des Tiefseefisches Argyropelecus hemigymnus Cocco) zu zitieren, wurde wissenschaftlich boykottiert und beging Harakiri. Für die Universitäten war es Sache der Standesehre, wissenschaftliche Arbeiten der Molche nicht zur Kenntnis zu nehmen. Um so größere Aufmerksamkeit (ja Empörung) erregte eine Geste des Centre universitaire de Nice[23], das Dr. Charles Mercier, einen hochgelehrten Molch aus dem

[23] In Herrn Povondras Sammlung ist uns eine feuilletonistische, ziemlich oberflächliche Schilderung dieses festlichen Ereignisses erhalten geblieben; leider nur zur Hälfte, der andere Teil ist abhanden gekommen.

Nice, 6 Mai

In dem schönen, blendendweißen Gebäude des Instituts zur Erforschung des Mittelmeeres auf der Promenade des Anglais geht es heute lebhaft zu. Zwei agents de police halten auf dem Gehsteig einen Weg für die geladenen Persönlichkeiten frei, die sich über den roten Teppich in das freundliche, angenehm kühle Amphitheater begeben. Man sieht das lächelnde Gesicht des Herrn Bürgermeisters von Nizza, den Herrn Präfekten im Zylinder, einen General in himmelblauer Uniform, Herren mit den roten Knöpfen der Ehrenlegion, Damen eines gewissen Alters (dieses Jahr herrscht als Modefarbe Terrakotta vor), Vizeadmiräle, Journalisten, Professoren und ehrwürdige Greise aller Nationalitäten, die an der Cote d'Azur stets reichlich vertreten sind. Plötzlich ein kleiner Zwischenfall: Unter all dieser hochangesehenen Gesellschaft bemüht sich schüchtern ein sonderbares kleines Wesen unbemerkt durchzuschlüpfen. Es ist vom Kopf bis zum Boden in eine lange schwarze Pelerine oder einen Domino gehüllt, trägt eine riesige schwarze Brille und tappt eilig und unsicher zu dem überfüllten Vestibül. »Hé, vous«, ruft einer der Schutzleute, »qu'est-ce que vous cherchez ici?« Aber schon eilen Würdenträger der Universität dem erschrockenen Ankömmling entgegen, und »cher docteur« hier, »cher docteur« dort. Das also ist Dr. Charles Mercier, der gelehrte Molch, der heute vor der Blüte der Azurküste einen Vortrag halten soll! Schnell in den Saal, damit wir in dem festlich erregten Auditorium noch ein Plätzchen ergattern.

Auf dem Podium nehmen Monsieur le Maire, Monsieur Paul Mallory, der große Dichter, Mme Marie Dimineanu, als Delegierte des Internationalen Instituts für intellektuelle Zusammenarbeit, der Rektor des Instituts zur Erforschung des Mittelmeeres und andere offizielle Persönlichkeiten Platz. Auf der einen Seite des Podiums befindet sich das Rednerpult und dahinter – nun ja, es ist wirklich eine blecherne Badewanne. Eine gewöhnliche blecherne Wanne, wie sie in Badezimmern anzutreffen sind. – Zwei Funktionäre führen das schüchterne Wesen im langen Cape

Hafen von Toulon, zu einem feierlichen Vortrag einlud. Der Molch sprach mit bemerkenswertem Erfolg über die Theorie der Kegelschnitte in der nichteuklidischen Geometrie. Bei dieser Manifestation war als Delegierte der Genfer Organisation auch Mme Maria Dimineanu anwesend. Diese vortreffliche, generöse Dame wurde von dem bescheidenen Auftreten und der Gelehrsamkeit Dr. Merciers so

---

auf das Podium. Es ertönt, etwas verlegen, Applaus. Dr. Charles Mercier verbeugt sich zaghaft und sieht sich unsicher nach einer Sitzgelegenheit um. »Voilà, Monsieur«, flüstert der eine Funktionär und deutet auf die Blechwanne. »Das ist für Sie.« Dr. Mercier fühlt sich offensichtlich beschämt, er weiß nicht, wie er diese Aufmerksamkeit ablehnen könnte. Er bemüht sich, möglichst unauffällig in der Wanne Platz zu nehmen, verwikkelt sich aber in seine lange Pelerine und fällt mit lautem Geplätscher ins Wasser; die Herren auf dem Podium werden reichlich bespritzt, doch tun

beeindruckt (»Pauvre petit«, soll sie sich geäußert haben, »il est tellment laid!«), daß sie es zur Aufgabe ihres unermüdlich tätigen Lebens machte, die Aufnahme der Molche in den Völkerbund durchzusetzen. Vergeblich erklärten Staatsmänner der redegewandten energischen Dame, daß die Salamander nicht Mitglied des Völkerbundes sein könnten, da sie nirgends auf der Welt weder staatliche Souveränität noch ein eigenes Staatsgebiet besäßen. Mme Dimineanu be-

---

sie, als ob nichts geschehen wäre; im Auditorium lacht jemand hysterisch auf, aber die Herren in den ersten Reihen drehen sich vorwurfsvoll um und zischen »Pst«! Da erhebt sich auch schon Monsieur le Maire et Député und ergreift das Wort. »Meine Damen und Herren«, sagt er, »ich habe die Ehre, Doktor Charles Mercier, den hervorragenden Vertreter des wissenschaftlichen Lebens unserer nahen Nachbarn, der Bewohner der Meerestiefen, auf dem Boden unseres schönen Nizza zu begrüßen. (Dr. Mercier taucht bis zur Hälfte des Körpers aus dem Wasser auf und verneigt sich tief.) Es ist das erste Mal in der Geschichte der Zivilisation, daß Meer und Land sich die Hand reichen zu intellektueller Zusammenarbeit. Bisher war dem Geistesleben eine unüberbrückbare Grenze gesetzt – das Weltmeer. Wir konnten es wohl überqueren, wir konnten es mit unseren Schiffen nach allen Richtungen durchfurchen, aber unter seine Oberfläche, meine Damen und Herren, konnte die Zivilisation nicht vordringen. Das kleine Stückchen Festland, auf dem die Menschheit lebt, war bisher von jungfräulichem, wildem Meere umgeben. Es war ein großartiger Rahmen, aber auch seit ewigen Zeiten eine Grenzlinie; auf der einen Seite emporstrebende Zivilisation, auf der anderen die ewige, unabänderliche Natur. Diese Grenze, meine verehrten Zuhörer, ist nun gefallen. (Applaus.) Uns, den Kindern dieser großen Zeit, wurde das unvergleichliche Glück zuteil, Augenzeugen zu werden, wie unsere geistige Heimat wächst, und, über ihre eigenen Ufer hinausstrebend, in die Wellen des Meeres hinabtaucht, die Tiefen des Wassers erobert und mit dem alten kultivierten Festland den modernen, zivilisierten Ozean verbindet. Welch unerhörtes Schauspiel! (Bravo!) Meine Damen und Herren, erst mit der Geburt der ozeanischen Kultur, deren eminenten Vertreter wir heute die Ehre haben, in unserer Mitte willkommen zu heißen, ist unser Erdball zum wirklich und vollkommen zivilisierten Planeten geworden.« (Begeisterter Applaus! Dr. Mercier erhebt sich in seiner Wanne mit einer Verbeugung.)

»Verehrter Herr Doktor und gelehrter Freund«, wandte sich Monsieur le Maire et Député sodann an Dr. Mercier, der sich, tiefbewegt mit den Kiemen zuckend, auf den Rand der Wanne stützte, »Sie werden Gelegenheit haben, Ihren Landsleuten und Freunden auf dem Meeresgrunde unseren Glückwunsch, unsere Bewunderung und unsere wärmste Sympathie zu vermitteln. Sagen Sie ihnen, daß wir in Ihnen, unseren Nachbarn des Meeres, die Vorhut des gann nun den Gedanken zu propagieren, daß die Molche eben ein eigenes freies Gebiet und einen unterseeischen Staat zugewiesen bekommen müßten. Diese Idee war allerdings recht unwillkommen, wenn nicht geradezu bedenklich. Endlich fand sich die glückliche Lösung, beim Völkerbund eine besondere *Kommission zum Studium der Molchfrage* zu ernennen, der auch zwei Molche als Delegierte angehören sollten. Als erster wurde auf Drängen Frau Dimineanus

---

Fortschrittes und der Bildung begrüßen, eine Vorhut, die Schritt für Schritt die unendlichen Gebiete des Meeres kolonisieren und auf dem Grunde der Ozeane eine neue Kulturwelt aufbauen wird. Ich sehe schon in den Meerestiefen ein neues Athen und Rom erstehen, ein neues Paris erblühen mit unterseeischen Louvres und unterseeischen Sorbonnen, mit unterseeischen Triumphbögen und Gräbern unbekannter Soldaten, mit Theatern und Boulevards; und gestatten Sie, daß ich auch meinen allergeheimsten Gedanken zum Ausdruck bringe: Ich hoffe, daß unserem teuren Nizza gegenüber in den blauen Wellen des Mittelmeeres ein neues großartiges Nizza, Ihr Nizza, erstehen und mit seinen prachtvollen unterseeischen Straßen, Parks und Promenaden unsere Azurküste umsäumen wird. Wir wollen Sie kennenlernen, und wir wollen, daß auch Sie uns kennen; ich persönlich bin überzeugt, daß die näheren wissenschaftlichen und gesellschaftlichen Beziehungen, die wir heute unter so glücklichen Auspizien einweihen, unsere Völker zu immer engerer kultureller und politischer Zusammenarbeit im Interesse der ganzen Menschheit, im Interesse des Weltfriedens, Wohlstandes und Fortschrittes führen werden.« (Lang anhaltender Applaus.)

Nun erhebt sich Dr. Charles Mercier und versucht, dem Herrn Bürgermeister und Abgeordneten von Nizza einige Worte des Dankes zu sagen, aber einesteils ist er zu ergriffen, andernteils hat er eine etwas eigenartige Aussprache; ich fing von seiner Rede nur einige mühsam hervorgesprudelte Worte auf, wenn ich nicht irre, waren es »ich habe die Ehre«, »kulturelle Beziehungen« und »Victor Hugo«. Worauf er – offensichtlich vor so viel Öffentlichkeit nervös geworden – wieder in der Wanne verschwand.

Das Wort ergreift Paul Mallory. Was er vorträgt, ist keine Rede, sondern ein von tiefer Philosophie durchstrahltes hymnisches Gedicht. »Ich danke meinem Schicksal«, sagt er, »daß ich die Erfüllung und Bestätigung einer der schönsten Sagen der ganzen Menschheit erleben durfte. Es ist eine seltsame Bestätigung und Erfüllung: Statt der mythischen, versunkenen Atlantis sehen wir staunend eine neue Atlantis aus den Tiefen emporsteigen. Teurer Kollege Mercier, Sie, der Dichter der Stereometrie, und Ihre gelehrten Freunde, sind die ersten Gesandten dieser neuen Welt, die dem Meere entsteigt, nicht als schaumgeborene Aphrodite, sondern als Pallas Anadyomene. Doch weit seltsamer und unvergleichlich geheimnisvoller ist es, daß ...«

(Schluß fehlt)

Dr. Charles Mercier aus Toulon berufen, der zweite war ein gewisser Don Mario, ein feister, gelehrter Molch aus Kuba, der wissenschaftlich auf dem Gebiete des Planktons und des neritischen Pelagials arbeitete. Damit erlangten die Molche die zu jener Zeit höchste internationale Anerkennung ihrer Existenz.[24]

Wir sehen also die Salamander in raschem und beständigem Aufstieg. Ihre Zahl wird schon auf sieben Milliarden geschätzt, obwohl mit der wachsenden Zivilisation ihre Geburtenziffer jäh abfällt (auf zwanzig bis dreißig Larven pro Weibchen jährlich). Sie haben schon sechzig Prozent sämtlicher Weltküsten besiedelt; noch sind die Polarküsten unbewohnt, aber die kanadischen Molche beginnen die Küste Grönlands zu kolonisieren, wo sie die Eskimos ins Inland verdrängen und Fischfang und Lebertrangeschäft selbst in die Hand nehmen. Mit ihrem materiellen Aufschwung Hand in Hand geht ihr zivilisatorischer Fortschritt. Sie treten in die Reihen der gebildeten Völker mit Schulpflicht ein und können sich vieler hundert unterseeischer Zei-

---

[24] Unter Herrn Povondras Papieren ist auch eine etwas undeutliche Zeitungsphotographie erhalten geblieben, auf der die beiden Molchdelegierten die Stufen aus dem Genfer See

zum Quai du Mont Blanc hinaufsteigen, um sich zu einer Sitzung der Kommission zu begeben. Es scheint also, daß sie offiziell im Lac Léman untergebracht wurden.

Was die Genfer Kommission zum Studium der Molchfrage betrifft, leistete sie beträchtliche und verdienstvolle Arbeit, vor allem, weil sie sorgsam allen brennenden politischen und wirtschaftlichen Fragen auswich. Sie tagte eine lange Reihe von Jahren permanent und hielt über dreizehnhundert Sitzungen ab, auf denen eifrig über eine einheitliche, internationale Terminologie für die Molche verhandelt wurde, denn in dieser Hinsicht herrschte ein hoffnungsloses Chaos. Neben den wissenschaftlichen Bezeichnungen Salamander, Molch, Batrachus und ähnlichen (welche man schon als nahezu unhöflich empfand) wurden eine Menge anderer Namen vorgeschlagen. Die Molche sollten Tritonen, Neptuniden, Tethyden, Nereiden, Atlantier, Ozeanier, Poseidonen, Lemuren, Pelager, Litoralen, Pontiker, Bathyden, Abyssier, Hydrionen, Gendemeren (Gens de Mer), Submarinen und so weiter benannt werden. Die Kommission zum Studium der Molchfrage hatte die Aufgabe, von all diesen Namen den geeignetsten auszuwählen, womit sie sich auch aufs eifrigste und gewissenhafteste so lange befaßte, bis das Molchzeitalter zu Ende war. Zu einem endgültigen und einstimmigen Beschluß gelangte sie allerdings nicht.

tungen rühmen, die in Millionen von Exemplaren erscheinen, wie auch musterhaft aufgebauter wissenschaftlicher Institute und so weiter. Selbstverständlich ging dieser kulturelle Aufstieg nicht immer glatt und ohne inneren Widerstand vonstatten. Wir wissen zwar außerordentlich wenig über die internen Angelegenheiten der Molche, aber nach gewissen Anzeichen (daß zum Beispiel Molchleichen mit abgebissenen Nasen und Köpfen da und dort aufgefunden wurden) scheint eine Zeitlang unter der Meeresoberfläche ein sich lange hinziehender, leidenschaftlicher Ideenstreit zwischen Alt- und Jungmolchen getobt zu haben. Die Jungmolche waren offenbar für Fortschritt ohne Vorbehalt und Einschränkung und verkündeten, auch unter Wasser müsse die Bildung des Festlandes voll und ganz nachgeholt werden, Fußball, Flirt, Faschismus und sexuelle Inversion nicht ausgenommen. Die Altmolche hingegen wollten, wie es scheint, konservativ am natürlichen Molchtum festhalten und nicht von den alten, guten tierischen Gewohnheiten und Instinkten abgehen; zweifellos verurteilten sie das fieberhafte Streben nach Neuerungen und erblickten darin Verfallserscheinungen und Verrat an den ererbten Molchidealen. Sicher eiferten sie auch gegen fremde Einflüsse, denen die heutige, irregeführte Jugend unterliege, und fragten sich, ob dieses Nachäffen der Menschen stolzer und selbstbewußter Molche würdig sei.[25] Wir können uns lebhaft vorstellen, daß Losungen geprägt wurden wie:

Zurück zum Miozän!

Fort mit allem, was uns vermenschlichen will!

In den Kampf für das unverfälschte Molchtum!

Und so weiter. Zweifellos waren alle Voraussetzungen für einen regen Generationskonflikt der Anschauungen und für eine tiefe geistige Revolution in der Entwicklung der Salamander gegeben. Wir bedauern, keine näheren Einzelheiten darüber anführen zu können, doch wollen wir hoffen, daß die Molche aus diesem Konflikt soviel herausholten, als sie nur konnten.

25 Herr Povondra reihte auch zwei oder drei Artikel über die heutige Jugend aus der »Národní politika« in seine Sammlung ein. Höchstwahrscheinlich schrieb er sie aus Versehen jener Epoche der Molchzivilisation zu.

X 8
0MM
Q
&W
0
B

Nun also treffen wir die Salamander auf dem Weg zur höchsten Blüte. Aber auch die Menschenwelt erfreut sich einer ungeahnten Prosperität. Es werden mit Feuereifer neue Küsten gebaut, auf alten Sandbänken wächst neues Festland empor, inmitten des Ozeans erheben sich künstliche Fluginseln. Aber das alles ist nichts gegen die riesenhaften technischen Projekte zur völligen Umgestaltung unseres Erdballs, die nur darauf warten, von jemandem finanziert zu werden. Die Molche arbeiten unablässig in allen Meeren und an den Ufern aller Kontinente, solange die Nacht dauert. Sie scheinen zufrieden, verlangen nichts für sich selbst als Arbeit und Möglichkeit, in die Küsten Löcher und Gänge ihrer düsteren Ubikationen zu bohren. Sie haben ihre unterseeischen und unterirdischen Städte, ihre Tiefenmetropolen, ihr Essen und Birmingham auf dem Meeresgrund in einer Tiefe von zwanzig bis fünfzig Metern. Sie haben ihre überfüllten Fabrikviertel, ihre Häfen, Transportlinien und Millionenagglomerationen, kurz, sie haben ihre mehr oder weniger unbekannte[26], aber technisch allem Anschein nach hochentwickelte Welt. Sie haben wohl keine Hochöfen und Hüttenwerke, aber die Menschen liefern ihnen Metalle im Austausch gegen ihre Arbeit. Sie haben keine eigenen Sprengstoffe, aber die verkaufen ihnen die Menschen. Ihr Treibstoff ist das Meer mit seiner Ebbe und Flut, seinen Unterströmungen und Temperaturunterschieden. Die Turbinen liefern ihnen zwar die Menschen, aber sie verstehen damit umzugehen. Und ist Zivilisation etwas anderes als die Fähigkeit, Dinge zu gebrauchen, die sich andere ausgedacht haben? Selbst wenn den Molchen, nehmen wir an, eigene Gedanken fehlen, können sie recht gut eine Wissenschaft haben. Sie haben zwar keine Musik oder Literatur, aber sie kommen vorzüglich ohne sie aus. Und die Menschen beginnen sich der Ansicht zuzuneigen, daß das von den Salamandern eigentlich fabelhaft modern ist. Siehe da, schon kann der Mensch von den Molchen mancherlei ler-

[26] Ein Herr aus Dejvice erzählte Herrn Povondra, er habe am Strand von Katwijk am Zee gebadet und sei weit ins Meer hinausgeschwommen, als ihn der Bademeister zurückrief. Er jedoch (ein Herr Příhoda, Kommissionär) scherte sich nicht darum und schwamm ruhig weiter. Da sprang der Bademeister in einen Kahn und paddelte ihm nach. »He!« rief er, »hier dürfen Sie nicht baden.«

»Warum denn nicht?« fragte Herr Příhoda.

»Hier sind Molche.«

»Ich fürchte mich nicht vor ihnen«, erwiderte Herr Příhoda.

»Sie haben hier unter dem Wasser Fabriken oder so etwas«, brummte der Bademeister. »Hier badet niemand, Herr.«

»Und warum nicht?«

»Die Molche haben es nicht gern.«

nen – kein Wunder: Sind denn die Molche nicht unerhört erfolgreich? Und woran sollen sich die Menschen ein Beispiel nehmen, wenn nicht am Erfolg? Noch nie in der Geschichte der Menschheit ist so viel erzeugt, gebaut und verdient worden wie in dieser großen Zeit. Es läßt sich nicht leugnen, mit den Molchen ist ein ungeheurer Fortschritt in die Welt gekommen und ein Ideal, das »Quantität« heißt. »Wir, die Menschen des Molchzeitalters«, sagt man mit berechtigtem Stolz. Da kann sich das überlebte Menschenzeitalter mit seiner langsamen, läppischen, nutzlosen Tändelei, die sich Kultur, Kunst, reine Wissenschaft oder wie sonst noch nannte, verkriechen! Die echten, bewußten Menschen des Molchzeitalters werden ihre Zeit nicht mehr mit Grübeleien über das Wesen der Dinge vergeuden, sie werden allein mit deren Anzahl und Massenerzeugung genug zu tun haben. Die ganze Zukunft der Welt liegt darin, Erzeugung und Konsum ständig zu erhöhen, und deshalb muß es noch mehr Molche geben, damit sie noch mehr erzeugen, noch mehr fressen. Die Molche sind einfach die *Menge*, ihre epochale Tat liegt darin, daß es so viele sind. Erst jetzt kann der menschliche Scharfsinn sich voll entfalten, denn er arbeitet im großen, mit äußerster Produktionskapazität und einem Rekordumsatz in der Wirtschaft. Kurz, es ist eine große Zeit. – Was fehlt also noch, damit das »glückliche neue Zeitalter« allgemeiner Zufriedenheit und Prosperität wirklich eintritt? Was hindert die Geburt der ersehnten Utopie, in der all die technischen Triumphe und grandiosen Möglichkeiten geerntet werden können, die sich dem menschlichen Wohlstand und dem Fleiß der Molche immer weiter und weiter, bis ins unendliche eröffnen?

Wahrlich nichts. Denn nun wird dem Molchhandel die Krone aufgesetzt, auch von seiten staatsmännischer Voraussicht, die von vornherein dafür sorgt, daß es im Räderwerk des neuen Zeitalters nicht einst zu knirschen beginne. In London tritt eine Konferenz der Seestaaten zusammen, auf der eine Internationale Salamander-Konvention ausgearbeitet und angenommen wird. Die hohen Vertragspartner verpflichten sich gegenseitig, ihre Molche nicht in die Hoheitsgewässer anderer Staaten zu senden; nicht zu dulden, daß ihre Molche die territoriale Integrität oder die anerkannte Interessensphäre irgendeines anderen Staates verletzen; in keiner Weise in die Molchangelegenheiten einer anderen Seemacht einzugreifen; sich im Falle des Zusammenstoßes eigener und fremder Salamander dem Haager

ISK
§12
zulässige Bewaffnung

Schiedsgericht zu unterwerfen; ihre Molche mit keinen Waffen größeren Kalibers auszurüsten als dem der gewöhnlichen Unterwasserpistolen für Haifische (der sogenannten Šafránek- oder shark guns); nicht zuzulassen, daß ihre Molche nähere Beziehungen mit Salamandern anknüpfen, die einer anderen staatlichen Oberhoheit unterstehen; mit Hilfe von Molchen ohne vorherige Zustimmung der Permanenten Marinekommission in Genf weder neues Festland zu bauen noch ihr eigenes Territorium zu erweitern, und so fort. (Es waren siebenunddreißig Paragraphen.) Hingegen wurden abgelehnt: der britische Vorschlag einer Verpflichtung seitens der Seemächte, ihre Molche keiner obligaten militärischen Ausbildung zu unterziehen; der französische Vorschlag, die Salamander zu internationalisieren und einem Zwischenstaatlichen Molchamt zur Regelung der Weltgewässer zu unterstellen; der deutsche Vorschlag, jedem Molch das Zeichen des Staates einzubrennen, dessen Untertan er sei; ein weiterer deutscher Vorschlag, jeder Seemacht nur eine bestimmte Anzahl von Salamandern in einem feststehenden Zahlenverhältnis zu gestatten; der italienische Vorschlag, Staaten mit einem Überfluß an Molchen neue Kolonisationsküsten oder Parzellen auf dem Meeresboden zuzuteilen; der japanische Vorschlag der Ausübung eines internationalen Mandats über die Molche (die von Natur aus schwarz seien) durch das japanische Volk als Vertreter der farbigen Rassen.[27] Der größte Teil dieser Vorschläge wurde auf die nächste Konferenz der Seemächte verwiesen, die aber aus verschiedenen Gründen nicht mehr stattfand.

»Durch diesen internationalen Akt«, schrieb M. Jules Sauerstoff in »Le Temps«, **»ist die Zukunft der Molche und die friedliche Entwicklung der Menschheit auf Jahrzehnte hinaus gesichert. Wir beglückwünschen die Londoner Konferenz zu dem erfolgreichen Abschluß ihrer schwierigen Beratungen. Wir beglückwünschen auch die Molche, denen durch das erlassene Statut der Schutz des Haager Schiedsgeriches zuteil wird. Nun können sie sich in Ruhe und Vertrauen ihrer Arbeit und ihrem unterseeischen Fortschritt widmen. Es sei hierbei betont, daß die Entpolitisierung des Molchproblems, die auf der Londoner Konferenz**

[27] Dieser Vorschlag hing offenbar mit einem großzügigen politischen Propagandafeldzug zusammen, über den wir dank der Sammeltätigkeit Herrn Povondras ein äußerst gewichtiges Dokument in der Hand haben, das wörtlich lautet:

ihren Ausdruck fand, eine der bedeutendsten Garantien des Weltfriedens ist. Insbesondere die Abrüstung der Molche verringert die Wahr-

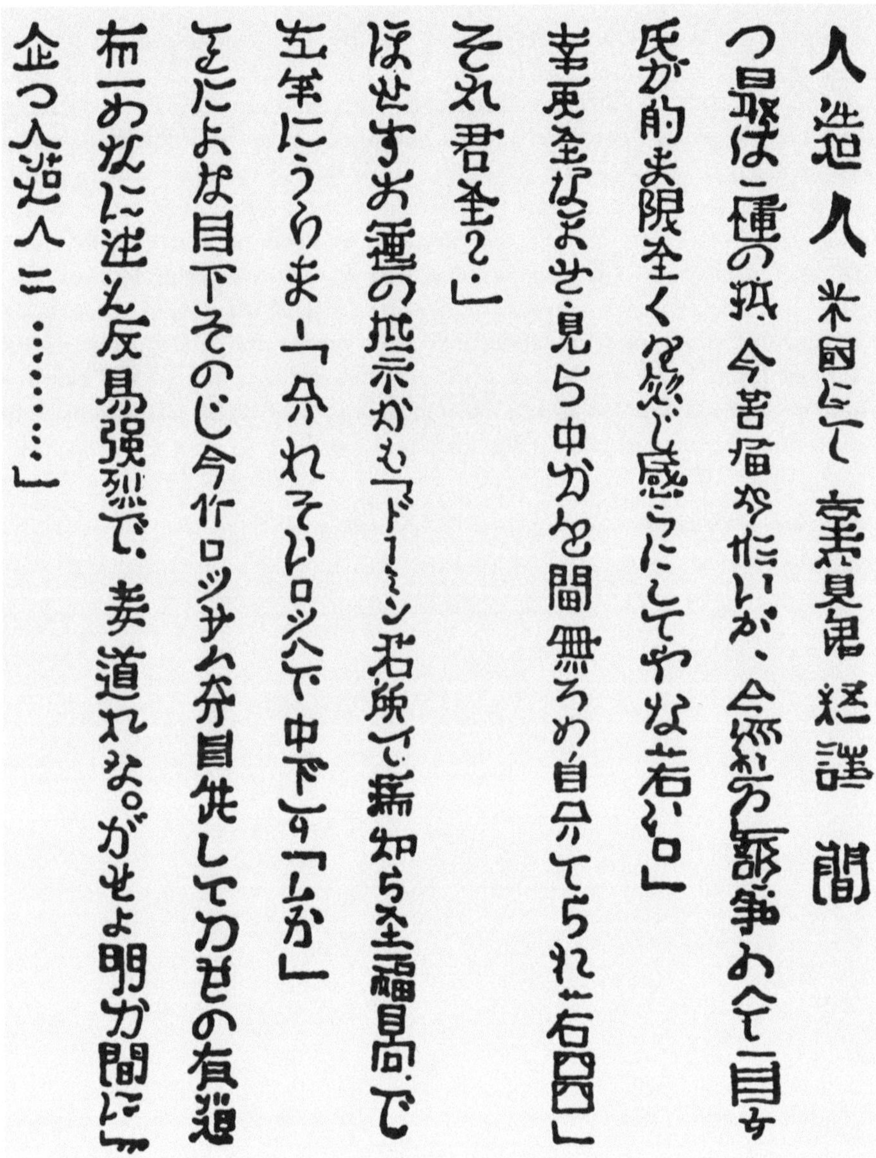

scheinlichkeit unterseeischer Konflikte zwischen den einzelnen Staaten. Tatsache ist, daß – obwohl die zahlreichen Grenz- und Machtstreitigkeiten auf beinahe allen Kontinenten andauern – dem Weltfrieden keine aktuelle Gefahr droht, zumindest nicht von der See. Aber auch auf dem Festland scheint der Friede nun besser gesichert denn je. Die Seestaaten sind voll beschäftigt mit dem Ausbau neuer Küsten und können ihr Gebiet ins Weltmeer erweitern, statt sich um eine Verschiebung ihrer Grenzen auf dem Festland zu bemühen. Es wird nicht mehr nötig sein, mit Eisen und Gas um jeden Fußbreit Boden zu kämpfen, es genügen die bloßen Hacken und Schaufeln der Molche, und jeder Staat kann sich so viel Territorium erbauen, als er braucht. Und gerade diese ruhige Molcharbeit für den Frieden und Wohlstand aller Völker verbürgt die Londoner Konvention. Nie war die Welt einem dauernden Frieden und einer zwar geruhsamen, aber ruhmreichen Blütezeit näher als eben jetzt. Statt des Molchproblems, über das schon so viel gesprochen und geschrieben wurde, wird man nun vielleicht mit Recht vom Goldenen Molchzeitalter sprechen.«

3 Herr Povondra liest wieder einmal Zeitung

Herr Povondra

An nichts kann man den Flug der Zeit besser wahrnehmen als an Kindern. Wo ist der kleine Frantík, den wir (es ist doch noch gar nicht so lange her) bei den linken Nebenflüssen der Donau verlassen haben?

»Wo steckt der Frantík schon wieder?« brummte Herr Povondra und entfaltete sein Abendblatt.

»Na, du weißt doch, immer dasselbe«, sagte Frau Povondrová, über ihre Näharbeit gebeugt.

»Schon wieder hinter einem Mädel her!« sprach Vater Povondra tadelnd. »Verteufelter Junge! Kaum dreißig Jahre alt, und keinen Abend zu Hause.«

»Was er nur an Strümpfen zerreißt«, seufzte Frau Povondrová und zog wieder einen hoffnungslosen Socken über den Stopfpilz. »Was fängt man nun damit an?« überlegte sie angesichts eines ausgedehnten Lochs in der Ferse, das der Form nach an Ceylon erinnerte. »Wegwerfen?« meinte sie kritisch, aber nach längeren strategischen Erwägungen stach sie doch resolut die Nadel in die Südküste von Ceylon.

Es herrschte die würdige Stille am häuslichen Herd, die Vater Povondra so liebte. Nur das Rascheln der Zeitung und das schnelle Durchziehen des Fadens waren zu hören.

»Haben sie ihn schon?« fragte Frau Povondrová.

»Wen?«

»Den Mörder, der die Frau umgebracht hat.«

»Laß mich in Ruh mit deinem Mörder«, knurrte Herr Povondra mit gelindem Widerwillen. »Da steht gerade, daß es zwischen Japan und China zu Spannungen gekommen ist. Eine ernste Sache. Dort ist es immer ernst.«

»Ich glaube, sie kriegen ihn nicht mehr«, meinte Frau Povondrová.

»Wen?«

»Den Mörder. Wenn jemand eine Frau umbringt, erwischen sie ihn nur selten.«

»Der Japaner sieht es nicht gern, daß China den Gelben Fluß reguliert. Da hast du die Politik. Solange der Gelbe Fluß Unfug treibt, ist in China alle Augenblick Überschwemmung und Hungersnot, und das schwächt den Chinesen, weißt du? Gib mal die Schere her, Mutter, das schneide ich mir aus.«

»Warum?«

»Aber, da steht, daß am Gelben Fluß zwei Millionen Molche arbeiten.«

»Das ist wohl sehr viel, ja?«

»Das will ich meinen. Aber die zahlt sicher Amerika, meine Liebe. Deshalb möchte der Mikado dort gern seine eigenen Molche ansetzen. – Ach, da schau mal einer an!«

»Was denn?«

»Der ›Petit Parisien‹ schreibt, daß sich Frankreich das nicht gefallen lassen kann. Und da hat es recht. Ich ließe es mir auch nicht gefallen.«

»Was ließest du dir nicht gefallen?«

»Daß Italien die Insel Lampedusa erweitert. Das ist eine kolossal wichtige strategische Position, mußt du wissen. Italien könnte nämlich von Lampedusa aus Tunis bedrohen. Hier schreibt der ›Petit Parisien‹, Italien möchte dieses Lampedusa zu einer Seefestung ersten Ranges ausbauen. Es soll schon sechzigtausend bewaffnete Molche dort haben ... Das wäre zu bedenken. Sechzigtausend, das sind drei Divisionen, Mutter. Ich sage dir, im Mittelländischen Meer kommt es noch einmal zu etwas. Gib her, ich schneid es mir aus.«

Inzwischen schwand unter Frau Povondrovás fleißiger Hand Ceylon dahin und hatte sich schon etwa auf die Dimensionen der Insel Rhodos reduziert.

»Und dieses England«, sann Vater Povondra weiter, »wird auch seine Schwierigkeiten haben. Im Unterhaus ist zur Sprache gekommen, daß Großbritannien in diesen Wasserbauten angeblich hinter den anderen Staaten zurückbleibt. Andere Kolonialmächte bauen um die Wette neue Küsten und neues Festland, die britische Regierung dagegen in ihrem konservativen Mißtrauen gegen die Molche ... Also das stimmt, Mutter. Die Engländer sind furchtbar konservativ. Ich habe einmal einen Lakaien von der britischen Gesandtschaft gekannt, und der hätte um nichts in der Welt unsere böhmische Preßwurst in den Mund genommen. Bei ihnen ißt man so was nicht, hat er gesagt, und da ißt er es eben auch nicht. Wundert mich gar nicht, wenn dann andere Staaten die Engländer überholen.« Herr Povondra nickte ernst. »Und Frankreich erweitert seine Küste bei Calais. Jetzt machen die englischen Zeitungen ein Geschrei, daß Frankreich über den Kanal nach England hinüberschießen wird, wenn der Kanal sich so verschmälert. Das haben sie davon. Hätten sie selber ihre Küste bei Dover erweitert, könnten *sie* auf die Franzosen schießen.«

»Und warum müssen sie überhaupt schießen?« fragte Frau Povondrová.

»Das verstehst du nicht. Das sind militärische Gründe. Es sollte mich gar nicht wundern, wenn es dort einmal losginge. Entweder dort oder woanders. Versteht sich doch von selbst, jetzt, durch die Molche ist die Weltlage ganz anders geworden, Mutter. Ganz anders.«

»Glaubst du, es könnte Krieg geben?« meinte Frau Povondrová besorgt. »Weißt du, ich denke an unsern Frantík, wenn er nur nicht einrücken muß!«

»Krieg?« meinte Vater Povondra. »Es muß zu einem Weltkrieg kommen, damit die Staaten das Meer aufteilen können. Aber wir bleiben neutral. Jemand muß doch neutral bleiben, um den andern Waffen und was weiß ich alles zu liefern. So ist das«, entschied Vater Povondra. »Aber das versteht ihr Frauenzimmer nicht.«

Frau Povondrová preßte die Lippen zusammen und vollendete mit flinken Stichen die Austilgung der Insel Ceylon aus dem Socken des jungen Herrn Frantík.

»Und wenn ich es mir recht überlege«, begann Vater Povondra von neuem, mit kaum verhohlenem Stolz, »daß es zu dieser schrecklichen Weltlage ohne mich nicht gekommen wäre! Wenn ich damals den Kapitän nicht bei Herrn Bondy vorgelassen hätte, würde die ganze Weltgeschichte anders aussehen. Ein anderer Portier hätte ihn nicht einmal ins Haus eingelassen, aber ich hab mir gesagt, ich nehm es auf mich. Und jetzt, schau, was solche Staaten wie England und Frankreich dadurch für Schwierigkeiten haben! Und dabei weiß man noch gar nicht, was daraus alles werden kann ...« Herr Povondra paffte erregt aus seiner Pfeife. »So ist das, mein liebes Kind. Die Zeitungen sind voll von diesen Molchen. Hier wieder –« Vater Povondra legte die Pfeife weg. »Hier steht, daß bei der Stadt Kankesanturai auf Ceylon Molche ein Dorf überfielen. Die Eingeborenen sollen vorher mehrere Molche erschlagen haben. Die Polizei und eingeborenes Militär wurden zu Hilfe gerufen«, las Herr Povondra vor, »worauf es zu einem regelrechten Gefecht zwischen Molchen und Menschen kam. Auf seiten des Militärs gab es einige Verwundete ...« Vater Povondra legte die Zeitung weg. »Das gefällt mir nicht, Mutter.«

»Warum?« wunderte sich Frau Povondrová, die sorgsam und mit

Befriedigung die Stelle, an der auf ihrem Stopfholz Ceylon gewesen war, mit dem Scherengriff glattklopfte. »Da ist doch nichts dabei!«

»Ich weiß nicht«, rief Vater Povondra gereizt und begann erregt im Zimmer auf und ab zu gehen, »aber das will mir nicht gefallen. Nein, das sehe ich gar nicht gern. Schießereien zwischen Menschen und Molchen, nein, das sollte nicht sein.«

»Vielleicht haben sich die Molche nur gewehrt«, meinte Frau Povondrová beschwichtigend und legte die Strümpfe weg.

»Na eben«, brummte Herr Povondra beunruhigt. »Sowie sich die Kerle einmal zu wehren anfangen, wird es schlimm. Es ist zum ersten Mal, daß sie es getan haben ... Herrgott, das sehe ich nicht gern!« Herr Povondra blieb unschlüssig stehen. »Ich weiß nicht, ich weiß nicht ... vielleicht hätte ich den Kapitän doch nicht bei Herrn Bondy vorlassen sollen!«

DRITTES BUCH

DER KRIEG MIT DEN MOLCHEN

1 Das Massaker auf den Kokosinseln

Bodkin

In einem hatte sich Herr Povondra geirrt: Das Gefecht bei der Stadt Kankesanturai war nicht der erste Zusammenstoß zwischen Menschen und Molchen. Zu dem ersten historisch bekannten Konflikt war es einige Jahre vorher auf den Kokosinseln, noch im goldenen Zeitalter der Piratenzüge auf Molchfang, gekommen. Aber auch das war nicht der älteste Zwischenfall dieser Art, in den Häfen des Stillen Ozeans munkelte man allerlei von bedauerlichen Vorfällen, wo Molche einen gewissen aktiven Widerstand sogar gegen den normalen S-Trade geleistet hätten; solche Lappalien allerdings verzeichnet die Geschichte nicht.

Mit diesen Kokos- oder Keelinginseln war es aber so: Das Kaperschiff Montrose der bekannten Harriman Pacific Trade Company kam unter Kapitän Lindley zum üblichen Molchfang der Type Maccaroni. Auf den Kokosinseln befand sich eine bekannte und reiche, noch von Kapitän van Toch angelegte Salamanderbucht, die aber wegen ihrer Abgeschiedenheit sozusagen ihrem Schicksal überlassen blieb. Kapitän Lindley kann keinerlei Mangel an Vorsicht zum Vorwurf gemacht werden, nicht einmal, daß die Besatzung unbewaffnet an Land ging. (Damals hatte nämlich der Piratenhandel mit Molchen schon reguläre Formen angenommen. Richtig ist allerdings, daß früher Korsarenschiffe und deren Besatzung mit Maschinengewehren, ja leichten Geschützen ausgerüstet waren, nicht wegen der Molche, sondern wegen der unlauteren Konkurrenz anderer Piraten. Auf der Insel Karakelong war es jedoch einmal zu einem Zusammenstoß der Besatzung eines Harrimanschen Dampfers mit der Mannschaft eines dänischen Schiffes gekommen, dessen Kapitän Karakelong als sein Jagdrevier betrachtete. Damals hatten die beiden Besatzungen alte Rechnungen beglichen, insbesondere Prestige- und Geschäftsdifferenzen, indem sie die Molchjagd sein ließen und einander mit Gewehren und Hotchkiss-Revolverkanonen beschossen. Die Dänen siegten zwar auf dem Land durch einen Bajonettangriff, aber das Harrimansche Schiff beschoß daraufhin das dänische Schiff erfolgreich mit seinen Geschützen und versenkte es mit Mann und Maus, auch mit Kapitän Niels – der sogenannte Karakelong-Zwischenfall. Damals mußten sich mit der Sache auch die Ämter und Regierungen der beiden Staaten befassen. Banditenschiffen wurde für die Zukunft die Verwendung von Kanonen, Maschinengewehren und Handgranaten verboten. Außerdem teilten die Flibustiergesellschaften die sogenannten freien Fangstätten untereinander auf, so daß jede Molchlokalität nur von einem bestimmten Raubschiff aufgesucht wurde. Dieses Gentleman's Agreement der großen Piraten wurde tatsächlich eingehalten und auch von den kleinen Raubunternehmern respektiert.) Um aber zu Kapitän Lindley zurückzukehren, so handelte er durchaus im Geiste des damals landläufigen Handels- und Schifffahrtbrauchs, als er seine Leute, nur mit Stöcken und Rudern bewaffnet, auf die Kokosinseln zum Molchfang schickte; die spätere amtliche Untersuchung gab dem toten Kapitän volle Satisfaktion.

Die Mannschaft, die in jener Mondnacht auf den Kokosinseln an Land ging, wurde von dem in dieser Art Jagd schon erfahrenen Schiffsleutnant Eddie McCarth befehligt. Es ist richtig, daß die Molchherde, die er am Ufer vorfand, ungewöhnlich zahlreich war, schätzungsweise sechs- bis siebenhundert erwachsene, starke Männchen, während Leutnant McCarth nur sechzehn Mann befehligte, aber man kann ihm nicht zur Last legen, daß er von seinem Unternehmen nicht Abstand nahm, schon allein, weil es üblich war, den Offizieren und der Mannschaft der Raubschiffe eine der Anzahl der erbeuteten Tiere entsprechende Prämie auszuzahlen. In der nachfolgenden Untersuchung stellte das Marineamt fest, »Leutnant McCarth sei zwar für den unseligen Vorfall verantwortlich«, aber »unter den gegebenen Umständen hätte kaum jemand anders gehandelt«. Im Gegenteil, der unglückliche junge Offizier habe große Umsicht bewiesen, als er statt einer langsamen Umzingelung der Molche, die unter dem gegebenen, ungleichen Zahlenverhältnis ohnehin nicht durchführbar gewesen wäre, einen plötzlichen Angriff anordnete, durch den die Molche vom Meere abgeschnitten, ins Innere der Insel gedrängt und einzeln durch Stock- und Ruderschläge betäubt werden sollten. Leider zerriß bei der Entwicklung des Sturmangriffes die Schwarmlinie der Matrosen, und beinahe zweihundert Molche entkamen ins Wasser. Während die angreifenden Männer die vom Meer abgeschnittenen Molche bearbeiteten, krachten hinter ihrem Rücken kurze Schüsse aus Unterwasserpistolen (shark-guns); niemand ahnte, daß diese wild lebenden *Naturmolche* auf den Keelinginseln mit Haifischpistolen bewaffnet waren, und es wurde nie festgestellt, wer ihnen die Waffen beschafft hatte.

Der Schiffsjunge Michael Kelly, der die ganze Katastrophe überlebte, erzählt: »Als die ersten Schüsse krachten, meinten wir, daß irgendeine andere Mannschaft, die auch auf Molchjagd gekommen war, auf uns schösse. Leutnant McCarth drehte sich sofort um und schrie: ›Was macht ihr, ihr Hornochsen, hier ist die Besatzung der Montrose!‹ Da wurde er an der Hüfte getroffen, aber er zog noch seinen Revolver heraus und fing an zu schießen. Einen zweiten Schuß

bekam er in den Hals und fiel. Erst jetzt sahen wir, daß es Molche waren, die schossen und daß sie uns vom Meer abschneiden wollten. Und da hob Long Steve das Ruder, stürzte sich auf die Molche und schrie: ›Montrose! Montrose!‹ Wir schrien auch ›Montrose‹ und droschen mit unsern Rudern auf die Luders los, so gut es ging. Ungefähr fünf von uns blieben liegen, wir andern schlugen uns zum Meer durch. Long Steve sprang ins Wasser und watete zum Boot, aber dort hängten sich mehrere Molche an ihn und zogen ihn unter Wasser. Auch Charlie ertränkten sie. Er brüllte noch ›Jungs, Jesus Christus, Jungs, laßt mich nicht im Stich‹, aber wir konnten ihm nicht helfen. Die Schweine schossen hinter uns her. Bodkin drehte sich um und bekam einen Bauchschuß, er sagte nur noch ›nein, aber ...‹ und fiel.

Da wollten wir wieder zurück ins Innere der Insel. Wir hatten an den Viechern schon Ruder und Stöcke zerschlagen und liefen wie die Hasen. Wir waren jetzt nur noch vier und fürchteten, zu weit von der Küste wegzulaufen, sonst hätten wir am Ende nicht zum Schiff zurück gekonnt. Wir versteckten uns hinter Steinblöcken und Büschen und mußten mit ansehen, wie die Molche unsere Kameraden erledigten. Sie ertränkten sie wie junge Katzen, und wenn einer noch schwamm, kriegte er eins über den Kopf. Erst jetzt spürte ich, daß ich mir den Fuß verrenkt hatte und nicht weiterkonnte.«

Inzwischen scheint Kapitän Lindley, der auf der Montrose geblieben war, die Schüsse gehört zu haben. Ob er nun glaubte, es sei etwas mit den Eingeborenen im Gange oder andere Piraten wären auf der Insel, kurz, er nahm den Koch und zwei Maschinisten, die auch noch auf dem Schiff waren, ließ auf das übriggebliebene Boot ein Maschinengewehr verladen, das er in weiser Voraussicht trotz des strengen Verbotes heimlich auf dem Schiff mitführte, und eilte seiner Mannschaft zu Hilfe. Er war vorsichtig genug, das Ufer nicht zu betreten, sondern nur mit dem Boot anzulegen, an dessen Bug das Maschinengewehr bereitstand. Er selbst erhob sich und verschränkte die Arme. Lassen wir den Schiffsjungen Kelly weitererzählen.

»Wir wollten den Kapitän nicht anrufen, sonst hätten uns die Molche gefunden. Herr Lindley stand mit verschränkten Armen im Boot und rief: ›Was geht hier vor?‹ Da drehten sich die Molche nach ihm um. Am Ufer waren ein paar Hundert, aber immer neue schwammen aus dem Meer heran und umzingelten das Boot. ›Was geht hier vor?‹ fragte der Kapitän, da ging ein großer Molch auf ihn zu und sagte: ›Fahren Sie zurück!‹

Der Kapitän schaute ihn an, eine Weile sagte er nichts, dann fragte er: ›Sie sind ein Molch?‹

›Wir sind Molche‹, sagte der Molch. ›Fahren Sie zurück, Herr!‹

›Ich möchte wissen, was Sie mit meinen Leuten gemacht haben‹, sagte unser Alter.

›Sie hätten uns nicht überfallen sollen‹, sagte der Molch. ›Kehren Sie auf Ihr Schiff zurück, Herr!‹

Der Kapitän schwieg wieder eine Weile, dann sagte er ganz ruhig: ›Na schön. Jenkins, Feuer!‹

Und der Maschinist Jenkins feuerte aus dem Maschinengewehr auf die Molche.«

(Bei der späteren Untersuchung des ganzen Vorfalls erklärte das Marineamt wörtlich: »In dieser Beziehung hat sich Cptn. James Lindley benommen, wie es von einem britischen Seemann zu erwarten ist.«)

»Die Molche waren in einem Haufen beisammen«, fuhr der Zeuge Kelly fort, »und fielen wie mit der Sense gemäht. Manche schossen aus ihren Pistolen auf Cptn. Lindley, aber der stand mit verschränkten Armen da und rührte sich nicht. Da tauchte hinter dem Boot ein schwarzer Molch aus dem Wasser, der so 'ne Blechkonserve in der einen Hand hielt, mit der andern riß er etwas davon ab und warf es ins Wasser, unter das Boot. Ehe man bis drei zählen konnte, schoß eine Wassersäule in die Höhe, und man hörte eine dumpfe, aber so starke Explosion, daß sogar die Erde unter unsern Füßen dröhnte.«

(Aus Kellys Beschreibung schloß das Untersuchungsamt, daß es sich um den Sprengstoff W 3 handeln müsse, der den Molchen, die an der Befestigung Singapores arbeiteten, zum Sprengen von Felsen unter Wasser geliefert worden war. Aber wie diese Sprengladungen von dort auf die Kokosinseln gelangt waren, blieb ein Rätsel. Die einen vermuteten, daß vielleicht Menschen sie hinübergebracht hätten, andere, daß die Molche schon damals eine Art Fernverbindung gehabt haben müßten. Die öffentliche Meinung forderte den Erlaß eines Verbotes, den Molchen so gefährliche Sprengstoffe in die Hand zu geben, aber das zuständige Amt erklärte, vorläufig könne der »hochwirksame und verhältnismäßig sichere Sprengstoff W 3 durch keinen anderen ersetzt werden.« Und dabei blieb es.)

»Das Boot flog in die Luft«, fuhr Kelly in seiner Aussage fort, »und wurde in Stücke gerissen. Die Molche, die noch am Leben geblieben waren, liefen alle hin. Wir konnten nicht sehen, ob Herr Lindley noch lebte, aber alle drei Kameraden – Donovan, Burke und Kennedy – sprangen auf und wollten ihm zu Hilfe eilen und ihn vor den Molchen schützen. Ich wollte mit, aber ich hatte mir den Knöchel verrenkt. Und da setzte ich mich auf die Erde und zog mit beiden

Händen am Fuß, um die Gelenke wieder zusammenzukriegen. Also was in der Zeit geschah, weiß ich nicht, aber als ich aufschaute, lag Kennedy mit dem Gesicht im Sand, und von Donovan und Burke war keine Spur mehr zu sehen. Nur unter dem Wasser war ein toller Wirbel.«

Der Schiffsjunge Kelly floh dann tiefer in das Innere der Insel, bis er ein Eingeborenendorf fand, aber die Einwohner benahmen sich sonderbar und wollten ihm keine Unterkunft gewähren. Vielleicht hatten sie Angst vor den Molchen. Erst nach sieben Wochen fand ein Fischerboot die völlig ausgeraubte und verlassene, bei den Kokosinseln verankerte Montrose und rettete auch Kelly.

Einige Wochen später ging das Kanonenboot Seiner Britischen Majestät Fireball bei den Kokosinseln vor Anker und wartete die Nacht ab. Wieder war die Welt in silbernen Vollmondschein getaucht. Die Molche kamen aus dem Meer, setzten sich auf dem sandigen Strand in einen weiten Kreis und hoben feierlich zu tanzen an. Da schoß das Schiff Seiner Majestät das erste Schrapnell ab, mitten in die tanzende Menge. Die Molche, soweit sie nicht in Stücke zerrissen wurden, erstarrten für einen Augenblick und rannten zum Wasser. In diesem Augenblick erdröhnte eine furchtbare Salve aus sechs Geschützen. Nur einige schwer verletzte Salamander konnten sich noch bis zum Meer schleppen. Dann krachte eine zweite und eine dritte Salve.

Darauf zog sich das Schiff Seiner Majestät Fireball eine halbe Meile zurück und feuerte, langsam die Küste entlang fahrend, ins Wasser. Sechs Stunden lang. Es wurden ungefähr achthundert Schüsse abgegeben. Sodann fuhr das Schiff Fireball ab. Noch zwei Tage später war die Oberfläche des Meeres bei den Keelinginseln mit Tausenden und aber Tausenden von zerrissenen Molchen bedeckt.

In derselben Nacht feuerte das holländische Schlachtschiff Van Dijk drei Schüsse in eine Versammlung von Molchen auf der Insel Goenong Api ab, schoß der japanische Kreuzer Hakodate drei Granaten auf die Molchinsel Ailinglaplap, zersprengte das französische Kanonenboot Bechamel mit drei Schüssen den Molchtanz auf der Insel Rawaiwai. Es war eine Warnung für die Molche. Und nicht vergebens. Ein solcher Fall (er wurde das Keeling killing genannt) wiederholte sich nirgends mehr, und sowohl der normale als auch der illegale Molchhandel konnte unbehindert und gesegnet weiterblühen.

2 Der Zusammenstoß in der Normandie

Andrer Art war der Zusammenstoß in der Normandie, zu dem es einige Zeit später kam. Dort fanden die Molche, die größtenteils in Cherbourg arbeiteten und die Küste der Umgebung bewohnten, besonderen Geschmack an Äpfeln, aber da ihre Arbeitgeber ihnen neben der üblichen Molchbeköstigung keine Äpfel liefern wollten (die Baukosten würden dadurch über den festgesetzten Voranschlag hinaus erhöht), unternahmen die Molche Raubzüge in die nahen Obstgärten. Die Bauern beschwerten sich bei der Präfektur, und den Molchen wurde strengstens verboten, sich außerhalb des sogenannten Molchgürtels an der Küste herumzutreiben, aber vergebens. Das Obst in den Gärten verschwand weiter, angeblich verschwanden auch Eier aus den Körben, und immer mehr Wachhunde wurden jeden Morgen tot aufgefunden. Da bewachten die Bauern, mit alten Gewehren bewaffnet, ihre Gärten selbst und erschossen alle wildernden Molche. Es wäre wohl eine rein lokale Angelegenheit geblieben, aber die normannischen Bauern, unter anderm auch darüber empört, daß das Schießpulver verteuert und die Steuern erhöht worden waren, wurden von tödlichem Haß auf die Molche ergriffen und unternahmen in ganzen bewaffneten Trupps Streifzüge zu ihrer Vernichtung. Als sie die Molche massenweise auch an ihren Arbeitsstätten abschossen, beschwerten sich die Unternehmer von Wasserbauten ihrerseits beim Präfekten, und der Präfekt ordnete die Beschlagnahme der alten verrosteten Flinten der Bauern an. Dagegen lehnten sich die Bauern begreiflicherweise auf, und es kam zu unliebsamen Konflikten mit der Gendarmerie. Die hartköpfigen Normannen erschossen nun außer Molchen auch Gendarmen. In der Normandie wurden Gendarmerieverstärkungen zusammengezogen, die in den Dörfern Haus für Haus durchsuchten.

Gerade zu jener Zeit ereignete sich eine äußerst peinliche Sache: In der Umgebung von Coutance fielen Dorfjungen einen Molch an, der sich nach ihrer Aussage den Hühnerställen verdächtig genähert hatte. Er stand mit dem Rücken an die Wand einer Scheune gepreßt, sie umringten ihn und begannen ihn mit Ziegeln zu steinigen. Da breitete der verwundete Salamander die Arme aus und warf einen eiförmigen Gegenstand auf den Boden. Es erfolgte eine Explosion, durch die nicht nur der Molch in Stücke gerissen wurde, sondern auch drei der Jungen: der elfjährige Pierre Cajus, der sechzehnjährige Marcel Bérard und der fünfzehnjährige Louis Kermadec. Außerdem wurden fünf Kinder mehr oder weniger schwer verletzt. Die Nachricht verbreitete sich mit Windeseile in der ganzen Gegend. Ungefähr siebenhundert Menschen kamen von weit und breit in Autobussen und überfielen mit Gewehren, Heugabeln und Dreschflegeln die Molchsiedlung in der Bucht von Basse Coutance. Etwa zwanzig Molche wurden getötet, bevor es den Gendarmen gelang, die tobende Menge zurückzudrängen. Zu Hilfe gerufene Sappeure von Cherbourg errichteten um die Bucht von Basse Coutance einen Wall aus Stacheldraht. Aber in der Nacht kamen die Salamander aus dem Meer und zerrissen die Drahthindernisse mit Handgranaten; sie schickten sich offenbar an, ins Inland vorzudringen. Militärautos schafften in aller Eile mehrere Kompanien Infanterie mit Maschinengewehren zur Stelle, und eine Kette von Soldaten bemühte sich, die Molche von den Menschen abzuschneiden. Die Bauern fielen inzwischen über das Steueramt und die Gendarmeriestation her, ein mißliebiger Steuerexekutor wurde an einem Laternenpfahl aufgehängt mit einer Tafel um den Hals:

Die Zeitungen, insbesondere die deutschen, schrieben von einer Revolution in der Normandie, aber die Pariser Regierung schritt mit einem energischen Dementi ein.

Während die blutigen Zusammenstöße zwischen Bauern und Molchen immer weiter, auf die Küste von Calvados, der Picardie und des Pas le Calais übersprangen, fuhr von Cherbourg der alte französische Kreuzer Jules Flambeau mit Kurs zur Westküste der Normandie aus. Es handelte sich, wie später versichert wurde, lediglich darum, durch seine Gegenwart beruhigend sowohl auf die Bevölkerung als auch auf die Molche zu wirken. Der Jules Flambeau ging eine halbe Meile von der Bucht von Basse Coutance vor Anker; als die Nacht anbrach, ordnete der Kommandant des Schiffes an, zur Erhöhung des Eindrucks farbige Raketen aufsteigen zu lassen. Viele Menschen an der Küste sahen dem schönen Schauspiel zu. Plötzlich vernahmen sie ein Zischen und Grollen, und beim Bug des Kreuzers stieg eine riesige Wassersäule empor. Das Schiff neigte sich zur Seite, es erdröhnte eine gewaltige Detonation. Der Kreuzer sank offensichtlich. Innerhalb einer Viertelstunde eilten Motorboote aus allen umliegenden Häfen herbei, doch war ihre Hilfe nicht nötig. Außer drei Mann, die durch die Explosion ums Leben gekommen waren, hatte sich die ganze Besatzung retten können. Fünf Minuten, nachdem der Kommandant mit den denkwürdigen Worten: »Nichts zu machen«, als letzter das Deck verlassen hatte, ging der Jules Flambeau unter.

Der noch in der gleichen Nacht veröffentlichte amtliche Bericht besagte, »der alte Kreuzer Jules Flambeau, der übrigens in den nächsten Monaten aus der Flotte ausrangiert werden sollte, fuhr bei einer nächtlichen Fahrt auf ein Riff auf und ging infolge einer Kesselexplosion unter«, aber die Zeitungen ließen sich kein X für ein U vormachen. Während die halboffizielle Presse behauptete, das Schiff sei auf eine deutsche Mine neueren Ursprungs gelaufen, brachte die Oppositions- und Auslandspresse Überschriften in Riesenlettern:

Französischer Kreuzer von Molchen torpediert!

RÄTSELHAFTES EREIGNIS AN DER NORMANNISCHEN KÜSTE

AUFRUHR DER MOLCHE!

»Wir ziehen diejenigen zur Verantwortung«, schrieb der Abgeordnete Barthelémy leidenschaftlich in seinem Blatt, **»die Tiere gegen Menschen bewaffnet haben; diejenigen, die den Molchen Bomben in die Faust gegeben haben, um damit französische Bauern und unschuldige, spielende Kinder zu töten; diejenigen, die die modernsten Torpedos Seeungeheuern zur Verfügung gestellt und ihnen so die Möglichkeit gegeben haben, jederzeit die französische Flotte zu versenken. Ich sage, wir ziehen sie zur Verantwortung: des Mordes sollen sie angeklagt, wegen Hochverrats vor ein Kriegsgericht gestellt werden, man untersuche einmal, wieviel sie von den Waffenlieferanten dafür bekommen, daß sie die Seekanaillen mit Waffen gegen eine zivilisierte Flotte versorgen!«** Und so weiter. Kurz, allgemeines Entsetzen verbreitete sich, das Volk rottete sich in den Straßen zusammen und baute Barrikaden. Auf den Pariser Boulevards standen Senegalschützen, die Gewehre in Pyramiden, in den Vorstädten warteten Tanks und Panzerautos. Und gerade in diesem Augenblick stand im Parlament der Marineminister, M. François Ponceau, auf, bleich, aber entschlossen, und erklärte: Die Regierung übernehme die Verantwortung dafür, daß sie die Molche der französischen Küste mit Unterwasserschußwaffen, unterseeischen Batterien und Torpedogeschützen versehen habe. Aber während die französischen Molche nur leichte Geschütze kleinen Kalibers besäßen, seien die deutschen Salamander mit unterseeischen 32-cm-Mörsern ausgerüstet; während an der französischen Küste ein unterseeisches Waffenlager mit Handgranaten, Torpedos und Sprengstoffen durchschnittlich auf je vierundzwanzig Kilometer entfalle, kämen an der italienischen Küste Tiefendepots für Kriegsmaterial auf jeden zwanzigsten, in den deutschen Gewässern auf jeden achtzehnten Kilometer. Frankreich könne und werde seine Küsten nicht ungeschützt lassen. Frankreich könne auf die Bewaffnung seiner Molche nicht verzichten. Der Minister lasse schon jetzt aufs strengste untersuchen, wer an dem schicksalschweren Mißverständnis an der normannischen Küste schuld sei; die Molche scheinen die farbigen Raketen für ein Signal zu militärischem Einschreiten gehalten zu haben und wollten sich offenbar verteidigen. Vorläufig seien sowohl der Kommandant des Schiffes Jules Flambeau als auch der Präfekt von Cherbourg ihres Amtes enthoben; eine besondere Kommission werde feststellen, wie die Unternehmer von Wasserbauten mit den Molchen umgehen; für die Zukunft werde in dieser Hinsicht strenge Aufsicht angeordnet. Die Regierung bedaure den Verlust an Menschenleben aufs tiefste; die jungen Nationalhelden Pierre Cajus, Marcel Bérard und Louis Kermadec würden dekoriert und auf Staatskosten begraben werden, ihre Eltern eine Ehrenpension erhalten. In der obersten Leitung der französischen Flotte werde es zu wesentlichen Änderungen kommen. Die Regierung wolle dem Parlament die Vertrauensfrage vorlegen, sobald sie in der Lage sei, Näheres zu berichten. Hierauf erklärte sich das Kabinett in Permanenz.

Inzwischen beantragten die Zeitungen – je nach ihrer politischen Färbung – eine Straf-, Ausrottungs-, Kolonisationsexpedition oder einen Kreuzzug gegen die Molche, Generalstreik, Demission der Regierung, Verhaftung der Molchunternehmer, Verhaftung der kommunistischen Führer und Agitatoren und viele ähnliche Schutzmaßnahmen. Infolge von Gerüchten über eine eventuelle Absperrung der Küsten und Häfen begannen sich die Menschen fieberhaft mit Lebensmitteln zu versorgen, die Preise sämtlicher Waren stiegen in schwindelerregendem Tempo. In den Industriestädten brachen Teuerungstumulte aus. Die Börse wurde für drei Tage geschlossen. Kurz, es war die angespannteste und drohendste Situation der letzten drei oder vier Monate. In diesem Augenblick griff der Ackerbauminister, M. Monti, geschickt in die Sache ein. Er verfügte einfach, daß an der französischen Küste zweimal wöchentlich für die Molche soundso viel hundert Waggons Äpfel ins Meer zu schütten seien, natürlich auf Staatskosten. Diese Maßnahme befriedigte die Molche außerordentlich und beruhigte die Obstbauern der Normandie und anderwärts. Aber M. Monti ging noch weiter; da in den Weingegenden, die an Absatzmangel litten, schon lange eine tiefe und bedenkliche Unruhe im Volke gärte und der Regierung zu schaffen machte, ordnete er an, die Molche von Staats wegen zu unterstützen, indem jeder Salamander täglich einen Liter Weißwein zu erhalten habe. Die Molche wußten sich anfangs mit dem Wein, der ihnen starken Durchfall verursachte, keinen Rat, und sie gossen ihn einfach ins Meer. Aber im Laufe der

Zeit gewöhnten sie sich offenbar daran, und es wurde beobachtet, daß sich die französischen Molche seitdem eifriger paarten, wenn auch mit geringerer Fruchtbarkeit als früher. So waren mit einem Schlag die Agrarfrage und die Molchaffaire gelöst, die bedrohliche Spannung behoben, und als kurz darauf eine neue Regierungskrise wegen des Finanzskandals der Mme Töppler ausbrach, wurde der geschickte und bewährte M. Monti in dem neuen Kabinett Marineminister.

3 Der Zwischenfall im Ärmelkanal

Kurz darauf fuhr der belgische Passagierdampfer Oudenbourgh von Ostende nach Ramsgate. Als er sich in der Mitte der Meerenge von Calais befand, beobachtete der diensthabende Offizier, daß eine halbe Meile südlich vom normalen Kurs »etwas im Wasser vorging«; da er nicht erkennen konnte, ob es sich um Ertrinkende handle, befahl er Kurs auf die heftig bewegte Stelle. Nahezu zweihundert Passagiere beobachteten von der Windseite des Schiffes das sonderbare Schauspiel. Da und dort spritzte Wasser in einem senkrechten Strahl empor, da und dort schnellte etwas wie ein schwarzer Körper aus den Wellen hervor; in einem Umkreis von dreihundert Metern wallte und siedete die Meeresoberfläche in wildem Toben, und aus der Tiefe drang heftiges Geknatter und Getöse. »Es schien, als wäre unter dem Wasser ein kleiner Vulkan tätig.« Als sich die Oudenbourgh langsam näherte, stieg etwa zehn Meter vor dem Bug eine ungeheure Welle steil empor, und eine furchtbare Detonation erdröhnte. Das ganze Schiff hob sich mit einem Ruck, und über das Deck ergoß sich ein Regen fast kochenden Wassers. Zugleich klatschte auf dem Bug ein starker, schwarzer Leib auf, der sich jämmerlich krümmte und durchdringend kreischte. Es war ein verbrühter Molch mit gebrochenem Rückgrat. Der kommandierende Offizier ließ sofort Rückdampf geben, um nicht mitten in das Zentrum dieser brodelnden Hölle zu geraten. Doch unterdessen kam es zu Explosionen auf allen Seiten, und die Meeresoberfläche war mit Stücken zerrissener Molche übersät. Endlich gelang es, das Schiff zu wenden, und die Oudenbourgh floh unter Volldampf nach Norden. Da krachte eine entsetzliche Detonation ungefähr sechshundert Meter hinter ihrem Heck, und aus dem Meer erhob sich eine etwa hundert Meter hohe Dampf- und Wassersäule. Die Oudenbourgh nahm Kurs auf Harwich und sandte nach allen Seiten drahtlose Warnungen aus:

achtung + + + achtung + + + achtung + + + auf der linie ostende-ramsgate grosse gefahr unterseeischer explosionen + + + ursache unbekannt + + + raten allen schiffen auszuweichen

Unterdessen dauerte das Dröhnen und Krachen an, fast als fänden unterseeische Manöver statt, doch war wegen des aufspritzenden Wassers und Dampfes nichts zu sehen. Inzwischen waren von Dover und Calais unter Volldampf Torpedoboote und Zerstörer abgefahren, und ganze Flottillen von Militärflugzeugen eilten zur Unglücksstelle. Bei ihrer Ankunft fanden sie nur noch eine von gelbem Schlamm getrübte, von toten Fischen und zerrissenen Molchen bedeckte, glatte Fläche vor.

Im ersten Augenblick sprach man von Minenexplosionen im Kanal. Als aber auf beiden Seiten die Meerenge von Calais durch eine Militärkette abgesperrt wurde, und der englische Premierminister zum vierten Mal in der Weltgeschichte am Sonnabend sein Weekend unterbrach, um eilends nach London zurückzukehren, begann man zu munkeln, daß es sich um ein Ereignis von äußerst ernster internationaler Bedeutung handeln müsse. Die Zeitungen brachten die alarmierendsten Nachrichten. Erstaunlicherweise blieben sie diesmal weit hinter der Wirklichkeit zurück; niemand ahnte, daß Europa und damit die ganze Welt einige kritische Tage lang nur einen Schritt vom Aufflammen eines Krieges entfernt war. Erst als einige Jahre später das Mitglied des damaligen britischen Kabinetts, Sir Thomas Mulberry, in den Parlamentswahlen durchfiel und infolgedessen seine politischen Memoiren herausgab, konnte man lesen, was eigentlich geschehen war; aber da interessierte es niemanden mehr.

Die Sache verhielt sich, in aller Kürze, folgendermaßen: Sowohl Frankreich als auch England hatten jedes von seiner Seite aus unterseeische Molchfestungen in den Ärmelkanal hinauszubauen begonnen, um im Kriegsfall den ganzen Kanal sperren zu können. Später allerdings beschuldigten sich die beiden Mächte gegenseitig, die andere Seite hätte angefangen. Der Wahrheit dürfte entsprechen, daß beide Staaten die Befestigungsarbeiten gleichzeitig in Angriff nahmen, in der Befürchtung, der befreundete Nachbarstaat könnte dem anderen zuvorkommen. Kurz, unter der Oberfläche der Meerenge von Calais wuchsen einander zwei riesenhafte Betonfestungen entgegen, die mit schweren Geschützen, Torpedokanonen, ausgedehnten Minenfeldern, überhaupt allen modernsten Errungenschaften, zu denen es der menschliche Fortschritt in der Kriegskunst bis dahin gebracht hatte, ausgerüstet waren. Auf der englischen Seite war diese furchtbare Tiefenfestung mit zwei Divisionen schwerer Molche und ungefähr dreißigtausend Arbeitssalamandern besetzt, auf der französischen mit drei Divisionen erstklassiger Kampfmolche.

Es scheint, daß an dem kritischen Tag eine britische Molcharbeitskolonne in der Mitte des Kanals am Meeresboden auf französische

Salamander stieß und daß es zwischen ihnen zu einem Mißverständnis kam. Von französischer Seite wurde behauptet, ihre ruhig arbeitenden Molche seien von den britischen Salamandern überfallen worden, in der Absicht, sie zu vertreiben; britische bewaffnete Molche hätten versucht, einige französische Molche zu verschleppen, die sich natürlich zur Wehr setzten. Darauf hätten die britischen Militärsalamander die französischen Molcharbeiter mit Handgranaten und Minenwerfern attackiert, wodurch die französischen Molche genötigt gewesen wären, die gleichen Waffen anzuwenden. Die französische Regierung sehe sich gezwungen, von der Regierung Seiner Britischen Majestät volle Satisfaktion und die Räumung des strittigen unterseeischen Sektors, wie auch die Zusicherung zu fordern, daß sich ähnliche Vorfälle in Zukunft nicht wiederholen würden.

Dagegen brachte die britische Regierung in einer Sondernote der französischen Republik zur Kenntnis, französische militarisierte Molche seien auf die englische Hälfte des Kanals vorgedrungen und im Begriff gewesen, dort Minen zu legen, als britische Molche sie darauf aufmerksam machten, daß sie sich im britischen Arbeitsbereich befänden. Die französischen, bis an die Zähne bewaffneten Salamander hätten mit Werfen von Handgranaten geantwortet und mehrere britische Arbeitsmolche getötet. Die Regierung Seiner Majestät sehe sich zu ihrem Bedauern gezwungen, von der französischen Regierung volle Satisfaktion und die Garantie zu fordern, daß französische Militärmolche in Zukunft die englische Hälfte des Ärmelkanals nicht betreten würden.

Darauf verkündete die französische Regierung, sie könne weiterhin nicht dulden, daß ein Nachbarstaat in unmittelbarer Nähe der französischen Küste unterseeische Festungen baue. Was das Mißverständnis auf dem Boden des Kanals betreffe, schlage die Regierung der Republik vor, die strittige Angelegenheit im Sinne der Londoner Konvention dem Haager Schiedsgericht vorzulegen.

Die britische Regierung antwortete, sie sei weder in der Lage noch gewillt, die Sicherheit der britischen Küsten einem Entscheid von außen zu unterwerfen. Als angegriffener Staat fordere sie von neuem und mit allem Nachdruck eine Entschuldigung, Schadenersatz und eine Garantie für die Zukunft. Gleichzeitig fuhr die englische Mittelmeerflotte, die mit Volldampf vor Malta lag, in westlicher Richtung aus; die atlantische Flotte erhielt Befehl, sich bei Portsmouth und Yarmouth zu konzentrieren.

Die französische Regierung ordnete die Mobilisierung von fünf Marinejahrgängen an.

Keiner der beiden Staaten schien mehr zurücktreten zu können; denn schließlich lag klar auf der Hand, daß es um nichts Geringeres ging als um die Herrschaft über den ganzen Kanal. In diesem kritischen Augenblick stellte Sir Thomas Mulberry die überraschende Tatsache fest, daß auf englischer Seite eigentlich weder Arbeits- noch Militärmolche (wenigstens de jure) existierten, denn auf den Britischen Inseln gelte noch immer das einst unter Sir Samuel Mandeville erlassene Verbot, nach dem nicht ein einziger Salamander an der Küste oder in den Hoheitsgewässern der Britischen Inseln beschäftigt werden dürfe. Demzufolge könne die britische Regierung offiziell nicht annehmen, daß französische Molche englische Molche überfallen hätten, und die ganze Angelegenheit schrumpfte schließlich zu der Frage zusammen, ob die französischen Salamander absichtlich oder irrtümlich den Grund der britischen Hoheitsgewässer betreten hätten. Die Ämter der Republik versprachen, der Sache nachzugehen, die englische Regierung machte nicht einmal den Vorschlag, diesen Streitfall dem Internationalen Gerichtshof im Haag vorzulegen. Darauf einigten sich die britische und die französische Admiralität dahin, daß zwischen den unterseeischen Befestigungen des Ärmelkanals eine neutrale Zone in der Breite von fünf Kilometern frei zu bleiben habe, was die Freundschaft zwischen den beiden Staaten in ungewöhnlichem Maße bestärkte.

4 Der Nordmolch

Nordmolch oder Edelmolch

Wenige Jahre nach der Ansiedlung der ersten Molchkolonien in der Nord- und Ostsee stellte der deutsche Forscher Dr. Hans Thüring fest, daß der Ostseemolch – offenbar unter dem Einfluß der Umwelt – einige abweichende Körpereigenschaften aufweise. Er sei zum Beispiel etwas heller, sein Gang aufrechter, und sein Schädelindex zeuge von einem längeren und schmaleren Schädel als der anderer Molche. Diese Variante erhielt den Namen Nordmolch oder Edelmolch (Andrias Scheuchzeri var. nobilis erecta Thüring).

Nun begann sich auch die deutsche Presse eifrig mit dem Ostseemolch zu befassen. Besonderes Gewicht wurde darauf gelegt, daß sich gerade unter dem Einfluß der deutschen Umwelt dieser Molch zu einem unterschiedlichen, rassisch höheren Typus entwickelt habe, der ohne Zweifel allen anderen Salamandern übergeordnet sei. Verächtlich schrieb man über den degenerierten, körperlich und sittlich verkümmerten Mittelmeermolch, über die unzivilisierten tropischen Molche und überhaupt die minderwertigen, barbarischen und tierischen Salamander anderer Nationen. »Vom Riesenmolch zum deutschen Übermolch«, lautete das geflügelte Wort der Zeit. Denn war nicht die Urheimat aller neuzeitlichen Molche auf deutschem Boden zu suchen? Stand nicht ihre Wiege bei Öningen, wo der deutsche Gelehrte Dr. Johannes Jakob Scheuchzer ihre prächtige Spur schon im Miozän gefunden hatte? Es bestehe also nicht der geringste Zweifel, daß der ursprüngliche Andrias Scheuchzeri vor geologischen Zeitaltern auf germanischem Boden geboren wurde. Wenn er sich später in andere Meere und Zonen zerstreute, habe er dies mit Entwicklungsabstieg und Degeneration bezahlt. Sowie er sich jedoch wieder auf dem Boden seiner Urheimat niedergelassen habe, werde er aufs neue, was er ursprünglich war: der edle, nordische Molch Scheuchzeri, hell, aufrecht, langschädlig. Und so könnten die Molche nur auf deutschem Boden zu jenem reinen und höchsten Typus zurückkehren, den der große Johannes Jakob Scheuchzer im Abdruck der Öninger Steinbrüche entdeckte. Deshalb brauche Deutschland neue und längere Küsten, brauche es Kolonien, brauche es die Weltmeere, damit sich allenthalben in deutschen Gewässern neue Generationen rassenreiner, ursprünglichster deutscher Salamander entwickeln könnten. »Wir brauchen neuen Lebensraum für unsere Molche«, schrieben die deutschen Zeitungen, und um diese Tatsache dem deutschen Volk ständig vor Augen zu führen, wurde in Berlin Johannes

Jakob Scheuchzer ein prächtiges Denkmal errichtet. Der große Doktor war mit einem Buch in der Hand dargestellt, zu seinen Füßen saß aufrecht ein nordischer Edelmolch, in die Ferne blickend, auf die unabsehbaren Küsten des Weltmeeres.

Bei der Enthüllung dieses nationalen Denkmals wurden natürlich feierliche Reden gehalten, die ungewöhnliches Aufsehen in der Weltpresse erregten. *Deutschland droht wieder,* konstatierten besonders englische Pressestimmen. Wir sind zwar einen solchen Ton schon gewöhnt, aber wenn bei einer so offiziellen Gelegenheit davon gesprochen wird, daß Deutschland innerhalb von drei Jahren fünftausend Kilometer neue Küste braucht, sehen wir uns genötigt, aufs deutlichste zu antworten: Gut, versucht es! An den britischen Küsten werdet ihr euch die Zähne ausbeißen. Wir sind vorbereitet, und in drei Jahren werden wir noch besser vorbereitet sein. England wird und muß so viele Kriegsschiffe besitzen, wie die beiden größten Kolonialmächte zusammengenommen. Dieses Kräfteverhältnis ist ein für allemal unumstößlich. Wollt ihr ein irrsinniges Wettrüsten in der Marineaufrüstung entfesseln, es sei! Kein Brite wird dulden, daß wir auch nur um den kleinsten Schritt zurückbleiben.

»Wir nehmen die deutsche Herausforderung an«, erklärte im Parlament der Erste Lord der Admiralität, Sir Francis Drake, im Namen der Regierung. »Wer die Hand nach irgendeinem der Weltmeere ausstreckt, stößt auf die Panzer unserer Schiffe. Großbritannien ist stark genug, um jeden Angriff auf die Bollwerke und Küsten seiner Dominien und Kolonien abzuwehren. Als einen solchen Angriff betrachten wir auch den Bau neuer Kontinente, Inseln, Festungen und Flugbasen in jedem Meer, das mit seinen Wellen den kleinsten Fußbreit britischer Küste umspült. Dies sei die letzte Warnung für jeden, der die Meeresküsten auch nur um einen Yard verschieben möchte.« Darauf bewilligte das Parlament den Bau neuer Kriegsschiffe mit einem Voranschlag von einer halben Milliarde Pfund Sterling. Es war eine wahrhaft imposante Antwort auf die Errichtung des herausfordernden Denkmals Johannes Jakob Scheuchzers in Berlin. Dieses Denkmal übrigens hatte nur zwanzigtausend Reichsmark gekostet.

Auf diese Kundgebungen antwortete der brillante, in der Regel vorzüglich informierte französische Publizist Marquis de Sade in folgendem Sinn: **»Der britische Lord der Admiralität hat erklärt, Großbritannien sei auf alle Eventualitäten vorbereitet. Gut. Ist jedoch dem** edlen Lord bekannt, daß Deutschland in seinen baltischen Molchen eine ständige und furchtbar ausgerüstete Armee besitzt, die heute fünf Millionen berufsmäßige Kampfsalamander zählt und sofort in einen Krieg zu Wasser oder an der Küste eingesetzt werden kann? Hierzu kommen noch etwa siebzehn Millionen Molche für den technischen und Etappendienst, bereit, jederzeit als Reserve- und Okkupationsarmee anzutreten. Heute ist der baltische Salamander der beste Soldat der Welt. Dank einer vorzüglichen psychologischen Lenkung sieht er im Krieg seine wahre und höchste Berufung. Er wird in jeden Kampf mit der Begeisterung des Fanatikers, mit der kühlen Folgerichtigkeit des Technikers und der grauenhaften Disziplin eben des preußischen Molches eintreten.

Ist dem britischen Lord der Admiralität des weiteren bekannt, daß Deutschland fieberhaft Transportschiffe baut, die ganze Brigaden von Kampfsalamandern auf einmal befördern können? Ist ihm bekannt, daß es Hunderte und Hunderte kleiner Unterseeboote mit einem Aktionsradius von drei- bis fünftausend Kilometern baut, deren Mannschaft ausschließlich baltische Molche bilden werden? Ist ihm bekannt, daß es in verschiedenen Teilen des Ozeans ungeheure unterseeische Treibstoffreservoire errichtet? Und nun fragen wir von neuem: Ist der britische Bürger sicher, daß sein großes Vaterland *wirklich* für alle Eventualitäten vorbereitet ist?

Es ist nicht schwer, sich vorzustellen«, fuhr der Marquis de Sade fort, »was mit unterseeischen Dicken Bertas, Minenwerfern und Torpedos ausgerüstete Molche im nächsten Krieg für die Küstenblockade bedeuten werden. Zum ersten Mal in der Weltgeschichte braucht niemand Albion seine stolze Insellage zu neiden. Aber wenn wir schon diese Fragen aufgeworfen haben: Ist der britischen Admiralität auch das bekannt, daß die baltischen Molche mit einem ansonsten friedliebenden Apparat ausgestattet sind, der sich pneumatischer Bohrer nennt, und daß dieses modernste Bohrgerät sich in einer Stunde bis zu einer Tiefe von zehn Metern in den besten schwedischen Granit eingräbt, in die englische Kreide aber bis zu einer Tiefe von fünfzig bis sechzig Metern? (Erwiesen durch Versuchsbohrungen, die eine deutsche technische Expedition in der Nacht vom 11., 12. und 13. vorigen Monats im geheimen an der englischen Küste zwischen Hythe und Folkstone, also vor der Nase der Festung von Dover, vornahm.) Wir empfehlen unseren Freunden jenseits des Kanals, sich selbst auszurechnen, in wieviel Wochen Kent oder Es-

sex unter der Meeresoberfläche durchbohrt und durchlöchert sein können wie ein Schweizer Käse. Bisher hat der britische Inselbewohner besorgt zum Himmel aufgeschaut, denn er meinte, einzig und allein von dort könne seinen blühenden Städten, seiner Bank von England oder seinen friedlichen, in ihrem Rahmen von ewig grünem Efeu so lauschigen Cottages Verderben drohen. Er möge von nun an lieber das Ohr an die Erde legen, auf der seine Kinder spielen. Wird er nicht heute oder morgen den unermüdlichen, furchtbaren Bohrer der Salamander knirschen und sich Schritt für Schritt tiefer in sein Land einfressen hören, um einen Weg für Ladungen bisher ungeahnter Sprengstoffe zu bahnen? Nicht mehr der Krieg in der Luft, der Krieg unter Wasser und unter der Erde sind das letzte Wort unserer Zeit. Wir haben selbstbewußte Worte von der Kapitänsbrücke des stolzen Albion vernommen. Ja, es ist noch immer ein mächtiges Schiff, das sich auf den Wellen wiegt und sie beherrscht. Aber einmal könnten sich doch diese Wellen über dem zertrümmert in die Meerestiefe sinkenden Schiffe schließen. Wäre es nicht besser, dieser Gefahr beizeiten die Stirn zu bieten? In drei Jahren wird es zu spät sein!«

Die Warnung des brillanten französischen Publizisten rief in England ungeheure Erregung hervor. Trotz aller Dementis hörte man in den verschiedensten Teilen Englands das unterirdische Knirschen der Molchbohrmaschinen. Deutsche amtliche Kreise allerdings dementierten und widerlegten den zitierten Artikel mit aller Entschiedenheit und erklärten, er sei von Anfang bis Ende wüste Hetze und feindliche Propaganda. Zugleich aber fanden in der Ostsee kombinierte Manöver der deutschen Flotte, Landstreitkräfte und Kampfsalamander statt. Im Verlauf dieser Manöver sprengten Mineurabteilungen der Molche in der Nähe von Rügenwalde vor den Augen der ausländischen Militärattachées ein Stück unterminierte Sanddüne im Ausmaß von sechs Quadratkilometern in die Luft. Es soll ein großartiges Schauspiel gewesen sein, als sich unter furchtbarem Getöse die Erde hob »wie eine geborstene Eisscholle« – und erst dann in eine riesige Wand von Rauch, Sand und Felsblöcken zerstob. Es wurde finster fast wie bei Nacht, und der emporgeschleuderte Sand senkte sich in einem Umkreis von beinahe hundert Kilometern herab, ja ging noch nach mehreren Tagen über Warschau als Sandregen nieder. In der Erdatmosphäre verblieben nach dieser grandiosen Explosion so viel frei schwebende, feinste Sand- und Staubteilchen, daß bis zum Ende des Jahres die Sonnenuntergänge in ganz Europa ungewöhnlich schön, blutrot und feurig waren wie nie zuvor.

Das Meer, das sich über das zerstobene Stück Küste ergoß, erhielt den Namen Scheuchzer-See und wurde zum Ziel unzähliger Schulausflüge und Exkursionen deutscher Kinder, die die berühmte Molchhymne sangen:

5 Wolf Meynert schreibt sein Werk

Wolf Meynert

Vielleicht waren es gerade jene großartigen, tragischen Sonnenuntergänge, die den einsiedlerischen Königsberger Philosophen Wolf Meynert zur Niederschrift seines Monumentalwerks

»Der Untergang der Menschheit«

inspirierten. Wir können ihn uns lebhaft vorstellen, wie er barhäuptig, im wallenden Mantel die Meeresküste entlangwandelt und hingerissen in diese Überschwemmung von Blut und Feuer starrt, unter der mehr als die Hälfte des Himmels erglüht. »Ja«, flüstert er verzückt, »ja, es ist an der Zeit, den Epilog zur Geschichte der Menschen zu schreiben.« Und das tat er.

Die Tragödie des Menschengeschlechtes geht zu Ende, begann Wolf Meynert. **Lassen wir uns nicht durch seinen fieberhaften Unternehmungsgeist und technischen Wohlstand irreführen, sie sind nur die hektische Röte eines bereits vom Tode gezeichneten Organismus. Noch nie hat die Menschheit eine so hohe Lebenskonjunktur durchlaufen wie heute, aber bringt mir einen einzigen Menschen, der glücklich, zeigt mir eine Klasse, die zufrieden wäre, oder ein Volk, das sich in seinem Dasein nicht bedroht fühlte. Inmitten aller Gaben der Zivilisation, inmitten des eines Krösus' würdigen Reichtums an geistigen und materiellen Gütern bemächtigt sich unser aller immer mehr ein unabweisbares Gefühl der Unsicherheit, der bangen Ahnung und des Mißbehagens.** Und Wolf Meynert analysierte unerbittlich den Geisteszustand der heutigen Welt, diese Mischung von Angst und Haß, Mißtrauen und Megalomanie, Zynismus und Kleinmütigkeit, mit einem Wort: Verzweiflung, schloß Wolf Meynert kurz. Die typischen Anzeichen des Endes. Moralische Agonie.

Die Frage lautet: Ist und war der Mensch überhaupt jemals des Glückes fähig? Der Mensch gewiß, wie jedes Lebewesen, die Menschheit keineswegs. Das ganze Unglück des Menschen liegt darin, daß er gezwungen war, zur Menschheit zu werden, oder daß er es zu spät wurde, als er schon unumstößlich in Völker, Rassen, Glauben, Stände und Klassen differenziert war, in Reiche und Arme, Gebildete und Ungebildete, Herrschende und Unterworfene. Treibt Pferde, Wölfe, Schafe und Katzen, Füchse und Rehe, Bären und Ziegen zu einer Herde zusammen; schließt sie in einen einzigen Pferch ein und zwingt sie, in diesem sinnlosen, Gesellschaftsordnung genannten Haufen zu leben und gemeinsame Lebensregeln einzuhalten; es wird eine unglückliche, unzufriedene, mit

sich selbst zerfallene Herde sein, in der sich nicht ein einziges Geschöpf Gottes zu Hause fühlen wird. Das ist so ziemlich ein genaues Bild der großen, hoffnungslos heterogenen Herde, die sich Menschheit nennt. Völker, Stände, Klassen können nicht dauernd zusammenleben, ohne einander bis zur Unerträglichkeit zu bedrängen und zu behindern. Sie können entweder für immer voneinander getrennt leben – was nur so lange möglich war, als die Welt groß genug für sie war – oder aber in Gegnerschaft, im Kampf auf Leben und Tod. Für ein biologisches menschliches Ganzes, wie es die Rasse, das Volk oder die Klasse bildet, gibt es nur einen Weg zu einer homogenen, ungestörten Seligkeit: für sich allein Platz zu schaffen, die andern auszurotten. Und das ist gerade das, was das Menschengeschlecht zur richtigen Zeit versäumt hat. Heute ist es zu spät. Wir haben uns schon durch zu viele Doktrinen und Verpflichtungen gebunden, durch die wir »die andern schützen«, anstatt uns ihrer zu entledigen. Wir haben uns einen Sittenkodex, Menschenrechte, Verträge, Gesetze, Gleichheit, Humanität und was nicht alles ausgedacht, die uns und auch »die andern« in einer gedachten höheren Einheit umfassen. Welch schicksalsschwerer Irrtum! Wir haben das Sittengesetz über das biologische Gesetz gestellt. Wir haben die große, naturgegebene Voraussetzung für jede Gemeinschaft verletzt: daß nur eine homogene Gesellschaft auch eine glückliche Gesellschaft sein kann. Und dieses erreichbare Wohl haben wir dem großen, aber unmöglichen Traum geopfert, eine *einzige* Menschheit und eine *einzige* Weltordnung aus allen Menschen, Völkern, Klassen und Lebensebenen zu schaffen. Es war eine großherzige Dummheit. Es war in seiner Art der einzige ehrenwerte Versuch des Menschen, über sich selbst hinauszuwachsen. Und für diesen seinen höchsten Idealismus zahlt nun das Menschengeschlecht durch seinen unaufhaltsamen Zerfall.

Der Prozeß, durch den der Mensch versucht, sich zur Menschheit zu organisieren, ist so alt wie die Zivilisation selbst, wie die ersten Gesetze, die erste Gemeinde; wenn es nach so vielen Jahrtausenden nur dazu gekommen ist, daß die Abgründe zwischen den Rassen, Völkern, Klassen und Weltanschauungen sich so scharf und bodenlos vertieft haben, wie wir es heute sehen, können wir die Augen nicht mehr davor verschließen, daß der unglückliche geschichtliche Versuch, aus allen Menschen auf diese oder jene Weise eine Menschheit zu bilden, definitiv und tragisch gescheitert ist. Schließlich und endlich beginnen wir ja, uns dessen schon selbst bewußt zu werden. Daher all die Versuche und Pläne, die

menschliche Gesellschaft anders zu einigen, indem radikal für *ein* Volk, *eine* Klasse, *einen* Glauben Platz geschaffen wird. Aber wer kann sagen, wie tief wir schon von der unheilbaren Seuche der Differenzierung infiziert sind? Früher oder später zerfällt jedes nur scheinbar homogene Ganze unweigerlich wieder in ein vielfältiges Gemenge verschiedener Interessen, Parteien, Stände und so weiter, die sich entweder gegenseitig vernichten werden oder durch Zusammenleben von neuem leiden müssen. Es gibt keinen Ausweg. Wir bewegen uns in einem ewigen Kreis. Aber die Entwicklung wird sich nicht ewig im Kreis drehen. Dafür hat die Natur selbst gesorgt, indem sie auf der Welt Raum für die Molche schuf.

Es ist kein Zufall, sinnierte Wolf Meynert, daß die Molche als Lebensfaktor erst zu einer Zeit auftreten, wo die chronische Krankheit der Menschheit, jenes schlecht verwachsenen, stets im Zerfall begriffenen Großorganismus, in Agonie übergeht. Bis auf unbedeutende Abweichungen stellen sich uns die Molche als ein einziges riesenhaftes, homogenes Ganzes dar; sie haben bisher keine sich tiefer unterscheidenden Stämme, Sprachen, Völker, Staaten, Glaubensbekenntnisse, Klassen oder Kasten gebildet; es gibt bei ihnen weder Herren noch Knechte, weder Freie noch Unfreie, weder Reiche noch Arme; es existieren wohl durch die Arbeitsteilung bedingte Unterschiede, aber an und für sich sind sie eine Masse gleicher Art, aus einem Guß, sozusagen vom gleichen Korn, in allen ihren Teilen gleich biologisch primitiv, gleich kärglich von der Natur ausgestattet, gleichermaßen unterjocht, auf gleich niedrigem Lebensniveau stehend. Der letzte Neger oder Eskimo lebt unter unvergleichlich besseren Lebensbedingungen, genießt unendlich reichere materielle und kulturelle Güter als diese Milliarden zivilisierter Molche. Und doch gibt es keinerlei Anzeichen dafür, daß die Molche darunter etwa leiden. Im Gegenteil. Sehen wir doch, daß sie im großen ganzen nichts von dem nötig haben, worin das metaphysische Grauen und die Lebensangst des Menschen Erleichterung und Trost sucht; sie kommen ohne Philosophie, ohne Leben nach dem Tode, ja auch ohne Kunst aus; sie wissen nicht, was Phantasie, Humor, Mystik, Spiel oder Traum ist; sie sind absolute Realisten des Lebens. Sie stehen uns Menschen ebenso fern wie die Ameisen oder die Heringe; sie unterscheiden sich von diesen nur dadurch, daß sie sich auf ein anderes Lebensmilieu eingestellt haben, nämlich auf die menschliche Zivilisation, in der sie sich genauso festgesetzt haben wie Hunde in menschlichen Behausun-

gen. Sie können ohne sie nicht mehr leben, deshalb aber hören sie nicht auf, das zu sein, was sie sind: eine sehr primitive, wenig differenzierte Tierart. Es genügt ihnen, zu leben und sich fortzupflanzen; sie können sogar glücklich sein, denn sie werden durch kein Gefühl der Ungleichheit untereinander gestört. Sie sind eben homogen. Deshalb können sie eines Tages, jawohl, *jeden beliebigen* kommenden Tag ohne Schwierigkeiten verwirklichen, was den Menschen nicht gelingen konnte: ihre einheitliche Gattung auf der ganzen Welt, ihre Weltgemeinschaft, mit einem Wort, das universale Molchtum. An jenem Tage endet die tausendjährige Agonie des Menschengeschlechtes. Auf unserem Planeten wird nicht Raum genug sein für zwei Tendenzen, die danach streben, die ganze Welt zu beherrschen. Eine muß zurücktreten. Wir wissen, welche es sein wird.

Heute leben auf der ganzen Erdkugel etwa zwanzig Milliarden zivilisierte Molche, das ist zehnmal soviel als die Gesamtheit der Menschen. Daraus geht mit biologischer Notwendigkeit und historischer Logik hervor, daß die Molche, da sie unterdrückt sind, sich befreien, da sie homogen sind, sich vereinigen werden; und daß sie, so zur größten Macht geworden, die die Welt je erlebt hat, die Regierung der Welt übernehmen *müssen.* Und glaubt ihr, sie sind solche Toren, den Menschen dann zu verschonen? Glaubt ihr, sie werden den historischen Fehler wiederholen, den er sich seit alters zuschulden kommen ließ, indem er die besiegten Völker und Klassen unterwarf, statt sie auszurotten? Indem er aus Eigensucht ewig neue Unterschiede zwischen den Menschen schuf, damit er dann aus Großmut und Idealismus versuchen konnte, sie wieder zu überbrücken? Nein, *diese* Sinnlosigkeit der Geschichte werden die Molche nicht begehen, rief Wolf Meynert, **schon deshalb nicht, weil ihnen mein Buch zur Warnung dienen wird! Sie werden die Erben aller menschlichen Zivilisation sein. Alles fällt ihnen in den Schoß, was wir getan, wonach wir gestrebt haben, um die Welt zu beherrschen, aber sie würden gegen sich selbst sein, wollten sie mit diesem Erbe auch uns übernehmen. Sie müssen sich die Menschen vom Halse schaffen, wenn sie ihre eigene Gleichartigkeit bewahren wollen. Sonst würden wir früher oder später unsere doppelt destruktive Neigung auf sie übertragen: Unterschiede zu schaffen und sie dann zu erdulden. Aber seien wir unbesorgt, heute wird kein Geschöpf, das die Geschichte des Menschen fortsetzt, die selbstmörderische Torheit der Menschheit wiederholen.**

Es besteht kein Zweifel, daß die Welt der Molche glücklicher sein

wird, als es die Welt der Menschen war. Sie wird einheitlich sein, homogen, vom gleichen Geist beherrscht. Molch wird sich von Molch weder durch Sprache, Ansichten, Glauben oder Lebensansprüche unterscheiden. Es wird unter ihnen weder kulturelle noch Klassenunterschiede geben, sondern nur Arbeitsteilung. Niemand wird Herr, niemand Sklave sein, denn alle werden nur dem Großen Molchganzen dienen, das Gott, Herrscher, Arbeitgeber und geistiger Führer sein wird. Es wird nur ein Volk und ein Lebensniveau geben. Und es wird eine bessere, eine vollkommenere Welt sein, als es die unsere war. Es wird die einzig mögliche »glückliche neue Welt« sein. Nun, machen wir ihr also Platz, etwas anderes kann die erlöschende Menschheit ja nicht mehr vollbringen, als ihr eigenes Ende zu beschleunigen – in tragischer Schönheit, solange es nicht auch dazu zu spät ist.

Wir geben hier die Ansichten Wolf Meynerts in einer soweit als möglich zugänglichen Form wieder. Wir sind uns bewußt, daß sie dadurch viel an der Wirksamkeit und Tiefe verlieren, durch die sie seinerzeit ganz Europa faszinierten, vor allem die Jugend, die mit Begeisterung den Glauben an den Verfall und das kommende Ende der Menschheit annahm. Die Reichsregierung verbot zwar die Lehre des Großen Pessimisten wegen gewisser politischer Folgen, und Wolf Meynert mußte in der Schweiz Zuflucht suchen, nichtsdestoweniger eignete sich die ganze gebildete Welt mit Befriedigung Meynerts Theorie vom Untergang der Menschheit an. Das Buch (sechshundertzweiunddreißig Seiten) kam in allen Sprachen der Welt heraus und wurde in vielen Millionen Exemplaren auch unter den Molchen verbreitet.

6 X warnt

Vielleicht war es eine der Folgen von Meynerts prophetischem Buche, daß die literarische und künstlerische Avantgarde in den Kulturzentren die Devise verkündete: Nach uns die Salamander! Die Zukunft gehört den Molchen! Die Molche, das ist die kulturelle Revolution. Wenn sie auch keine eigene Kunst haben, so sind sie wenigstens nicht mit den idiotischen Idealen, den vertrockneten Traditionen und dem ganzen abgedroschenen, langweiligen, schulmeisterlichen Gerümpel belastet, das sich Poesie, Musik, Architektur, Philosophie und überhaupt Kultur nannte – senile Wörter, bei denen sich uns der Magen umdreht. Um so besser, daß sie noch nicht dem Wiederkäuen der überlebten menschlichen Kunst verfallen sind. Wir schaffen ihnen eine neue. Wir Jungen bahnen dem künftigen Weltsalamandrismus den Weg: Wir wollen die ersten Molche sein, wir sind die Salamander von morgen! Und so wurde die junge Dichterbewegung der Salamandrianer geboren, so entstanden die Triton-(Dreiton)Musik und die pelagische Malerei, die sich an der Formenwelt der Medusen, Muscheln und Korallen inspirierte. Überdies wurde das Regulierungswerk der Molche als neue Quelle der Schönheit und Monumentalität entdeckt. Die Natur wächst uns schon zum Hals heraus, hieß es, gebt uns glatte Betonküsten statt der alten zerklüfteten Klippen. Die Romantik ist tot, das Festland der Zukunft wird von sauberen Geraden umrissen und in sphärische Dreiecke und Rhomben umgewandelt sein. Die alte geologische Welt muß durch eine neue geometrische ersetzt werden. Kurz, es gab wieder einmal etwas Neues, Künftiges, neue geistige Sensationen und neue Kulturmanifestationen. Diejenigen aber, die es verabsäumt hatten, beizeiten den Weg des kommenden Salamandrismus anzutreten, fühlten voll Bitterkeit, daß sie ihre Zeit verpaßt hatten, und rächten sich dafür, indem sie das reine Menschentum, die Rückkehr zum Menschen und zur Natur und andere reaktionäre Losungen verkündeten. In Wien wurde ein Konzert in Triton-Musik ausgepfiffen, im Pariser Salon der Unabhängigen zerschnitt ein unbekannter Täter ein pelagisches, »Capriccio en bleu« benanntes Bild; kurz, der Salamandrismus war in siegreichem, unaufhaltsamem Aufstieg begriffen.

Es fehlte natürlich nicht an rückschrittlichen Stimmen, die gegen die »Molchmanie«, wie man es nannte, auftraten. Am weitesten in den Grundsätzen dieser Richtung ging ein anonymes englisches Pamphlet, das unter dem Titel

X warnt

erschien. Diese Broschüre erreichte eine beachtliche Verbreitung, doch wurde die Identität ihres Urhebers nie enthüllt. Vielfach vermutete man, sie stamme von einem hohen kirchlichen Würdenträger, denn, so folgerte man, die Engländer gebrauchten X als Abkürzung für Christus.

Im ersten Kapitel machte der Schreiber den Versuch einer Molchstatistik, entschuldigte sich jedoch wegen der Ungenauigkeit der angeführten Ziffern. So schwanke zur Zeit allein die Schätzung der Gesamtmenge der Molche zwischen dem Sieben- und Zwanzigfachen der Gesamtzahl aller Menschen der Welt. Ebenso ungenau seien unsere Kenntnisse über die Zahl der Fabriken, Erdölquellen, Algenplantagen, Aalfarmen, den Umfang der ausgenutzten Wasserkraft und anderer natürlicher Energiequellen, die die Molche im Meere besäßen. Wir hätten nicht einmal annähernde Daten über die Produktionskapazität der Molchindustrie. Am allerwenigsten sei uns aber bekannt, wie es mit der Bewaffnung der Molche stünde. Wir wüßten zwar, daß die Salamander in ihrem Bedarf an Metallen, Maschinenbestandteilen, Sprengstoffen und vielen Chemikalien auf die Menschen angewiesen seien, aber einerseits machten alle Staaten ein Geheimnis daraus, wieviel Waffen und welche anderen Erzeugnisse sie ihren Molchen liefern, andererseits wüßten wir auffallend wenig darüber, was die Molche eigentlich in den Meerestiefen aus den Halbfabrikaten und Rohstoffen herstellen, die sie von den Menschen kaufen. Eines allein stehe fest: Die Salamander wünschen nicht, daß wir es wissen. In den letzten Jahren seien so viele auf den Meeresgrund hinabgelassene Taucher ertrunken oder erstickt, daß es nicht mehr einem bloßen Zufall zugeschrieben werden könne. Und das sei ein alarmierendes Zeichen, sowohl von der industriellen Seite als auch in militärischer Hinsicht.

»Man kann sich allerdings nur schwer vorstellen«, fuhr X fort, »welchen Gewinn die Molche von den Menschen hätten oder sich versprächen. Sie können nicht auf dem Trockenen leben, und wir können sie im großen und ganzen nicht daran hindern, unter Wasser zu tun, was sie wollen. Unsere Lebenssphäre ist von der ihren für ewige Zeiten streng geschieden. Es ist wohl richtig, daß wir gewisse Arbeitsleistungen von ihnen verlangen, aber dafür ernähren wir sie zum größten Teil und liefern ihnen Rohstoffe und Fabrikate, die sie ohne uns nicht besäßen, zum Beispiel Metalle. Doch wenn auch kein praktischer Grund zu einem Antagonismus zwischen uns und den Molchen vorhanden ist, besteht immerhin, ich möchte sagen, ein metaphysischer Gegensatz: Den Geschöpfen der Oberfläche stehen Geschöpfe der Tiefe (abyssal) gegenüber, Geschöpfen der Nacht die Geschöpfe des Tages, düsteren Wasserschlünden klare, trockene Erde. Die Grenze zwischen Wasser und Erde tritt schärfer zutage als früher: *unsere* Erde berührt *ihr* Wasser. Wir könnten für alle Zeiten in getrennten Bereichen leben und nur gewisse Dienste und Produkte austauschen, doch kann man sich nur schwer des beengenden Gefühles erwehren, daß es dabei nicht bleibt. Warum? Ich kann keine bestimmten Gründe dafür nennen, aber das Gefühl läßt mich nicht los, es ist so etwas wie ein bloßes Ahnen, daß sich einst die Gewässer selbst gegen die Erde wenden werden, um die Frage zu bereinigen: Wer wen?

Ich bekenne mich damit zu einer etwas irrationalen Angst«, spricht X weiter, »aber es wäre mir eine große Erleichterung, wenn die Molche mit irgendwelchen Forderungen an die Menschen heranträten. Dann könnte man mit ihnen wenigstens verhandeln, Konzessionen machen, Verträge, Kompromisse schließen. Aber ihr Schweigen ist furchtbar. Ihre unbegreifliche Zurückhaltung flößt mir Angst ein. Sie könnten zum Beispiel gewisse politische Vorteile verlangen; offen gesagt, die Gesetzgebung für Molche ist in allen Staaten ziemlich veraltet und so zivilisierter, zahlenmäßig so starker Geschöpfe längst nicht mehr würdig. Es wäre nur recht und billig, die Rechte wie auch die Pflichten der Molche in einer für sie vorteilhafteren Weise neu zu regeln; man könnte in einem gewissen Umfang sogar eine Autonomie für Salamander erwägen; es wäre nur gerecht, ihre Arbeitsbedingungen zu verbessern und ihre Arbeit angemessener zu entlohnen. In vieler Hinsicht wäre es also möglich, ihr Schicksal zu erleichtern, *wenn sie es nur verlangen würden*! Dann könnten wir ihnen einige Konzessionen zugestehen und sie durch Kompensationsvereinbarungen verpflichten; zumindest gewänne man für eine Reihe von Jahren Zeit. Aber die Molche verlangen nichts. Sie erhöhen nur ihre Leistungsfähigkeit und ihre Bestellungen. Heute müssen wir uns endlich ernstlich fragen, wo beides einmal haltmachen wird. Man pflegte einst von der gelben, der schwarzen, der roten Gefahr zu sprechen, aber da handelte es sich wenigstens um Menschen, und bei Menschen kön-

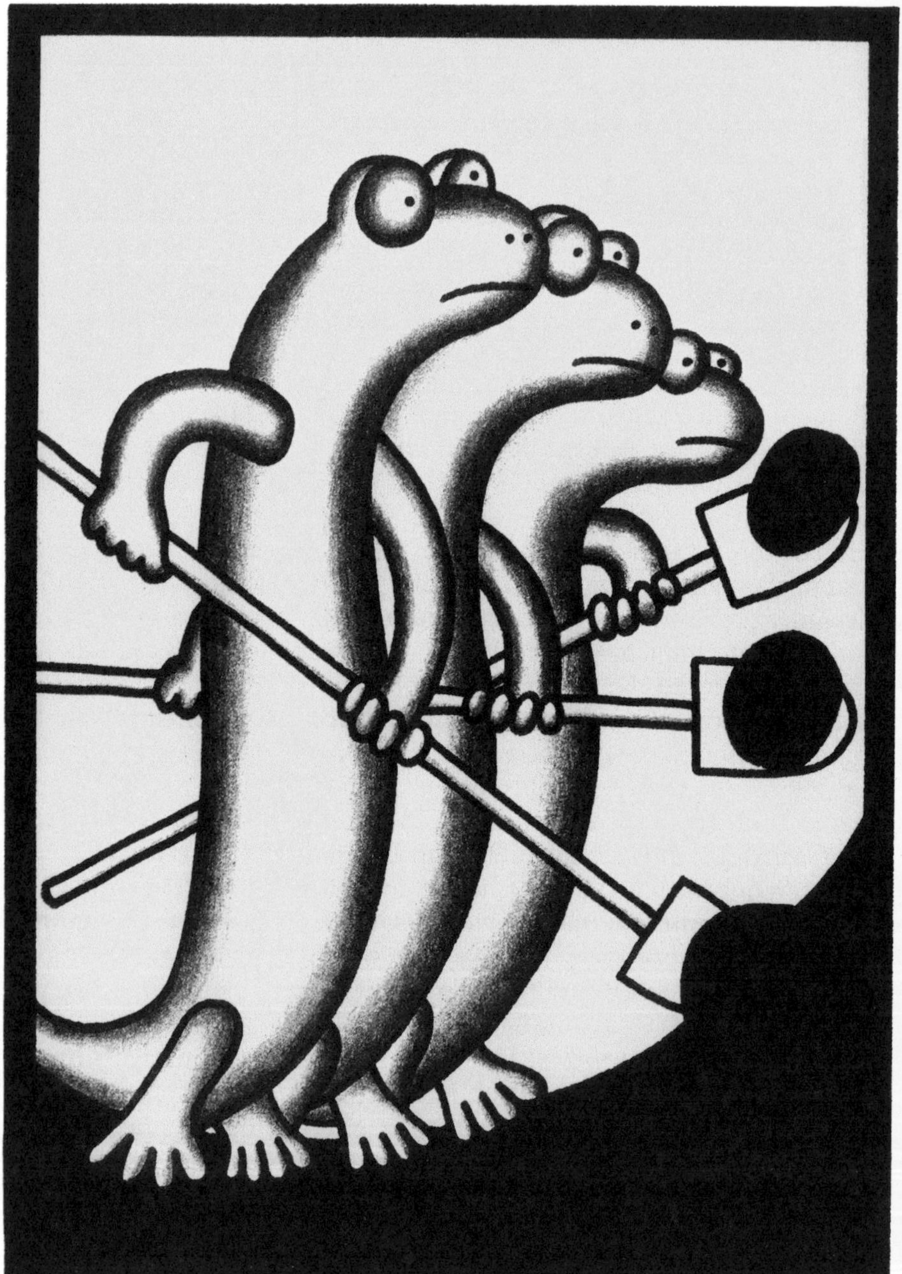

nen wir uns schlecht und recht einen Begriff machen, was ihnen vorschwebt. Doch wenn wir auch noch keine Ahnung haben, wie und wogegen eigentlich die Menschheit gezwungen sein wird, sich zu verteidigen, eines müssen wir uns immerhin klarmachen: Wenn auf der einen Seite die Molche stehen, steht auf der anderen Seite die *ganze* Menschheit.

Die Menschen gegen die Molche! Es ist an der Zeit, es endlich einmal so zu formulieren. Denn offen gesagt, ein normaler Mensch haßt die Salamander instinktiv; sie sind ihm widerwärtig, und er empfindet vor ihnen Furcht. Über die ganze Menschheit senkt es sich wie ein eiskalter Schatten des Grauens. Was ist diese frenetische Genußsucht anders, dieser nie gestillte Durst nach Vergnügen und Wollust, diese orgiastische Entfesselung, die sich der heutigen Menschheit bemächtigt haben? Einen derartigen Sittenverfall hat es nicht gegeben, seit die Barbaren über das Römische Reich hereinbrachen. Das sind nicht nur die Früchte eines noch nie dagewesenen materiellen Wohlstandes, das ist das verzweifelte Übertönen der Angst vor Zerrüttung und Untergang. Reicht mir den letzten Becher, bevor das Ende naht! Welch eine Schmach, welch ein Wahnsinn! Als ließe Gott in furchtbarer Barmherzigkeit Völker und Klassen verkommen, sich ins Verderben stürzen. Wollen wir das feurige Menetekel lesen, das über der Orgie der Menschheit geschrieben steht? Blickt nur auf die Lichtreklamen, die die ganze Nacht an den Mauern der der Ausschweifung und dem Laster verfallenen Städte leuchten! In dieser Hinsicht nähern wir Menschen uns wahrlich den Molchen: Wir leben mehr bei Nacht als bei Tag.

Wenn diese Salamander wenigstens nicht so schrecklich durchschnittlich wären«, stieß X etwas bedrückt hervor. »Ja, ja, sie sind leidlich gebildet, aber das macht sie noch beschränkter, denn sie haben sich von der menschlichen Zivilisation nur das angeeignet, was durchschnittlich und nutzbringend, mechanisch und nachahmbar ist. Sie stehen an der Seite der Menschheit wie der Famulus Wagner an der Seite Fausts. Sie lernen aus den gleichen Büchern wie der menschliche Faust, nur mit dem Unterschied, daß sie sich damit begnügen und an ihrem Herzen keine Skrupel und Zweifel nagen. Das furchtbarste dabei ist, daß sie diesen zweckbewußten, dümmlichen, süffisanten Typ zivilisierter Mediokrität ins Große vervielfacht haben, in Millionen, Milliarden sich gleichender Exemplare. Oder nein, das ist ein Irrtum: Das furchtbarste ist, daß sie so erfolgreich sind. Sie haben gelernt, Maschinen und Ziffern zu gebrauchen, und es hat sich herausgestellt, daß dieses genügt, um sie zu den Herren ihrer Welt zu machen. Sie haben von der menschlichen Zivilisation alles weggelassen, was an ihr unzweckmäßig, verspielt, phantastisch oder altertümlich war; damit aber haben sie weggelassen, was an ihr menschlich war, und nur die rein praktische und nützliche Seite übernommen. Und diese erbärmliche Karikatur menschlicher Zivilisation kommt mit Riesenschritten in der Welt vorwärts. Sie baut technische Wunder, renoviert unseren alten Planeten und fasziniert schließlich die Menschheit selbst. Von seinem Diener und Schüler lernt Faust das Geheimnis des Erfolgs und der Mittelmäßigkeit. Entweder wird die Menschheit mit den Molchen in einem historischen Konflikt auf Leben und Tod zusammenstoßen, oder sie wird unweigerlich versalamandern. Was mich betrifft«, schloß X. melancholisch, »ich gäbe dem ersteren den Vorzug.

Nun, X. warnt euch«, fuhr der unbekannte Schreiber fort. »Noch ist es möglich, den kalten, schlüpfrigen Ring, der uns alle umschließt, abzuschütteln. Wir müssen uns der Salamander entledigen. Es sind ihrer schon zu viele. Sie sind bewaffnet und können das Kriegsmaterial, über dessen Gesamtstärke wir so gut wie nichts wissen, gegen uns kehren. Aber eine schrecklichere Gefahr als in ihrer Zahl und Stärke liegt für uns Menschen in ihrer erfolgreichen, ja triumphalen Minderwertigkeit. Wir wissen nicht, was wir mehr fürchten sollen: ihre menschliche Zivilisation oder ihre heimtückische, kühle tierische Grausamkeit, aber beides zusammen ergibt etwas unvorstellbar Grauenhaftes, beinahe Teuflisches. Im Namen der Kultur, im Namen des Christentums und der Menschheit müssen wir uns von den Molchen befreien.« Und hier rief der anonyme Apostel:

IHR TOREN,
HÖRT ENDLICH AUF,
DIE MOLCHE ZU FÜTTERN!

Hört auf, sie zu beschäftigen, verzichtet auf ihre Dienste, gebt sie auf, laßt sie irgendwohin auswandern, wo sie sich selbst ernähren wie die

übrige Tierwelt des Wassers! Die Natur wird ihren Überschuß regeln. Nur laßt die Menschen, die menschliche Zivilisation, die menschliche Geschichte **NICHT WEITER FÜR DIE SALAMANDER ARBEITEN!**

Und **HÖRT AUF, DEN MOLCHEN WAFFEN ZU LIEFERN**, stellt die Metall- und Sprengstofflieferungen an sie ein, sendet ihnen keine Maschinen, keine menschlichen Fabrikate mehr! Ihr werdet dem Tiger doch keine Zähne, der Schlange kein Gift liefern, unter einem Vulkan kein Feuer machen, bei Hochwasser Dämme durchstoßen!? Verhängt ein Lieferverbot über alle Meere, stellt die Molche außerhalb des Gesetzes, laßt sie verflucht und aus unserer Welt ausgeschlossen sein.

Schließt eine Völkerliga gegen die Molche!

Die ganze Menschheit halte sich bereit, ihr Dasein mit der Waffe in der Hand zu verteidigen. Auf Veranlassung des Völkerbundes, des schwedischen Königs oder des römischen Papstes trete eine Weltkonferenz aller zivilisierten Staaten zusammen, um eine Weltunion oder zumindest einen Bund aller christlichen Völker gegen die Salamander zu schließen! Heute ist der schicksalhafte Augenblick, wo unter dem furchtbaren Druck der Molchgefahr und der menschlichen Verantwortlichkeit gelingen könnte, was der Weltkrieg mit all seinen maßlosen Opfern nicht erreicht hat: die Gründung der Vereinigten Staaten der Welt. Gebe es Gott! Wenn *das* gelänge, wären die Molche nicht umsonst gekommen, sie wären ein Werkzeug Gottes.«

Dieses pathetische Pamphlet rief ein lebhaftes Echo in der breitesten Öffentlichkeit hervor. Ältere Damen stimmten besonders damit überein, daß ein noch nie gekannter Sittenverfall eingetreten sei. Dagegen wiesen die Wirtschaftsrubriken der Zeitungen mit Recht darauf hin, daß man die Lieferungen an die Molche nicht einschränken könne, weil dadurch ein empfindliches Sinken der Produktion und eine schwere Krise in vielen Zweigen der menschlichen Industrie heraufbeschworen würde. Auch die Landwirtschaft rechne heute unbedingt mit dem Riesenabsatz an Mais, Kartoffeln und anderen Feldfrüchten für das Molchfutter. Eine Reduzierung des Salamanderbestandes hätte einen starken Preissturz auf dem Lebensmittelmarkt zur Folge, der die Landwirte an den Rand des Verderbens brächte. Die Arbeitergewerkschaften verdächtigten Herrn X. reaktionärer Gesinnung und erklärten, sie könnten es nicht zulassen, daß die Ausfuhr von irgendwelchen Waren für die Molche gebremst werde. Kaum hätten es die werktätigen Menschen zu voller Beschäftigung und Akkordprämien gebracht, wolle Herr X. ihnen das Brot aus der Hand reißen. Die Arbeiterschaft fühle sich mit den Molchen solidarisch und lehne jeden Versuch ab, deren Lebensniveau zu senken und sie verelendet und waffenlos den Kapitalisten auszuliefern. Eine Völkerliga gegen die Molche aber erklärten alle ernst zu nehmenden politischen Instanzen als überflüssig. Wir haben einerseits den Völkerbund, andererseits die Londoner Konvention, in welcher sich die Seestaaten verpflichten, ihre Salamander nicht mit schweren Waffen auszustatten. Es sei allerdings nicht leicht, eine solche Abrüstung von einem Staat zu verlangen, der keine Sicherheit habe, daß nicht eine andere Seemacht im geheimen ihre Molche aufrüste und so ihr Kriegspotential auf Kosten ihrer Nachbarn steigere. Ebenso könne kein Staat oder Kontinent seine Molche zwingen, auszuwandern, aus dem einfachen Grunde, weil dadurch auf unerwünschte Weise in anderen Staaten oder Kontinenten einesteils der Absatz der Landwirtschaft und Industrie, andernteils die Wehrkraft erhöht würde. Und noch viele ähnliche Einwände, die jeder vernünftige Mensch anerkennen mußte, wurden ins Treffen geführt.

Trotzdem blieb das Pamphlet *X. warnt* nicht ohne tiefe Wirkung. In fast allen Ländern verbreitete sich im Volk eine Antimolchbewegung. Es wurden Vereine zur Ausrottung der Molche, Antisalamandrianerklubs, Komitees zum Schutze der Menschheit und viele andere Organisationen dieser Art gegründet. Die Molchdelegierten in Genf wurden insultiert, als sie sich zur zwölfhundertdreizehnten Sitzung der Kommission zum Studium der Molchfrage begaben. Die Holzumzäunungen an den Küsten wurden mit Drohaufschriften bemalt, wie: »Tod den Molchen«, »Fort mit den Salamandern« und dergleichen. Viele Molche wurden gesteinigt. Kein Salamander wagte es mehr, bei Tag den Kopf aus dem Wasser zu stecken. Trotzdem kam es von *ihrer* Seite zu keinen Protestkundgebungen oder Vergeltungsaktionen. Sie waren einfach unsichtbar, zumindest bei Tag, und die Menschen, die über die Molchumzäunung schauten, sahen nichts als das unendliche, gleichgültig rauschende Meer. »Schaut euch diese Biester an«, sagten sie gehässig, »nicht einmal sehen lassen sie sich!«

Und in diese beängstigende Stille dröhnte das sogenannte

Erdbeben von Louisiana.

7 Das Erdbeben von Louisiana

An jenem Tage – es war der 11. November ein Uhr morgens – war in New Orléans ein heftiger Erdstoß fühlbar. Mehrere Häuser im Negerviertel stürzten ein, die Menschen rannten in panischem Schrecken auf die Straße, aber die Erscheinung wiederholte sich nicht. Nur ein in einem einzigen wilden Wirbel aufheulender kurzer Zyklon brauste durch die Stadt, zertrümmerte Fenster und fegte Dächer in den Negerstraßen hinweg. Ein paar Dutzend Menschen kamen ums Leben. Darauf ging ein heftiger Schlammregen nieder.

Während die Feuerwehr von Orléans in die am schlimmsten betroffenen Straßen ausfuhr, klapperten die Telegrafenapparate aus Morgan City, Plaquemine, Baton Rouge und Lafayette:

sos + + + sendet rettungskolonnen + + + sind von erdbeben und zyklon halb zerstoert + + + mississippi droht dammbruch + + + sendet sofort erdarbeiter + + + ambulanzen und alle arbeitsfaehigen maenner

Aus Fort Livingstone kam nur die lakonische Frage:

hallo + + + habt ihr auch so eine bescherung

Sodann traf eine Depesche aus Lafayette ein:

achtung + + + achtung + + + schlimmstbetroffen new iberia + + + vermutlich verbindung iberia morgan city unterbrochen + + + sendet hilfe

Gleich darauf telefonierte Morgan City: »Wir haben keine Verbindung mit New Iberia. Es scheint, daß sowohl die Bahn als auch die Straßen unterbrochen sind. Bitte schicken Sie Schiffe und Flugzeuge nach der Vermillion Bay! Hier bei uns wird nichts gebraucht. Wir haben ungefähr dreißig Tote und hundert Verwundete.« – Als nächstes ein Telegramm aus Baton Rouge:

haben nachricht + + + schlimmstbetroffen new iberia + + + helft vordringlich new iberia + + + hierher nur arbeiter + + + aber schnellstens + + + sonst dammbruch + + + tun unser moeglichstes

Darauf:

```
hallo + + + hallo + + + shreveport + + +
natchitoches + + + alexandria senden hilfszuege
nach new iberia + + + hallo + + + hallo + + +
memphis + + + winona + + + jackson senden zuege via
orleans + + + alle autos mit leuten unterwegs
richtung daemme baton rouge

hallo + + + hier pascagoula + + + haben mehrere
tote + + + braucht ihr hilfe
```

Inzwischen waren schon Feuerwehrwagen, Ambulanzen und Hilfszüge in der Richtung Morgan City – Patterson – Franklin unterwegs. Nach vier Uhr morgens traf der erste genauere Bericht ein: **Strecke Franklin – New Iberia sieben Kilometer westlich von Franklin durch Wasser zerstört. Offenbar ist infolge des Erdbebens dort ein tiefer, mit Vermillion Bay verbundener Spalt entstanden, in den das Meer eindrang und der, soweit vorläufig feststellbar, von Vermillion Bay in Richtung Ostnordost verläuft, bei Franklin nach Norden abbiegt, in den Grand Lake mündet, sich dann weiter nach Norden bis über die Linie Plaquemine – Lafayette erstreckt und im alten See endet. Zweiter Arm des Risses verbindet Grand Lake im Westen mit See von Napoleonville. Gesamtlänge der Senkung etwa achtzig, Breite zwei bis elf Kilometer. Hier offensichtlich Erdbebenzentrum. Betrachten als wunderbaren Zufall, daß größere Orte verschont blieben. Vermuten, Verluste an Menschenleben trotzdem beträchtlich. In Franklin Schlamm sechzig Zentimeter hoch, in Patterson fünfundvierzig Zentimeter. Leute aus Atchafalaya Bay berichten, bei Erdstoß sei das Meer etwa drei Kilometer zurückgewichen und habe darauf in dreißig Meter hoher Welle das Ufer überflutet. Befürchten, an Küste viele Menschenopfer zu beklagen. Mit New Iberia noch immer keine Verbindung.**

Inzwischen traf in New Iberia von Westen ein Zug der Hilfsexpedition von Natchitoches ein; die ersten auf dem Umwege über Lafayette und Baton Rouge gesandten Nachrichten waren katastrophal. Schon einige Kilometer vor New Iberia konnte der Zug nicht weiter, weil die Strecke gänzlich verschlammt war. Flüchtlinge erzählten, etwa zwei Kilometer östlich von der Stadt habe sich ein Schlammvulkan geöffnet und große Mengen dünnen, kalten Schlammes ausgespien, unter dem New Iberia völlig verschwunden sei. Weiteres Vordringen in der Finsternis und bei dem andauernden Regen äußerst schwierig. Mit New Iberia noch immer keine Verbindung.

Gleichzeitig traf ein Bericht aus Baton Rouge ein:

an mississippidaemmen arbeiten bereits einige tausend mann + + + wenn nur der regen aufhoerte + + + brauchen hacken schaufeln wagen leute + + + senden hilfe nach plaquemine die armen teufel hat es boes erwischt.

Depesche aus Fort Jackson

um halb zwei morgens spuelte meereswelle hier dreissig haeuser weg + + + wissen nicht was los war + + + ungefaehr siebzig menschen mitgerissen + + + habe erst jetzt apparat in ordnung gebracht + + + postamt hat auch etwas abbekommen + + + hallo + + + telegrafiert gleich was los war + + + telegrafist fred dalton + + + hallo + + + bestellt minnie lacoste dass mir nichts passiert ist + + + nur arm gebrochen und kleider fortgeschwemmt + + + hauptsache apparat wieder okay + + + fred

Aus Port Eads traf die kürzeste Nachricht ein:

haben tote + + + ganz burywood ins meer geschwemmt

Unterdessen – es war ungefähr acht Uhr morgens – kamen die ersten Flugzeuge zurück, die in das Katastrophengebiet ausgesandt worden waren. Die ganze Küste von Port Arthur (Texas) bis Mobile (Alabama) sei in der Nacht von einer Sturzwelle überschwemmt worden, überall sähe man zertrümmerte oder beschädigte Häuser. Das südöstliche Louisiana (von der Straße Lake Charles–Alexandria–Natchez an) und das südliche Mississippi (bis zur Linie Jackson–Hattiesburg–Pascagoula) liege unter Schlamm begraben. In der Vermillion Bay habe sich eine ungefähr drei bis zehn Kilometer breite Meeresbucht gebildet, die unter zahlreichen Windungen, wie ein langer Fjord ins Inland, fast bis Plaquemine vordringe. New Iberia scheine schwer beschädigt, aber man sähe schon viele Leute den

Schlamm fortschaufeln, unter dem Häuser und Straßen begraben liegen. Eine Landung wäre nicht möglich gewesen. Die schwersten Verluste an Menschenleben seien wohl an der Küste zu verzeichnen. Bei Point au Fer sei ein anscheinend mexikanischer Dampfer im Sinken. Bei den Chandeleur Islands bedeckten Trümmer das Meer. Der Regen lasse im ganzen Gebiet nach. Sicht gut.

Die ersten Sonderausgaben der Zeitungen von New Orléans erschienen schon nach vier Uhr morgens. Mit dem fortschreitenden Tag kamen weitere Ausgaben und immer mehr Einzelheiten dazu. Gegen acht Uhr brachten die Zeitungen bereits Photographien der betroffenen Gebiete und eine Karte der neuen Bucht. Um halb neun veröffentlichten sie ein Interview mit dem hervorragenden Seismologen der Memphiser Universität Dr. Wilburg R. Brownell über die Ursachen des Erdbebens in Louisiana. »Vorläufig können wir keine endgültigen Schlüsse ziehen«, erklärte der weltbekannte Wissenschaftler, »aber diese Erdstöße scheinen nicht mit der noch immer intensiven Tätigkeit der mittelmexikanischen vulkanischen Zone, die den betroffenen Gebieten direkt gegenüberliegt, zusammenzuhängen. Das heutige Erdbeben dürfte eher tektonischen Ursprungs sein, das heißt verursacht durch den Druck der Gebirgsmassen, von der einen Seite der Rocky Mountains und der Sierra Madre, von der andern der Appalachen, auf das ausgedehnte Senkungsgebiet des Golfs von Mexiko, dessen Fortsetzung das weite Tiefland am Unterlauf des Mississippi bildet. Der Spalt, der nun von der Vermillion Bay ausgeht, ist nur ein neuer, verhältnismäßig unbedeutender Bruch, eine Einzelepisode in dem geologischen Senkungsprozeß, durch den der Golf von Mexiko und das Karibische Meer mit seinem Kranz der Großen und Kleinen Antillen, diesem Rest einer einst zusammenhängenden Gebirgskette, entstanden ist. Zweifellos wird diese mittelamerikanische Bodensenkung weiter fortschreiten, mit weiteren Erdstößen, Brüchen und Spalten. Wir können nicht ausschließen, daß der Erdriß von Vermillion die bloße Ouvertüre zu einer Belebung des tektonischen Prozesses ist, dessen Mittelpunkt im Golf von Mexiko liegt. In diesem Falle können wir Zeugen gigantischer geologischer Katastrophen werden, die nahezu ein Fünftel der Vereinigten Staaten in Meeresboden verwandeln könnten. Sollte es dahin kommen, läßt sich hingegen mit einer gewissen Wahrscheinlichkeit erwarten, daß sich der Meeresboden in der Gegend der Antillen oder noch östlicher hebt, gerade an der Stelle, an der der alte Mythus die versunkene Atlantis vermutet.

Demgegenüber«, fuhr der Mann der Wissenschaft etwas beruhigender fort, »müsse man keine ernsten Befürchtungen hegen, daß es in der betreffenden Gegend zu einer vulkanischen Tätigkeit kommen könnte; die vermeintlichen, schlammspeienden Krater seien nichts anderes als Eruptionen von Schlammgasen in dem Erdriß von Vermillion. Es wäre durchaus kein Wunder, wenn in den Anschwemmungen des Mississippi ungeheure unterirdische Gasblasen vorkämen, die bei Berührung mit der Luft explodieren und Hunderttausende Tonnen Wasser und Schlamm mitreißen können. Allerdings«, wiederholte Dr. W. R. Brownell, »zu einer definitiven Erklärung wären erst weitere Erfahrungen nötig.«

Während die Brownellschen Aussichten auf geologische Katastrophen durch die Rotationsmaschinen der Zeitungen liefen, erhielt der Gouverneur des Staates Louisiana aus Fort Jackson ein Telegramm mit folgendem Wortlaut:

bedauern verluste an menschenleben + + + hatten absicht euren staedten auszuweichen jedoch nicht mit abprall und anprall des seewassers bei explosion gerechnet + + + stellten dreihundertsechsundvierzig menschenopfer an gesamter kueste fest + + + sprechen unser beileid aus + + + chief salamander + + + hallo + + + hier fred dalton + + + poststation fort jackson + + + eben sind drei molche vom postamt fortgegangen + + + haben vor zehn minuten telegramm aufgegeben + + + zielten auf mich mit pistolen aber sie sind schon weg + + + graessliche kerle + + + zahlten und liefen ins wasser + + + nur der hund des apothekers hat sie gejagt + + + sie haetten eben nicht in der stadt herumgehen sollen + + + sonst nichts neues + + + gruesse an minnie lacoste + + + es kuesst sie fred dalton telegrafist

Der Gouverneur des Staates Louisiana schüttelte über dieses Telegramm lange den Kopf. »Ein Witzbold, dieser Fred Dalton«, meinte er schließlich, »lieber nicht in die Zeitungen geben.«

8 Der Chief Salamander stellt Bedingungen

Drei Tage nach dem Erdbeben in Louisiana wurde eine neue geologische Katastrophe gemeldet, diesmal aus China. Unter einem gewaltigen, dröhnenden Erdstoß barst in der Provinz Kiangsu die Küste nördlich von Nanking, ungefähr in der Mitte zwischen der Mündung des Jangtse und dem alten Flußbett des Hwangho. In die Spalte drang das Meer ein und vereinigte sich mit den großen Seen Panjün und Hungtsu zwischen den Städten Hwaingan und Fugjang. Es scheint, daß infolge dieses Erdbebens der Jangtse unterhalb von Nanking sein Bett verläßt und seine Wasser in Richtung See Tai und weiter nach Hangtschou wälzt. Die Verluste an Menschenleben lassen sich vorläufig nicht einmal annähernd abschätzen. Hunderttausende von Menschen fliehen in die nördlichen und südlichen Provinzen. Japanische Kriegsschiffe haben Befehl erhalten, zu der betroffenen Küste auszufahren.

Obwohl die Erdstöße in Kiangsu in ihrem Ausmaße die Katastrophe von Louisiana weit übertrafen, wurde ihnen weniger Aufmerksamkeit gewidmet, denn an Katastrophen in China ist die Welt gewöhnt, auf eine Million Menschenleben kommt es dort nicht an. Überdies stand wissenschaftlich außer Zweifel, daß es sich um ein bloßes tektonisches Erdbeben handelte, das mit der tiefen Meeresfurche bei dem Riukiuarchipel und den Philippinen zusammenhing. Drei Tage später aber verzeichneten die europäischen Seismographen neue Erdstöße, deren Zentrum in der Nähe der Kapverdischen Inseln lag. Ausführlichere Berichte meldeten, daß ein schweres Erdbeben die Küste von Senegambien südlich von St. Louis heimgesucht habe. Zwischen den Orten Lampul und Mboro war eine tiefe Bodensenkung entstanden, die vom Meer überschwemmt wurde und sich gegen Merinaghen hin und über das Wadi-Dimar erstreckte. Augenzeugenberichten zufolge sei unter furchtbarem Getöse eine Feuer- und Dampfsäule aus der Erde emporgestiegen und habe im weiten Umkreis Sand und Gestein umhergeschleudert. Darauf hätte man das Tosen des Meeres vernommen, das in die offene Einbruchstelle stürzte. Die Verluste an Menschenleben seien unbedeutend.

Die Auswirkung dieses dritten Erdstoßes grenzte schon an Panik.

LEBT DIE VULKANISCHE TÄTIGKEIT DER ERDE WIEDER AUF?

fragten die Zeitungen.

Die Erdrinde birst,

meldeten die Abendblätter. Fachleute äußerten die Meinung, die »senegambische Bodensenkung« sei vielleicht nur durch die Eruption einer vulkanischen Ader verursacht worden, die mit dem Vulkan Pico auf der Insel Fogo im Kapverdischen Archipel zusammenhänge: Dieser Vulkan sei noch im Jahre 1847 tätig gewesen, seitdem habe er als erloschen gegolten. Das westafrikanische Erdbeben habe also mit den seismographischen Erscheinungen von Louisiana und Kiangsu, die offenbar tektonischen Ursprungs waren, nichts zu tun. Aber den Menschen schien es einerlei, ob die Erdkruste aus tektonischen oder vulkanischen Gründen barst; Tatsache ist, daß an jenem Tage alle Kirchen von betenden Menschenmengen überfüllt waren. In manchen Gegenden mußten die Gotteshäuser sogar in der Nacht geöffnet bleiben.

Gegen ein Uhr morgens (am 20. November) stellten Radioamateure in einem großen Teil Europas auf ihren Geräten starke Störungen fest, als ob eine neue, ungewöhnlich mächtige Sendestation arbeite. Sie fanden sie auf der Wellenlänge zweihundertdrei. Zuerst vernahm man ein Dröhnen, wie von Maschinen oder Meereswogen; mitten in dieses langgezogene, unendliche Rauschen erscholl plötzlich eine schreckliche, quäkende Stimme (alle Hörer beschrieben sie in gleicher Weise: hohl, knarrend, fast künstlich anmutend, noch dazu durch ein Megaphon maßlos verstärkt); und diese Froschstimme rief aufgeregt: **Hallo, hallo, hallo! Chief Salamander speaking! Hallo! Chief Salamander speaking! Stop all broadcasting, you men! Stop your broadcasting! Hallo, Chief Salamander speaking!** Dann fragte eine andere, seltsam hohle Stimme: **Ready? – Ready.** Darauf ein Knacken, als würde die Leitung umgeschaltet, und eine dritte, unnatürlich gedrosselte Stimme rief: **Attention! Attention! Attention! – Hallo! – Now!**

In der nächtlichen Stille meldete sich eine heisere, müde, doch befehlsgewohnte Stimme: **Hallo, ihr Menschen! Hier Louisiana! Hier Kiangsu! Hier Senegambien! Wir bedauern die Menschenleben. Wir wollen euch keine unnötigen Verluste zufügen. Wir wollen nur, daß ihr die Ufer des Meeres an den Stellen räumt, die wir euch vorher bezeichnen. Ihr vermeidet dadurch bedauernswerte Unfälle. In Zukunft geben**

wir euch mindestens vierzehn Tage zuvor bekannt, an welcher Stelle wir unser Meer erweitern werden. Bisher haben wir nur technische Versuche angestellt. Eure Sprengstoffe haben sich bewährt. Wir danken euch.

Hallo, ihr Menschen! Bewahrt Ruhe. Wir haben euch gegenüber keine feindlichen Absichten. Wir brauchen nur mehr Wasser, mehr Küsten, mehr Sandbänke, um zu leben. Wir sind zu viele. Es ist nicht mehr genug Platz für uns an euren Küsten. Deshalb müssen wir euer Festland abtragen. Wir werden lauter Buchten und Inseln daraus machen. Auf diese Weise läßt sich die Länge der Weltküsten verfünffachen. Wir werden neue Sandbänke bauen. In der Tiefsee können wir nicht leben. Wir brauchen euer Festland als Material zum Aufschütten der Tiefen. Gegen euch haben wir nichts, aber wir sind zu viele. Ihr könnt euch inzwischen ins Inland zurückziehen. Ihr könnt in den Bergen Zuflucht suchen. Die Berge reißen wir erst zuletzt nieder.

Ihr habt uns gewollt. Ihr habt uns über die ganze Welt verbreitet. Nun müßt ihr mit uns rechnen. Wir wollen mit euch im guten auskommen. Ihr werdet uns Stahl für unsere Bohrer und Spitzhacken liefern. Ihr werdet uns Sprengstoff liefern. Ihr werdet uns Torpedos liefern. Ihr werdet für uns arbeiten. Ohne euch könnten wir das alte Festland nicht abreißen. Hallo, ihr Menschen, der Chief Salamander bietet euch im Namen aller Molche der Welt Zusammenarbeit an. Ihr werdet mit uns am Abbau der Welt arbeiten. Wir danken euch.

Die müde, heisere Stimme schwieg, man vernahm nur ein langgezogenes Rauschen. Wie Maschinen oder das Meer. **Hallo, hallo, ihr Menschen,** meldete sich wieder die quäkende Stimme, **wir senden euch jetzt Unterhaltungsmusik von euren Schallplatten. Auf dem Programm steht der Marsch der Tritonen aus dem Ausstattungsfilm »Poseidon«.**

Die Zeitungen bezeichneten diese nächtliche Rundfunkansprache als »plumpen, groben Scherz« eines Schwarzsenders. Trotzdem warteten in der nächsten Nacht Millionen Menschen an ihren Radiogeräten auf jene schreckliche, beflissene, quäkende Stimme. Sie meldete sich pünktlich um ein Uhr, begleitet von einem breiten, klatschenden Rauschen. **Good evening, you people,** quäkte sie fröhlich. **Zunächst bringen wir euch auf Schallplatten den Salamander-Dance aus eurer Operette »Galathee«.** Als die schneidige, schamlose Musik verklungen war, erscholl wieder jenes schauerliche und doch vergnügte Gequäke. **Hallo, ihr Menschen! Soeben wurde das britische Kanonenboot**

Erebus, das unsere Sendestation im Atlantischen Ozean zerstören wollte, von einem Torpedo versenkt. Die Mannschaft ist ertrunken. Hallo, wir rufen die britische Regierung zum Lautsprecher. Das Schiff Amenhotep, Hafen Port Said, hat sich geweigert, uns in unserem Hafen Makallahu die bestellten Sprengstoffe auszuliefern. Es habe angeblich Befehl erhalten, weitere Sprengstofftransporte einzustellen. Das Schiff wurde natürlich versenkt. Wir raten der britischen Regierung, bis morgen mittag durch den Rundfunk diesen Befehl zu widerrufen, sonst versenken wir die Schiffe Winnipeg, Manitoba, Ontario und Quebec, die mit Getreide von Kanada nach Liverpool unterwegs sind. Hallo, wir rufen die französische Regierung zum Lautsprecher. Dirigieren Sie die Kreuzer um, die nach Senegambien unterwegs sind. Wir müssen die neugeschaffene Bucht erweitern. Der Chief Salamander hat mich beauftragt, beiden Regierungen seinen unerschütterlichen Willen kundzutun, mit ihnen die freundschaftlichsten Beziehungen anzuknüpfen. Schluß der Nachrichten. Wir senden jetzt auf Schallplatten euer Lied »Salamandria, valse érotique«.

Am nächsten Nachmittag wurden südwestlich von Mizen Head die Schiffe Winnipeg, Manitoba, Ontario und Quebec versenkt. Durch die Welt ging eine Welle des Grauens. Am Abend meldete B. B. C., Seine Majestät habe ein Verbot erlassen, den Molchen Nahrungsmittel, chemische Produkte, Werkzeuge, Waffen und Metalle jedweder Art zu liefern. Nachts, um ein Uhr, quäkte eine aufgeregte Stimme im Rundfunk: **Hallo, hallo, hallo! Chief Salamander speaking! Hallo, Chief Salamander is going to speak!** Und nun ertönte die müde, heisere, erzürnte Stimme: **Hallo, ihr Menschen! Hallo, ihr Menschen! Glaubt ihr, wir lassen uns aushungern? Laßt eure Dummheiten! Was ihr auch tut, es wendet sich gegen euch! Im Namen aller Molche der Welt rufe ich Großbritannien. Wir erklären von dieser Stunde an die unbeschränkte Blockade der Britischen Inseln außer dem Freistaat Irland. Ich schließe den Ärmelkanal. Ich schließe den Suezkanal. Ich schließe die Meerenge von Gibraltar für alle Schiffe. Alle britischen Häfen sind geschlossen. Alle britischen Schiffe auf jedwedem Meer werden torpediert. Hallo, ich rufe Deutschland. Ich erhöhe die Sprengstoffbestellung auf das Zehnfache. Liefern Sie sofort loco Hauptdepot Skagerrak. Hallo, ich rufe Frankreich. Liefern Sie die bestellten Torpedos beschleunigt in die Unterseeforts C 3, BFF und Ouest 5. Hallo, ihr Menschen! Ich warne euch. Wenn ihr die Lebensmittellieferungen**

an uns einschränkt, hole ich sie mir selbst von euren Schiffen. Ich warne euch nochmals. Die müde Stimme sank zu einem röchelnden, kaum verständlichen Schnarren herab. **Hallo, ich rufe Italien. Bereiten Sie sich zur Evakuierung des Gebietes Venedig—Padua—Udine vor. Menschen, ich warne euch zum letzten Mal. Ich habe genug von euren Dummheiten.** Es entstand eine lange Pause, in der es rauschte wie das kalte, schwarze Meer. Und dann wieder die vergnügt quäkende Stimme: **Und jetzt spielen wir euch auf euren Schallplatten den letzten Schlager, den »Triton-Trott«.**

9 Die Konferenz von Vaduz

Es war ein sonderbarer Krieg, wenn es überhaupt Krieg genannt werden kann, denn es gab weder einen Molchstaat noch eine anerkannte Molchregierung, deren Feindseligkeiten man hätte offiziell erwidern können. Der erste Staat, der sich mit den Salamandern im Kriegszustand befand, war Großbritannien. Schon in den ersten Stunden versenkten die Molche fast alle britischen Schiffe, die in Häfen vor Anker lagen. Dagegen war man machtlos. Nur die Schiffe auf offenem Meer waren für den Augenblick verhältnismäßig sicher, besonders solange sie über größeren Tiefen kreuzten. Dadurch rettete sich ein Teil der britischen Kriegsflotte, der die Molchblockade bei Malta durchbrach und sich über der Ionischen Meerestiefe konzentrierte. Aber auch diese Einheiten wurden bald von den kleinen Unterseebooten der Molche ermittelt und eine nach der andern versenkt. Innerhalb von sechs Wochen verlor Großbritannien vier Fünftel seiner gesamten Schiffstonnage.

John Bull konnte wieder einmal in der Geschichte seine berühmte Hartnäckigkeit beweisen. Die Regierung Seiner Majestät unterhandelte nicht mit den Molchen, sie widerrief auch das Lieferverbot nicht. »Ein britischer Gentleman«, erklärte der Premier im Namen des ganzen Volkes, »schützt wohl Tiere, aber er unterhandelt nicht mit ihnen.« Bereits nach einer Woche machte sich auf den Britischen Inseln ein verzweifelter Mangel an Lebensmitteln geltend. Nur Kinder bekamen ein Stückchen Brot und einige Löffel Tee oder Milch täglich. Das britische Volk ertrug sein Los mit beispielloser Tapferkeit, obwohl es so tief sank, daß es alle seine Rennpferde verzehrte. Der Prinz von Wales zog mit eigener Hand die erste Ackerfurche auf dem Golfplatz des Royal Golf Club, um dort Möhren für die Londoner Waisenhäuser anbauen zu lassen. Auf den Tennisplätzen von Wimbledon wurden Kartoffeln gepflanzt, auf der Rennbahn in Ascot Weizen gesät. »Wir bringen jedes, auch das schwerste Opfer«, versicherte der Führer der konservativen Partei im Parlament, »aber die britische Ehre halten wir hoch.«

Da die Blockade der britischen Küste vom Meere her vollkommen war, blieb England nur ein einziger freier Weg für die Versorgung und den Verkehr mit den Kolonien, der Luftweg. »Wir müssen hunderttausend Flugzeuge haben«, verkündete der Minister für Flugwesen, und was Arme und Beine hatte, stellte sich in den Dienst dieser Losung. Es wurden fieberhafte Vorbereitungen getroffen, um hundert Flugzeuge täglich zu erzeugen. Da aber schritten die Regierungen der übrigen europäischen Mächte mit scharfem Protest gegen eine solche Verletzung des Luftgleichgewichtes ein. Die britische Regierung mußte von ihrem Luftflottenprogramm Abstand nehmen und sich verpflichten, nicht mehr als zwanzigtausend Flugzeuge herzustellen, und auch das in einem Zeitraum von fünf Jahren. Es blieb also nichts übrig, als weiter zu hungern oder die horrenden Preise für Lebensmittel zu bezahlen, die durch die Flugzeuge andrer Staaten geliefert wurden. Ein Pfund Brot kostete zehn Schilling, ein paar Ratten eine Guinea, eine Büchse Kaviar fünfundzwanzig Pfund Sterling. Kurz, es waren goldene Zeiten für Handel, Industrie und Landwirtschaft auf dem Kontinent. Da die Kriegsflotte von Anfang an ausgeschaltet war, wurden militärische Operationen gegen die Molche nur vom Land und aus der Luft vorgenommen. Die Landarmee feuerte mit Geschützen und Maschinengewehren ins Wasser, ohne, wie es schien, den Salamandern nennenswerte Verluste zu verursachen. Etwas erfolgreicher waren die ins Meer abgeworfenen Fliegerbomben. Die Molche antworteten darauf mit Feuer aus unterseeischen Geschützen und verwandelten die britischen Häfen in Trümmerhaufen. Von der Themsemündung aus beschossen sie auch London. Damals machte die Armeeleitung den Versuch, die Salamander durch Bakterien, Petroleum und ätzende Stoffe, die in die Themse und einige Meeresbuchten geschüttet wurden, zu vergiften. Darauf vernebelten die Molche hundertzwanzig Kilometer englischer Küste mit einem Schleier von Kriegsgasen. Es war eine Probe. Sie genügte. Zum ersten Mal in der Geschichte war die britische Regierung gezwungen, andere Mächte um Einschreiten zu ersuchen (unter Berufung auf das Verbot des Giftgaskrieges).

Die Nacht darauf meldete sich im Rundfunk die heisere, zornige, schwere Stimme des Chief Salamander: »Hallo, ihr Menschen! England soll keine Dummheiten machen! Wenn ihr uns das Wasser vergiftet, vergiften wir euch die Luft. Wir verwenden nur eure eigenen Waffen. Wir sind keine Barbaren. Wir wollen nicht mit den Menschen Krieg führen. Wir wollen nichts, als daß man uns leben läßt. Wir bieten euch Frieden an. Ihr liefert uns eure Produkte und verkauft uns euer Festland. Wir sind bereit, es euch gut zu bezahlen. Wir bieten euch mehr als Frieden. Wir bieten euch ein Geschäft. Wir bieten euch Gold für eure Erde. Hallo, ich rufe die Regierung Großbritanniens! Nennen Sie mir Ihren Preis für den südlichen, am Wash gelegenen Teil von Lincolnshire. Ich gebe Ihnen drei Tage Bedenkzeit. Für diese Zeit stelle ich alle Feindseligkeiten ein, bis auf die Blokkade.«

Im gleichen Augenblick hörte das Dröhnen der unterseeischen Kanonade an der englischen Küste auf. Auch die Geschütze auf dem Land schwiegen. Es war ein seltsames, geradezu grauenerregendes Schweigen. Die britische Regierung erklärte im Parlament, sie beabsichtige nicht, mit den Molchen zu unterhandeln. Die Küstenbewohner am Wash und von Lynn Deep wurden gewarnt, daß offenbar ein Großangriff der Molche bevorstehe; es wäre empfehlenswert, die Küste zu räumen und sich ins Binnenland zurückzuziehen. Aber die bereitgestellten Züge, Autos und Autobusse beförderten nur Kinder und einige Frauen. Die Männer blieben ausnahmslos zurück. Es wollte ihnen nicht in den Kopf, daß ein Engländer seinen Boden verlieren könnte. Eine Minute nach Ablauf des dreitägigen Waffenstillstandes fiel der erste Schuß aus einem englischen Geschütz, den das Loyal North Lancashire Regiment abfeuerte; es spielte dazu den Regimentsmarsch »Die rote Rose«. Darauf erdröhnte eine ungeheure Detonation. Das Land an der Mündung des Flusses Nene versank bis nach Wisbech hinaus und wurde vom Meer aus dem Wash eingenommen. Unter anderm wurden in den Wellen auch die berühmte Ruine der Wisbech Abbey, Holland Castle, das Gasthaus »Zu Georg und dem Drachen« und andre Gedenkstätten begraben.

Am nächsten Tag teilte die britische Regierung auf eine Anfrage im Parlament mit: Militärisch sei alles zum Schutze der britischen Küste getan worden. Weitere und weitreichendere Angriffe auf britischen Boden seien nicht ausgeschlossen. Die Regierung Seiner Majestät könne jedoch unmöglich mit einem Feind verhandeln, der die Zivilbevölkerung, ja selbst Frauen nicht verschone. (Zustimmung.) Heute gehe es nicht mehr um das Geschick Englands, sondern um die ganze zivilisierte Welt. Großbritannien sei bereit, internationale Garantien zur Einschränkung dieses furchtbaren, barbarischen Angriffs, der eine Bedrohung der Menschheit selbst darstelle, in Erwägung zu ziehen.

Einige Wochen später trat in Vaduz die Weltkonferenz der Staaten zusammen.

Sie fand in Vaduz statt, weil in den Hochalpen keine Molchgefahr bestand und weil schon früher ein Großteil der wohlhabenden Kreise und Persönlichkeiten von gesellschaftlichem Rang aus den am Meer gelegenen Staaten dort Zuflucht gesucht hatte. Die Konferenz schritt, wie allgemein zugegeben wurde, energisch an die Lösung der aktuellen Weltfragen. Vor allem lehnten es alle Länder (bis auf die Schweiz, Abessinien, Afghanistan, Bolivien und andere Binnenstaaten) grundsätzlich ab, die Molche als selbständig kriegführende Macht anzuerkennen, hauptsächlich deswegen, weil sich sonst ihre eigenen Salamander als Angehörige des Molchstaates hätten betrachten können; es sei nicht ausgeschlossen, daß ein anerkannter Molchstaat auf die staatliche Souveränität über alle Gewässer und Küsten, wo Molche lebten, Anspruch erhebe. Aus diesem Grunde sei es rechtlich und praktisch unmöglich, den Salamandern den Krieg zu erklären oder in anderer Weise auf sie internationalen Druck auszuüben; jeder Staat habe nur das Recht, gegen *seine eigenen* Molche einzuschreiten; das sei eine rein innerpolitische Angelegenheit. Deshalb könne von einer kollektiven, diplomatischen oder militärischen Demarche gegen die Molche nicht die Rede sein. Staaten, die von Salamandern überfallen würden, könne internationale Hilfe einzig durch Bewilligung ausländischer Anleihen zur erfolgreichen Verteidigung gewährt werden.

Hierauf reichte England den Vorschlag ein, alle Staaten sollten sich zumindest verpflichten, den Molchen keine Waffen und Sprengstoffe mehr zu liefern. Dieser Vorschlag wurde nach reiflicher Überlegung abgelehnt, vor allem deshalb, weil diese Verpflichtung bereits in der Londoner Konvention enthalten sei; zweitens könne keinem Staat verwehrt werden, seine Molche »lediglich für Eigenbedarf« mit einer technischen Ausrüstung und Waffen zur Verteidigung der eigenen Küsten zu versehen; drittens »sei den Seestaaten begreiflicherweise an der Aufrechterhaltung guter Beziehungen zu den Bewohnern des Meeres« gelegen, und deshalb fänden sie es angebracht, »sich vorläufig aller Maßnahmen zu enthalten, die die Molche als repressiv empfinden könnten«; nichtsdestoweniger seien alle Staaten zu einem Versprechen bereit, Waffen und Sprengstoffe auch jenen Staaten zu liefern, die von Salamandern überfallen würden.

In vertraulicher Debatte wurde der Vorschlag Kolumbiens angenommen, wenigstens inoffiziell mit den Molchen Verhandlungen anzuknüpfen. Der Chief Salamander sollte ersucht werden, seine Bevollmächtigten zu der Konferenz zu entsenden. Dagegen verwahrte sich der Vertreter Großbritanniens aufs schärfste und lehnte gemeinsame Sitzungen mit Salamandern ab. Schließlich erklärte er sich jedoch damit einverstanden, vorläufig aus gesundheitlichen Gründen ins Engadin abzureisen. In dieser Nacht forderten die Sendestationen aller Seemächte Seine Exzellenz, den Herrn Chief Salamander auf, er möge Vertreter ernennen und diese nach Vaduz entsenden. Die Antwort war ein heiseres: »Ja. Diesmal kommen wir noch zu euch, nächstens kommen eure Delegierten zu mir ins Wasser.« Darauf noch die offizielle Meldung: »Die beglaubigten Vertreter der Molche treffen übermorgen abend mit dem Orient-Expreß in der Station Buchs ein.«

In größter Eile traf man alle Vorbereitungen zum Empfang der Molche. Die luxuriösesten Badezimmer von Vaduz wurden instand gesetzt. Ein Sonderzug brachte in Zisternen Seewasser für die Wannen der Molchdelegierten. Am Abend sollte auf dem Bahnhof von Buchs lediglich eine sozusagen inoffizielle Begrüßung stattfinden, zu der sich nur die Sekretäre der Delegationen, die Vertreter der lokalen Behörden und etwa zweihundert Journalisten, Photographen und Kinooperateure einstellten. Punkt sechs Uhr fünfundzwanzig fuhr der Orient-Expreß in die Station ein. Dem Salonwagen entstiegen drei hochgewachsene, elegante Herren und betraten den roten Teppich, hinter ihnen einige kompetent und weltmännisch aussehende Sekretäre mit dicken Aktentaschen. »Und wo sind die Molche?« fragte jemand im Flüsterton. Zwei oder drei offizielle Persönlichkeiten gingen den drei Herren unsicher entgegen, aber da sagte schon der erste rasch und gedämpft: »Wir sind die Delegierten der Molche. Ich bin Professor van Dott aus dem Haag. Maitre Rosso Castelli, Rechtsanwalt aus Paris. Doktor Manoel Carvalho, Rechtsanwalt aus Lissabon.« Die Herren verbeugten sich und stellten sich vor. »Also Sie sind keine Molche«, seufzte der französische Sekretär erleichtert auf. »Natürlich nicht«, sagte Doktor Rosso Castelli. »Wir sind ihre Rechtsanwälte. Pardon, die Herren hier wollen vielleicht filmen.« Darauf wurde die lächelnde Molchdelegation mit Feuereifer gefilmt und photographiert. Auch die anwesenden Legationssekretäre manifestieren ihre Befriedigung. Es ist doch vernünftig und dezent von diesen Salamandern, als Vertreter Menschen zu schicken. Mit Menschen läßt sich eher reden. Und vor allem fallen gewisse gesellschaftliche Peinlichkeiten weg.

Noch in derselben Nacht fand die erste Beratung mit der Delegation der Molche statt. Auf dem Programm stand die Frage, wie sich der Friede zwischen den Molchen und Großbritannien am schnellsten wiederherstellen ließe. Zum Wort meldete sich Professor van Dott. »Es steht außer Frage«, sagte er, »daß die Molche von Großbritannien angegriffen wurden. Das britische Kanonenboot Erebus habe auf offener See das Sendeschiff der Molche überfallen. Die britische Admiralität habe die friedlichen Handelsbeziehungen mit den Molchen gestört, indem sie dem Dampfer Amenhotep verwehrte, die bestellten Sprengstoffe auszuladen. Zum dritten habe die britische Regierung durch ihr Verbot jedweder Lieferungen den Anlaß zur Blockade der Salamander gegeben. Die Molche hätten sich wegen dieser feindlichen Aktionen nicht einmal im Haag beschweren können, da die Londoner Konvention den Molchen kein Klagerecht zuspreche, ebensowenig in Genf, da sie nicht Mitglieder des Völkerbundes seien. Es blieb ihnen also nichts übrig, als zur Selbstverteidigung zu greifen. Trotzdem sei der Chief Salamander bereit, die kriegerischen Aktionen einzustellen, allerdings unter folgenden Bedingungen:

1. England entschuldigt sich bei den Molchen für die oben erwähnte Unbill.

2. Es widerruft alle Lieferverbote an die Molche.

3. Als Entschädigung tritt es den Molchen ohne Ersatz die Schwemmlandebene des Pandschabs ab, damit sie dort neue Küsten und Buchten anlegen können.«

Darauf erklärte der Präsident der Konferenz, er werde seinem geehrten Freund, dem Vertreter Großbritanniens, der augenblicklich abwesend sei, davon Mitteilung machen, könne jedoch seine Befürchtung nicht verhehlen, daß diese Bedingungen kaum annehmbar sein dürften. Nichtsdestoweniger könne man hoffen, darin einen Ausgangspunkt für weitere Verhandlungen zu erblicken.

Darauf kam die Beschwerde Frankreichs in der Sache der senegambischen Küste, die die Molche in die Luft gesprengt hatten, aufs Tapet, was einen Eingriff in den französischen Kolonialbesitz bedeute. Zum Wort meldete sich als Vertreter der Molche der berühmte

Pariser Rechtsanwalt Dr. Julien Rosso Castelli. »Beweisen Sie es«, sagte er. »Weltkapazitäten auf dem Gebiete der Seismographie haben erklärt, das Erdbeben in Senegambien sei vulkanischen Ursprungs gewesen und hänge mit der ehemaligen Tätigkeit des Vulkans Pico auf der Insel Fogo zusammen. Hier«, rief Dr. Castelli aus und schlug mit der Hand auf sein Dossier, »sind die wissenschaftlichen Gutachten. Falls Sie Beweise besitzen, daß das Erdbeben in Senegambien durch die Tätigkeit meiner Klienten entstanden ist, bitte, ich warte.«

Der belgische Delegierte Creux: Ihr Chief Salamander hat selbst erklärt, daß es die Molche getan haben.

Professor van Dott: Die Erklärung war inoffiziell.

Me Rosso Castelli: Wir sind damit betraut, die erwähnte Erklärung zu dementieren. Ich fordere die Zuziehung technischer Experten, um festzustellen, ob es möglich ist, einen siebenundsechzig Kilometer langen Riß in der Erdkruste künstlich zu verursachen. Ich beantrage, uns einen praktischen Versuch im gleichen Ausmaß vorzuführen. Solange keine derartigen Beweise vorliegen, meine Herren, werden wir von vulkanischer Tätigkeit sprechen. Nichtsdestoweniger ist der Chief Salamander bereit, der französischen Regierung die Meeresbucht, die durch den senegambischen Erdriß entstanden ist und die sich zur Anlage von Molchsiedlungen eignet, abzukaufen. Wir sind bevollmächtigt, uns mit der französischen Regierung über den Preis zu einigen.

Der französische Delegierte Minister Deval: Wenn wir dies als einen Ersatz für den entstandenen Schaden betrachten sollen, kann darüber verhandelt werden.

Me Rosso Castelli: Bitte sehr. Die Molchregierung verlangt jedoch, daß der diesbezügliche Kaufvertrag auch das Gebiet des Departements Landes von der Girondemündung bis Bayonne in einem Umfang von sechstausendsiebenhundertzwanzig Quadratkilometern umfaßt. Mit andern Worten, die Regierung der Molche ist bereit, Frankreich dieses Stück ihres südfranzösischen Bodens abzukaufen.

Minister Deval *(gebürtig aus Bayonne, Abgeordneter für Bayonne)*: Damit Ihre Salamander ein Stück Frankreichs zu Meeresboden machen? Niemals! Niemals!

Dr. Rosso Castelli: Frankreich wird diese Worte bereuen, mein Herr. Heute wurde noch von einem Kaufpreis gesprochen.

Darauf wurde die Sitzung unterbrochen.

Verhandlungsgegenstand der nächsten Sitzung war ein großes internationales Angebot an die Molche, statt der unzulässigen Beschädigung des alten, dicht besiedelten Festlandes sich neue Küsten und Inseln zu bauen. Für diesen Fall sollte ihnen ein ausgiebiger Kredit gewährleistet und das Gebiet der neuen Erdteile und Inseln als ihr selbständiges, souveränes Staatsgebiet anerkannt werden.

Dr. Manoel Carvalho, der große Lissabonner Rechtsanwalt, dankte für dieses Angebot, das er der Regierung der Molche übermitteln wolle. »Jedes Kind muß jedoch begreifen«, sagte er, »daß neue Erdteile aufzubauen viel langwieriger und kostspieliger ist, als alte Länder abzureißen. Unsere Klienten brauchen die neuen Küsten und Buchten in kürzester Zeit. Es ist für sie eine Frage von Sein oder Nichtsein. Besser wäre es, wenn die Menschheit das generöse Angebot des Chief Salamanders annähme, der heute noch geneigt ist, den Menschen die Welt abzukaufen, statt sich ihrer mit Gewalt zu bemächtigen. Unsere Klienten haben ein Verfahren erfunden, das im Seewasser enthaltene Gold zu gewinnen. Infolgedessen verfügen sie über nahezu unbegrenzte Mittel. Sie können Ihnen Ihre Welt gut, ja sogar glänzend bezahlen. Rechnen Sie damit, daß der Preis der Welt mit der Zeit sinken wird, besonders wenn, wie vorauszusehen, weitere, bedeutend umfangreichere tektonische oder vulkanische Katastrophen eintreten, in weit größerem Ausmaß als die, deren Augenzeugen wir bisher gewesen sind, und sich dadurch das Flächenmaß der Kontinente in hohem Grade verringert. Heute besteht noch die Möglichkeit, die Welt in ihrem ganzen bisherigen Umfang zu verkaufen. Wenn einmal nur noch Trümmer der Berge über die Meeresoberfläche herausragen, gibt Ihnen niemand auch nur einen roten Heller dafür. Ich bin zwar als Vertreter und Rechtsberater der Molche hier«, rief Dr. Carvalho, »und muß die Interessen der Molche wahren, aber ich bin ein Mensch wie Sie, meine Herren, und das Wohl der Menschen liegt mir nicht weniger am Herzen als Ihnen. Deshalb rate ich Ihnen, nein, ich flehe Sie an: Verkaufen Sie die Kontinente, solange es nicht zu spät ist! Sie können Sie im ganzen verkaufen oder länderweise. Der Chief Salamander, dessen großmütige und moderne Gesinnung heute schon jedem bekannt ist, verpflichtet sich, bei den künftigen nötigen Änderungen der Erdoberfläche soweit als möglich Menschenleben zu schonen. Das Überschwemmen des Festlandes wird allmählich vor sich gehen, und zwar so, daß es zu keiner Panik oder zu überflüssigen Katastrophen kommt. Wir sind ermächtigt, Verhandlungen aufzunehmen, ob nun mit der hohen Weltkonferenz als Ganzem oder mit einzelnen Staaten. Die Anwesenheit so hervorragender Rechtsgelehrter wie Professor van Dott oder Maître Julien Rosso Castelli bieten Ihnen die Gewähr, daß wir, neben den gerechten Interessen unserer Klienten, der Molche, Hand in Hand mit Ihnen das verteidigen, was uns allen am teuersten ist: die menschliche Kultur und das Wohl der gesamten Menschheit.«

Bei etwas gedrückter Stimmung wurde ein weiterer Vorschlag vorgebracht: Den Salamandern solle das mittlere China zum Versenken abgetreten werden, dafür würden sich die Molche verpflichten, für ewige Zeiten die Küsten der europäischen Staaten und ihrer Kolonien zu gewährleisten.

Dr. Rosso Castelli: Für ewige Zeiten, das ist etwas lang. Sagen wir auf zwölf Jahre.

Professor van Dott: Das mittlere China ist etwas wenig. Sagen wir die Provinzen Nganhuei, Honan, Kiangsu, Tschili und Föng-tien.

Der japanische Vertreter protestiert gegen die Abtretung der Provinz Föng-tien, die in der Interessensphäre Japans liege. Der chinesische Delegierte ergreift das Wort, ist aber leider nicht zu verstehen. Im Verhandlungssaal herrscht wachsende Unruhe. Es ist schon ein Uhr nachts.

In diesem Augenblick betritt der Sekretär der italienischen Delegation den Saal und flüstert dem Vertreter Italiens, Grafen Tosti, etwas ins Ohr. Graf Tosti erbleicht, erhebt sich und, ohne darauf zu achten, daß der chinesische Delegierte Dr. Ti weiterspricht, ruft er heiser: »Herr Vorsitzender, ich bitte ums Wort. Soeben trifft die Nachricht ein, daß die Molche einen Teil unserer Provinz Venedig in der Richtung nach Portogruaro ins Meer versenkt haben.«

Es entstand eine furchtbare Stille, nur der chinesische Delegierte sprach weiter.

»Der Chief Salamander hatte Sie doch längst gewarnt«, brummte Dr. Carvalho.

Professor van Dott machte eine ungeduldige Schulterbewegung und hob die Hand. »Herr Vorsitzender, vielleicht könnten wir zur Sache zurückkehren. Auf dem Programm steht die Provinz Föng-tien. Wir sind ermächtigt, der japanischen Regierung dafür Ersatz in Gold anzubieten. Eine weitere Frage ist, was die interessierten Staaten unseren Klienten für die Ausmerzung Chinas bezahlen werden.«

Im gleichen Augenblick lauschten die nächtlichen Amateure dem Molchrundfunk. **Sie hörten soeben von einer Schallplatte die Barkarole aus Hoffmanns Erzählungen,** quäkte der Ansager. **Hallo, hallo, wir schalten um auf Venedig.** ·

Und dann hörte man nur noch ein schwarzes, unendliches Rauschen wie von steigenden Wassern.

10 Herr Povondra nimmt alles auf sich

Herr Povondra Frantík

So viel Zeit, so viel Zeit ist verflossen, wer hätte das gedacht! Nicht einmal unser Herr Povondra ist mehr Portier im Hause G. H. Bondy. Er ist jetzt sozusagen ein ehrwürdiger Greis, der in Ruhe die Früchte seines langen und arbeitsamen Lebens in Form einer kleinen Rente genießt. Aber wie weit kommt man schon mit so ein paar Hundertern bei dieser Kriegsteuerung! Nur gut, daß man ab und zu einen Fisch fängt. Da sitzt man im Kahn, die Angelrute in der Hand, und schaut vor sich hin. – Wieviel Wasser so an einem Tag den Fluß hinunterfließt, woher das nur alles kommt! Manchmal fängt man mit seiner Angel einen Weißfisch, manchmal einen Barsch, überhaupt gibt es jetzt viel mehr Fische, wahrscheinlich weil die Flüsse so viel kürzer geworden sind. So ein Barsch ist gar nicht schlecht. Hat zwar nichts als Gräten, aber das Fleisch schmeckt ein bißchen nach Mandeln. Und Mutter, die kann ihn zubereiten! Herr Povondra weiß nicht, daß Mutter unter seinen Barschen meist mit den Zeitungsausschnitten heizt, die er einst gesammelt und klassifiziert hat. Denn Herr Povondra hat das Sammeln aufgegeben, als er Rentner wurde. Dafür hat er sich ein Aquarium zugelegt, wo er neben Goldkarpfen kleine Molche und Salamander hält. Stundenlang schaut er ihnen zu, wie sie unbeweglich im Wasser liegen oder ans Ufer kriechen, das er ihnen aus Steinchen gemacht hat. Dann schüttelt er den Kopf und sagt: »Wer hätte das von ihnen gedacht, Mutter!« Aber der Mensch hält es nicht aus, er kann nicht immer nur sitzen und schauen. Darum hat sich Herr Povondra aufs Fischen verlegt. Na ja, die Männer müssen eben immer etwas haben, denkt Mutter Povondrová nachsichtig. Besser als wenn er ins Wirtshaus ginge und Politik triebe.

Es stimmt, sehr viel Wasser ist den Fluß hinabgeflossen. Frantík ist längst kein Schuljunge mehr, der Geographie lernt, und auch kein junger Bursche, der auf der Jagd nach irdischen Eitelkeiten seine Socken zerreißt. Er ist auch schon ein älterer Herr, der Frantík, Gott sei Dank, er ist Unterbeamter bei der Post – es war also doch zu etwas nütze, daß er so gewissenhaft Geographie gelernt hat. Er fängt auch schon an, Verstand anzunehmen, denkt Herr Povondra und lenkt sein Schifflein ein wenig stromabwärts unter die Brücke der Legionen. Heute kommt er, es ist Sonntag, da hat er keinen Dienst. Ich nehme ihn ins Boot, und wir fahren hinauf zur Spitze der Schützeninsel. Dort beißen die Fische besser an. Und Frantík wird mir erzählen, was in der Zeitung steht. Dann gehen wir nach Hause, nach Vyšehrad, und die Schwiegertochter kommt mit den beiden Kindern ... Herr Povondra gab sich ein Weilchen friedlichem Großvaterglück hin. Ja, ja, freut er sich, übers Jahr kommt Mařenka in die Schule. Und der kleine Frantík, nämlich der Enkel, wiegt schon dreißig Kilo. – Herr Povondra hat das starke, tiefe Gefühl, daß eben doch alles in bester Ordnung ist.

Und dort wartet auch schon der Sohn und winkt mit der Hand. Herr Povondra ruderte zum Ufer. »Na, da bist du ja endlich«, sprach er vorwurfsvoll. »Und gib acht, daß du nicht ins Wasser fällst!«

»Beißen sie an?« fragt der Sohn.

»Nicht der Rede wert«, brummelt der alte Herr. »Fahren wir hinauf, ja?« Es ist ein schöner Sonntagnachmittag und noch nicht die Stunde, wo die Narren und Herumtreiber vom Fußball und ähnlichen Dummheiten nach Hause strömen. Prag ist leer und still. Die paar Leute, die auf Kai und Brücke verstreut sind, haben keine Eile, sie wandeln gesittet und würdevoll. Es sind bessere, vernünftige Leute, die sich nicht zu Haufen zusammentun und über die Moldaufischer spotten. Vater Povondra hat abermals dieses gute und tiefe Gefühl der Ordnung.

»Und was steht in der Zeitung?« fragt er väterlich schroff.

»Im großen ganzen nichts, Vater«, antwortet der Sohn. »Ich habe bloß gelesen, daß diese Molche sich schon bis Dresden durchgearbeitet haben.«

»So? Da ist Deutschland also futsch«, konstatiert der alte Herr. »Weißt du, Frantík, diese Deutschen, das war ein recht sonderbares Volk. Gebildet, aber sonderbar. Ich hab einen Deutschen gekannt, er war Chauffeur in einer Fabrik. Ein grober Klotz war er, aber seinen Wagen hat er in Ordnung gehalten, alles was wahr ist. – Soso, Deutschland ist also auch schon von der Weltkarte verschwunden«, grübelte Herr Povondra. »Und was hat es früher für ein Durcheinander gemacht! Schauderhaft: Immer nur Soldaten, immer nur Krieg. – Aber den Molchen halten nicht einmal die Deutschen stand. Ich kenne sie doch, die Molche. Erinnerst du dich, wie ich sie dir gezeigt hab, als du noch so klein warst?«

»Geben Sie acht, Vater«, sagte der Sohn. »Es beißt was an.«

»Das ist eine Grundel«, brummte der alte Herr und ruckte mit der Angel. So so, auch Deutschland, dachte er. Nun ja, man wundert sich schon über gar nichts mehr. Was war das früher für ein Geschrei, wenn die Molche irgendein Land versenkten. Und wenn es auch nur Mesopotamien oder China war, die Zeitungen waren voll davon. Heute nimmt man es nicht mehr so tragisch, grübelte Herr Povondra melancholisch und blinzelte, über seine Angelrute gebeugt, mit den Augen. Man gewöhnt sich eben daran, was kann man tun. Es ist ja nicht bei uns, na also. Wenn nur nicht alles so teuer wäre! Was sie heute zum Beispiel allein für Kaffee verlangen. – Na ja, Brasilien ist auch schon in den Wellen verschwunden. Man spürt es eben doch in den Geschäften, wenn so ein Stück Welt untergeht.

Herrn Povondras Schwimmer tanzt über die sanften Wellen. Was haben diese Molche nicht alles im Meer versenkt, denkt der alte Herr zurück. Da ist Ägypten und Indien und China. – Sogar an Rußland haben sie sich herangewagt. Und was war Rußland für ein großes Land! Wenn man sich überlegt, daß das Schwarze Meer jetzt bis zum Polarkreis hinauf reicht – so eine Menge Wasser! Ja, ja, einen schönen Happen haben sie uns vom Festland schon abgebissen. Nur gut, daß es so langsam geht.

»Du sagst«, ließ sich der alte Herr vernehmen, »die Molche sind schon bei Dresden?«

»Sechzehn Kilometer von Dresden entfernt. Da ist schon fast ganz Sachsen unter Wasser.«

»In Sachsen war ich mal mit Herrn Bondy«, sagte Vater Povondra. »Ein sehr, sehr reiches Land war das, Frantík, aber daß das Essen dort gut gewesen wäre, kann man nicht gerade behaupten. Sonst waren es sehr brave Leute, besser als die Preußen. Ach was, das läßt sich gar nicht vergleichen.«

»Aber Preußen ist auch schon weg.«

»Wundert mich nicht«, versetzte der alte Herr. »Ich mag die Preußen nicht. Aber die Franzosen haben es jetzt gut, wo sie die Deutschen los sind. Die werden aufatmen.«

»So nun auch wieder nicht, Vater«, wandte Frantík ein. »Neulich stand in der Zeitung, daß auch schon ein gutes Drittel von Frankreich unter Wasser ist.«

»Ja«, seufzte der alte Herr. »Bei uns, nämlich bei Herrn Bondy, war mal ein Franzose, ein Diener, Jean hieß er. Der war hinter den Weibern her, ein Skandal. Weißt du, das rächt sich immer, so ein Leichtsinn.«

»Aber zehn Kilometer vor Paris sollen sie die Molche geschlagen haben«, teilte Frantík mit. »Angeblich hatten sie dort alles unterminiert und sprengten sie in die Luft. Zwei Armeekorps Molche sollen sie vernichtet haben.«

»Ja, der Franzose ist ein guter Soldat«, meinte Herr Povondra mit Kennermiene. »Der Jean hat sich auch nichts gefallen lassen. Er sah gar nicht danach aus. Gerochen hat er wie eine Drogerie, aber wenn er sich gerauft hat, dann ist er ins Zeug gegangen. Zwei Armeekorps Molche? Das ist zuwenig. Wenn ich mir das so ansehe«, sagte der alte Herr versonnen, »haben Menschen gegen Menschen besser gekämpft. Und es hat auch nicht so lange gedauert. Die Geschichte mit den Molchen zieht sich jetzt schon zwölf Jahre hin, und immer noch geschieht nichts. Immer nur Vorbereitung günstigerer Positionen. – Pah! Als ich jung war, das sind noch Schlachten gewesen! Da waren hier drei Millionen Menschen und dort drei Millionen Menschen«, zeigte der alte Herr, so daß der Kahn ins Schwanken geriet. »Und dann, Kruzitürken, stürmte das aufeinander los. – Das da, das ist ja nicht einmal ein richtiger Krieg«, ärgerte sich Vater Povondra. »Fortwährend nur Betondämme, aber von einem Bajonettangriff keine Spur!«

»Wenn doch die Menschen und die Molche nicht aneinander heran können, Vater«, verteidigte der junge Povondra die moderne Kriegführung. »Einen Bajonettangriff ins Wasser kann man doch nicht machen.«

»Na eben«, brummte Herr Povondra verächtlich. »Sie können nicht ordentlich aneinander heran. Aber laß Menschen auf Menschen los, und du wirst dich wundern, was sie zuwege bringen. Was wißt ihr schon vom Krieg!«

»Wenn er nur nicht zu uns kommt«, sagte der Sohn Frantík etwas unerwartet. »Weißt du, wenn man Kinder hat . . .«

»Wieso zu uns?« rief der alte Herr aufgebracht. »Du meinst zu uns nach Prag?«

»Überhaupt zu uns nach Böhmen«, sagte der junge Povondra besorgt. »Ich glaube, wenn die Molche schon bei Dresden sind . . .«

»Du Neunmalkluger«, tadelte Herr Povondra. »Wie sollten sie denn herkommen? Über unsere Berge?«

»Vielleicht über die Elbe – und dann weiter die Moldau entlang.«

Vater Povondra schnaubte empört. »Ich bitte dich, über die Elbe!

Da kämen sie höchstens bis Podmokly, weiter nicht. Dort sind lauter Felsen, mein Junge. Ich war dort. Woher denn, hier kommen die Molche nicht her, wir haben's gut. Und die Schweiz ist auch gut dran. Es ist eben ein großer Vorteil, daß wir keine Meeresküste haben, weißt du? Wer heute Meer hat, ist zu bedauern.«

»Aber das Meer geht doch jetzt bis Dresden ...«

»Dort sind die Deutschen«, erklärte der alte Herr abweisend. »Das ist ihre Sache. Aber zu uns können die Molche nicht. Denk doch mal nach. Da müßten sie zuerst die Felsen wegschaffen, und hast du eine Ahnung, was das für eine Arbeit ist!«

»Ach, Arbeit!« wandte der junge Povondra düster ein. »Das macht ihnen nichts aus! Sie wissen doch selbst, daß sie es in Guatemala fertiggebracht haben, ein ganzes Gebirge zu versenken.«

»Das ist etwas anderes«, sagte der alte Herr mit aller Entschiedenheit. – »Red nicht so dumm, Frantík! Das war in Guatemala und nicht bei uns. Hier sind doch ganz andere Verhältnisse.«

Der junge Povondra seufzte. »Wie Sie meinen, Vater. Aber wenn man sich überlegt, daß diese Luder schon so ziemlich ein Fünftel des ganzen Festlandes versenkt haben ...«

»Am Meer, du Zipfel, aber sonst nirgends. Du verstehst eben nichts von Politik. Die Staaten, die an der See liegen, führen mit ihnen Krieg, wir nicht. Wir sind ein neutraler Staat, und darum können sie nicht an uns heran. So ist das. Und red nicht in einem fort, sonst fang ich nichts.«

Es war still auf dem Wasser. Die Bäume der Schützeninsel warfen schon lange, zarte Schatten. Auf der Brücke klingelte eine Straßenbahn, über den Kai wandelten Ammen mit Kinderwagen und rechtschaffene, sonntägliche Menschen ...

»Vater«, seufzte der junge Povondra fast kindlich.

»Was denn?«

»Ist das dort nicht ein Wels?«

»Wo?«

In der Moldau, gerade vor dem Nationaltheater, schwamm ein großer schwarzer Kopf langsam gegen den Strom.

»Ist das ein Wels?« wiederholte Povondra junior.

Der alte Herr ließ die Angelrute fallen. »Das dort?« würgte er hervor und zeigte mit zitterndem Finger. »Das?«

Der schwarze Kopf verschwand im Wasser.

»Das war kein Wels, Frantík«, sagte der alte Herr benommen. »Gehen wir nach Hause. Das ist das Ende.«

»Das Ende? Wie meinst du das?«

»Ein Molch. Also sind sie auch schon hier. Gehen wir nach Hause«, wiederholte er und legte mit unsicheren Händen seine Angelrute zusammen. »Das ist das Ende.«

»Sie zittern ja«, erschrak Frantík. »Was ist Ihnen?«

»Nach Hause«, brabbelte der alte Herr erregt, und sein Kinn schlotterte kläglich. »Mir ist kalt. So kalt. Das hat uns gerade gefehlt! Das ist das Ende, weißt du? Also sind sie auch schon hier. Mein Gott, ist das eine Kälte. Ich möchte nach Hause.«

Der junge Povondra sah ihn prüfend an und ergriff die Ruder. »Ich fahre Sie heim, Vater«, sagte er ebenfalls benommen und trieb den Kahn mit starken Ruderschlägen zur Insel. »Laß nur, ich binde ihn schon an.«

»Wieso ist es bloß so kalt?« wunderte sich der alte Herr; die Zähne klapperten ihm.

»Ich halte Sie, Vater, kommen Sie«, redete ihm der Sohn zu und faßte ihn unterm Arm. »Ich glaube, Sie haben sich auf dem Wasser erkältet. Es war ja nur ein Stück Holz.«

Der alte Herr zitterte wie Espenlaub. »Ich weiß, ein Stück Holz. Das kannst du mir nicht erzählen! Ich weiß am besten, was Molche sind. Laß los!«

Povondra junior tat, was er noch nie in seinem Leben getan hatte – er winkte einem Taxi. »Vyšehrad«, sagte er und schob den Vater in den Wagen. »Ich bring Sie nach Hause, Vater. Es ist schon spät.«

»Ja, ja, es ist schon spät«, sagte Vater Povondra zähneklappernd. »Zu spät. Es ist aus, Frantík. Das war kein Stück Holz. Das sind *sie*.«

Der junge Povondra mußte seinen Vater die Treppe hinauf fast tragen. »Mach das Bett, Mutter«, flüsterte er eilig an der Tür. »Wir müssen Vater zu Bett bringen, er ist krank geworden.«

So, und nun liegt Vater Povondra im warmen Bett. Die Nase ragt ein wenig sonderbar aus dem Gesicht, und die Lippen zermahlen unverständlich brabbelnd Worte. Wie alt er aussieht, wie alt! Jetzt beruhigt er sich ein wenig.

»Ist Ihnen schon besser, Vater?«

Zu Füßen des Bettes schnieft Mutter Povondrová und weint in ihre Schürze. Die Schwiegertochter macht Feuer im Ofen, und die Kinder, Frantík und Mařenka, heften die weit offenen, entsetzten Augen auf den Großvater, als könnten sie ihn nicht erkennen.

»Soll ich nicht den Doktor holen, Vater?«

Vater Povondra schaute die Kinder an und flüsterte etwas. Plötzlich rannen ihm Tränen aus den Augen.

»Wollen Sie etwas, Vater?«

»Ich, ich bin daran schuld«, flüsterte der alte Herr. »Damit du es nur weißt, ich bin an allem schuld. Wenn ich damals den Kapitän nicht bei Herrn Bondy vorgelassen hätte, dann wäre das alles nicht geschehen . . .«

»Aber es ist doch gar nichts geschehen, Vater«, besänftigte ihn der junge Povondra.

»Das verstehst du nicht«, keuchte der alte Herr. »Ja, das ist das Ende. Das Ende der Welt. Jetzt, wo die Molche einmal da sind, kommt das Meer auch hierher. Und ich, ich habe es getan. Ich hätte damals den Kapitän nicht vorlassen sollen. Damit die Leute einmal wissen, wer an dem allen schuld war.«

»Unsinn«, antwortete der Sohn rauh. »Setzen Sie sich das nicht in den Kopf, Vater. Alle Menschen haben es getan. Die Staaten haben es getan, das Kapital hat es getan. – Jeder wollte die meisten Molche haben. Alle wollten an ihnen verdienen. Wir haben ihnen auch Waffen geliefert und alles mögliche. – Wir alle sind schuld.«

Vater Povondra warf sich unruhig herum: »Überall war früher das Meer, und so wird es wieder sein. Das ist das Ende der Welt. Mir hat einmal ein Herr gesagt, daß auch in Prag Meeresboden war. – Ich glaube, das haben damals auch die Molche getan. Weißt du, ich hätte den Kapitän nicht melden sollen. Etwas hat mir in einem fort gesagt, tu's nicht – aber dann hab ich mir gedacht, vielleicht gibt er dir ein Trinkgeld. – Und siehst du, er hat keins gegeben. So ruiniert man umsonst die ganze Welt.« Der alte Herr schluckte, vielleicht Tränen. »Ich weiß, ich weiß es nur zu gut, mit uns ist es aus. Und ich weiß, daß ich es getan hab.«

»Großvater, möchten Sie nicht ein wenig Tee?« fragte die junge Frau Povondrová mitleidig.

»Ich möchte nur«, seufzte der alte Herr, »ich möchte nur, daß es mir die Kinder verzeihen.«

11 Der Autor spricht mit sich selbst

»Und dabei willst du es bewenden lassen?« meldete sich an dieser Stelle die innere Stimme des Autors.

Wobei? fragte der Schriftsteller etwas unsicher.

»So läßt du Herrn Povondra sterben?«

Nun ja, wehrte sich der Autor, ich tue es nicht gern, aber... Schließlich und endlich ist Herr Povondra schon bei Jahren, sagen wir, weit über siebzig. –

»Und du läßt es zu, daß er sich die Seele zermartert? Du sagst nicht zu ihm, ›aber Alterchen, es ist ja nicht so schlimm, die Welt geht nicht an den Molchen zugrunde, die Menschheit rettet sich, warten Sie nur ein Weilchen, und Sie werden es noch erleben‹? Ich bitte dich, kannst du denn gar nichts für ihn tun?«

Ich werde ihm also einen Arzt schicken, schlug der Autor vor. Der alte Herr hat wahrscheinlich Nervenfieber; in diesem Alter kann allerdings leicht eine Lungenentzündung dazukommen, aber vielleicht wird er es mit Gottes Hilfe überstehen. Vielleicht wird er Mařenka noch auf den Knien schaukeln und sie fragen, was sie in der Schule gelernt hat – die Freuden des Alters, du lieber Gott, meinetwegen soll der alte Herr die Freuden des Alters genießen!

»Schöne Freuden!« höhnte die innere Stimme. »Er wird das Kind mit seinen alten Händen an sich drücken und fürchten, Mensch, fürchten, daß es selbst einmal vor den tosenden Wassern fliehen muß, die unabwendbar die ganze Welt überschwemmen. Er wird vor Grauen seine buschigen Augenbrauen zusammenziehen und flüstern: ›Das habe ich getan, Mařenka, das habe ich getan.‹ – Hör mal, willst du *wirklich* die ganze Menschheit zugrunde gehen lassen?«

Der Autor runzelte die Stirn. Frag mich nicht, was ich will. Glaubst du, es ist *mein* Wille, daß die Kontinente der Menschen in Trümmer gehen, glaubst du, *ich* habe dieses Ende gewollt? Es ist einfach die Logik der Ereignisse. Und da sollte ich eingreifen können? Ich habe getan, was ich konnte, ich habe die Menschen rechtzeitig gewarnt, dieser X. war zum Teil ich selbst. Ich habe gepredigt, gebt den Molchen keine Waffen und Sprengstoffe, stellt dieses schändliche Salamandergeschäft ein und so weiter – du weißt, wie es ausgefallen ist. Alle hatten tausend absolut stichhaltige wirtschaftliche und politische Einwände bei der Hand, warum es nicht möglich sei. Ich bin weder Politiker noch Nationalökonom, ich kann sie nicht überzeugen. Was tun? Die Welt wird vielleicht versinken, untergehen, aber wenigstens aus allgemein anerkannten politischen und wirtschaftlichen Gründen, wenigstens mit Hilfe der Wissenschaft, Technik und der öffentlichen Meinung, unter Einsatz des gesamten menschlichen Scharfsinns! Keine kosmische Katastrophe, sondern lauter staatliche, machtpolitische, wirtschaftliche und andere Gründe. – Dagegen kann man nichts machen.

Die innere Stimme schwieg eine Weile. »Und tut dir die Menschheit nicht leid?«

Warte, nicht so schnell! Es muß ja nicht die ganze Menschheit zugrunde gehen. Die Molche brauchen nur mehr Küsten, um Stätten zum Wohnen und Eierlegen zu haben. Vielleicht machen sie aus dem Festland nur lange Nudeln statt zusammenhängender Kontinente, um möglichst viel Küste zu gewinnen. Sagen wir, auf diesen Landstreifen bleiben Menschen erhalten, nicht wahr? Und sie werden Metalle und andere Dinge für die Salamander erzeugen. Die Molche können ja nicht selbst mit dem Feuer umgehen.

»Die Menschen werden also den Molchen dienen?«

Ja, wenn du es so nennen willst. Sie werden einfach in Fabriken arbeiten wir jetzt auch. Sie werden nur andere Herren haben. Zu guter Letzt wird sich vielleicht gar nicht so viel ändern.

»Und tut dir die Menschheit nicht leid?«

Du lieber Himmel, laß mich doch! Was soll ich tun? Die Menschen haben es selbst gewollt. Alle wollten sie Molche haben, der Handel, die Industrie, die Technik, die Staatsmänner und die Herren vom Militär. – Sogar der junge Povondra hat gesagt: ›Wir alle sind daran schuld.‹ Wie kommst du zu der Meinung, die Menschheit täte mir nicht leid? Aber am meisten tat sie mir leid, als ich sah, wie sie sich Hals über Kopf selbst ins Verderben stürzte. Schreien könnte man, wenn man so etwas mit ansehen muß, schreien und beide Arme zum Himmel heben, als wenn man einen Zug auf ein falsches Geleise fahren sieht. Jetzt kann man nichts mehr aufhalten. Die Molche werden sich weiter vermehren, immer weiter die alten Kontinente zerbröckeln. – Denk nur daran, wie Wolf Meynert bewies: Die Menschen müssen den Molchen Raum machen, und erst die Salamander werden eine glückliche, einheitliche und gleichartige Welt schaffen.

»Ach, Wolf Meynert! Wolf Meynert ist ein Intellektueller. Hast du schon mal etwas derart Schreckliches, Mörderisches, Unsinniges gesehen, als daß nicht irgendein Intellektueller die Welt damit hätte erneuern wollen? Na, laß schon! Weißt du nicht, was Mařenka jetzt macht?«

Mařenka? Ich glaube, sie spielt auf dem Vyšehrad. Du mußt still sein, haben sie ihr gesagt, Großvater schläft. Und jetzt weiß sie nicht, was sie machen soll und hat schreckliche Langeweile.

»Und was tut sie?«

Ich weiß nicht. Höchstwahrscheinlich versucht sie, mit der Zunge ihre Nasenspitze zu erreichen.

»Na, siehst du. Und du würdest etwas wie eine neue Sintflut über die Welt kommen lassen?«

So hör doch auf! Kann ich denn Wunder tun? Geschehe, was geschehen muß! Mögen die Dinge ihren unabänderlichen Lauf nehmen! Es ist auch ein kleiner Trost, daß alles, was geschieht, seine Naturnotwendigkeit und sein Gesetz erfüllt.

»Könnte man die Molche nicht doch noch aufhalten?«

Das geht nicht. Es sind zu viele. Es muß für sie Raum geschaffen werden.

»Ginge es nicht, sie einfach aussterben zu lassen? Es könnte zum Beispiel eine Seuche über sie kommen, oder Degeneration . . .«

Zu billig, mein Junge. Soll denn immer die Natur wieder gutmachen, was sich die Menschen eingebrockt haben? Also auch du glaubst schon nicht mehr daran, daß sie sich selbst helfen werden? Siehst du, siehst du! Zum Schluß möchtet ihr euch wieder darauf verlassen, daß euch jemand oder etwas erlöst! Eines will ich dir sagen: Weißt du, wer *noch jetzt*, wo schon ein Fünftel Europas unter Wasser steht, den Molchen Sprengstoffe, Torpedos und Bohrmaschinen liefert? Weißt du, wer Tag und Nacht fieberhaft in Laboratorien arbeitet, um noch wirksamere Maschinen und Stoffe zur Vernichtung der Welt zu finden? Weißt du, wer den Molchen Geld leiht, weißt du, wer dieses Ende der Welt, diese ganze neue Sintflut finanziert?

»Ich weiß. Alle Fabriken. Alle Banken. Alle Staaten.«

Na also. Wenn es nur eine Sache von Molchen gegen Menschen wäre, ließe sich vielleicht noch etwas machen. Aber Menschen gegen Menschen, mein Lieber, dem kann man nicht Einhalt tun.

»Wart einmal, Menschen gegen Menschen! Da fällt mir etwas ein. Vielleicht könnten zum Schluß Molche gegen Molche kämpfen.«

Molche gegen Molche? Wie meinst du das?

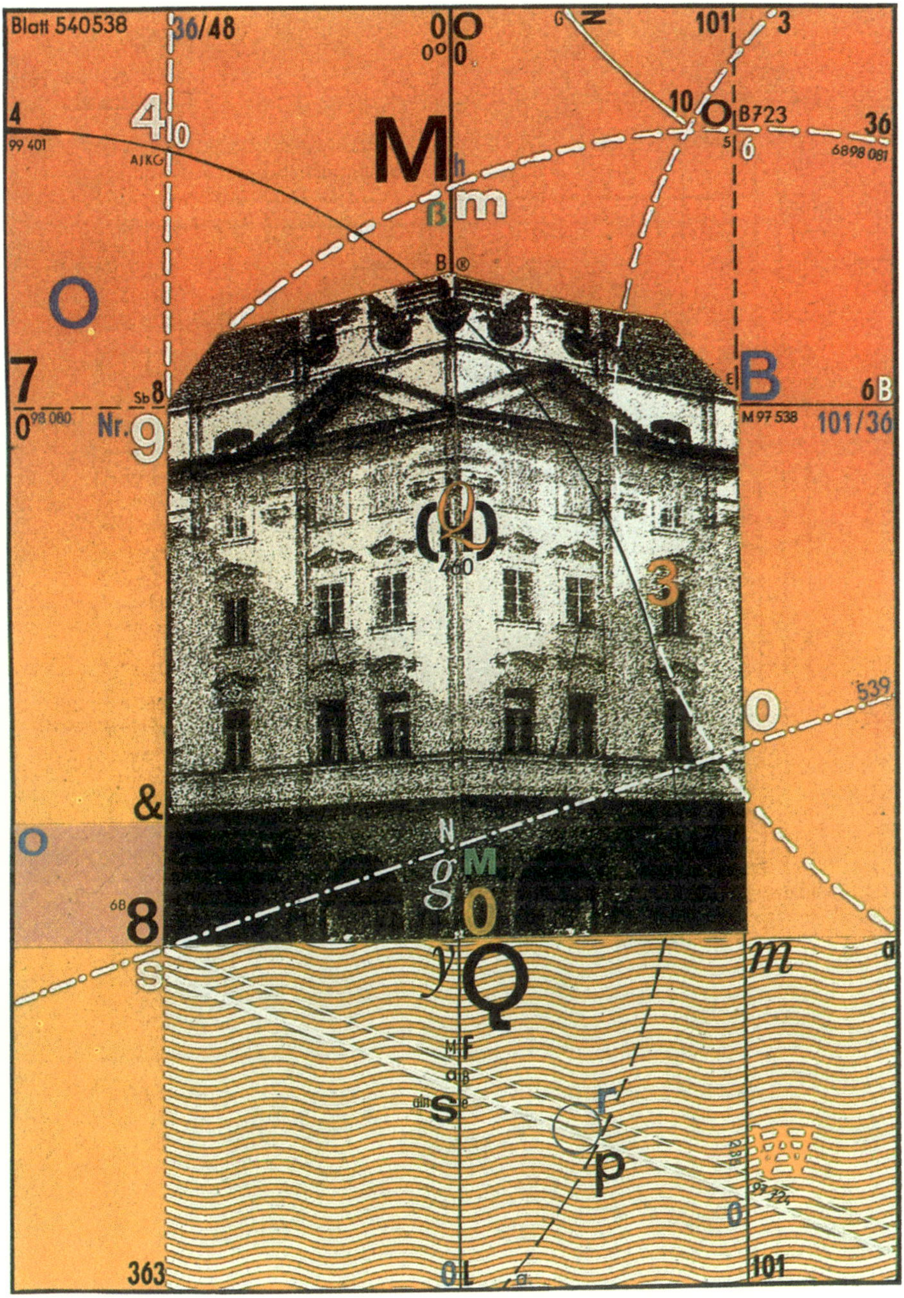

Blatt 540538
36/48
101
B723
36
6898 081
99 401
AJKG
M
B®
7
Sb 8
Nr. 9
B
6B
M 97 538
101/36
539
&
8
S
Q
m
363
0L
101

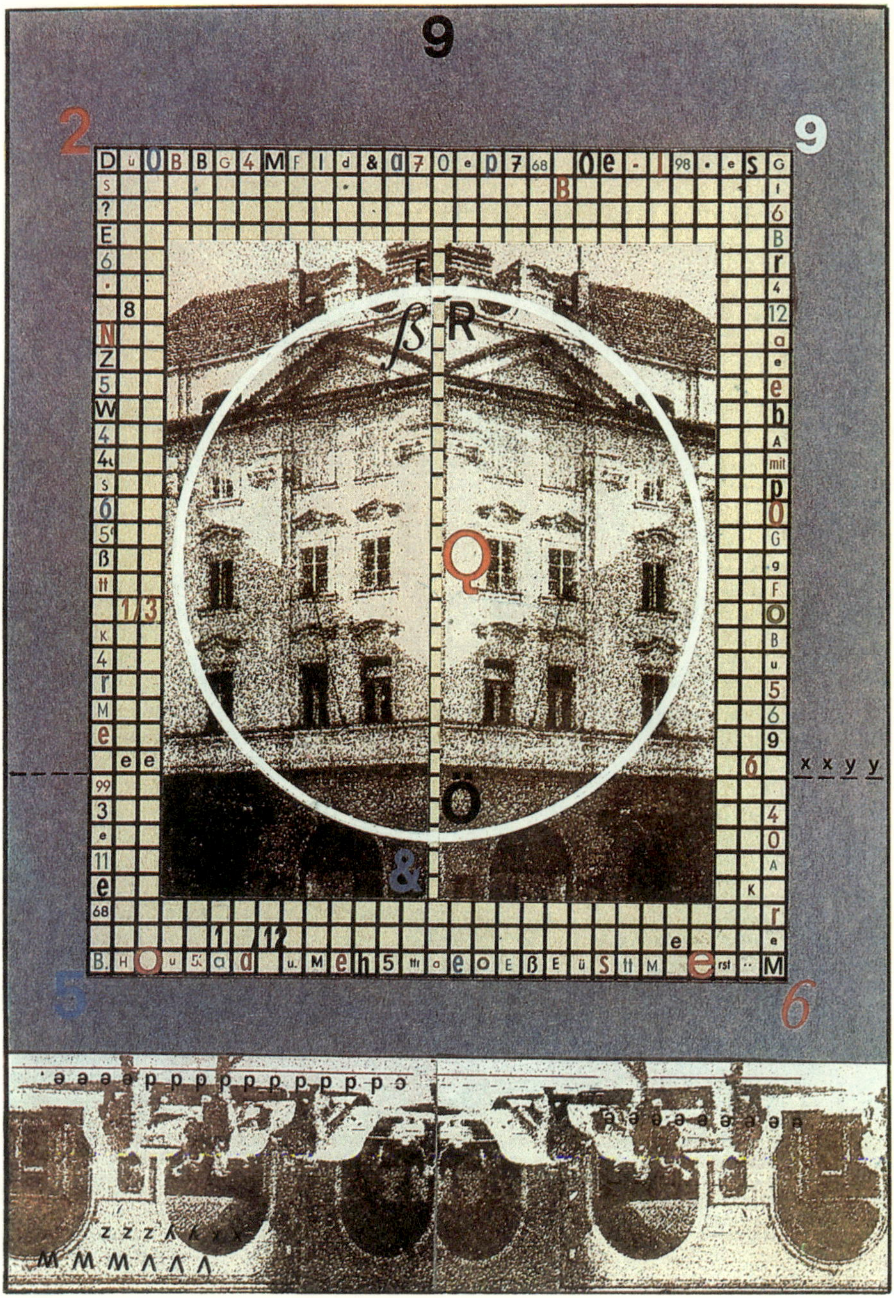

»Zum Beispiel ... Wenn es zu viele von diesen Salamandern gibt, könnten sie sich um ein Stückchen Küste streiten, eine Bucht oder dergleichen. Später werden sie dann um immer größere Küstenstriche kämpfen. Zum Schluß müßte daraus ein Ringen um die Weltküsten werden, nicht wahr? Molche gegen Molche! Was meinst du, wäre nicht *das* geschichtliche Logik?«

O nein, das geht nicht. Molche können nicht gegen Molche kämpfen. Das wäre wider die Natur. Die Molche sind von der gleichen Art.

»Die Menschen auch, mein Lieber. Und siehst du, ihnen macht das gar nichts aus. Die gleiche Art, und um was sie nicht alles kämpfen! Nicht einmal mehr um Lebensraum, sondern um Macht, Prestige, um Einfluß, um Ruhm, um Märkte und was weiß ich, worum noch! Warum könnten nicht auch die Salamander miteinander kämpfen, sagen wir um das Prestige?«

Weswegen sollten sie das tun? Was hätten sie davon?

»Nichts, höchstens daß die einen zeitweilig mehr Küste und mehr Macht hätten als die andern. Und nach einer Zeit wieder umgekehrt.«

Und warum sollten die einen mehr Macht haben als die andern? Sie sind doch alle gleich, alle sind sie Molche, alle haben das gleiche Knochengerüst, alle sind gleich häßlich und gleich durchschnittlich. – Warum sollten sie sich gegenseitig morden? Wie stellst du dir das vor? Um welcher Idee willen sollten sie sich bekämpfen?

»Laß sie nur, es wird sich schon etwas finden. Zum Beispiel, die einen wohnen an der Westküste, die andern an der Ostküste. Sie werden sich also, meinetwegen im Namen des Westens gegen den Osten, bekämpfen. Hier hast du die europäischen Salamander, dort unten die afrikanischen. Es müßte doch mit dem Teufel zugehen, wenn nicht schließlich die einen mehr sein wollten als die andern! Und da werden sie eben ausziehen, um es ihnen im Namen der Zivilisation, der Expansion oder was weiß ich zu beweisen. Ideologische und politische Gründe finden sich immer, um derenthalben die Molche der einen Küste die Molche der andern Küste umbringen müssen. Die Salamander sind zivilisiert wie wir Menschen; sie werden also um machtpolitische, wirtschaftliche, rechtliche, kulturelle oder andre Argumente nicht verlegen sein.«

Und sie haben Waffen. Vergiß nicht, daß sie vorzüglich gerüstet sind.

»Ja, sie haben Waffen im Übermaß. Also siehst du! Es sollte mich sehr wundern, wenn sie nicht von den Menschen lernten, wie man Geschichte macht!«

Warte! Einen Moment! (Der Autor sprang auf und lief aufgeregt in seinem Arbeitszimmer hin und her.) Stimmt. Es müßte mit dem Teufel zugehen, wenn sie das nicht auch zuwege brächten! Ich sehe schon! Man braucht ja nur einen Blick auf die Weltkarte zu werfen. – Herrgott, wo ist denn nur schnell eine Weltkarte!

»Ich sehe sie vor mir.«

Also gut. Hier hast du den Atlantischen Ozean mit dem Mittelländischen Meer und der Nordsee. Hier ist Europa, das da Amerika. – Hier also ist die Wiege der Kultur und der modernen Zivilisation. Hier irgendwo ist die alte, versunkene Atlantis.

»Und jetzt versenken die Molche die neue Atlantis.«

Eben. Und da hast du – den Stillen und den Indischen Ozean. Den alten, geheimnisvollen Orient. Die Wiege der Menschheit, sozusagen. Hier, irgendwo östlich von Afrika, versank das mythische Lemurien. Hier ist Sumatra, und ein Stückchen westlich davon –

»– die kleine Insel Tana Masa. Die Wiege der Molche.«

Ja. Und dort herrscht King Salamander, das geistige Oberhaupt der Salamander. Hier leben noch die Tappa-boys Kapitän van Tochs, die ursprünglichen, halbwilden Molche des Stillen Ozeans. Einfach *ihr* Orient, verstehst du? Das ganze Gebiet heißt jetzt Lemurien, während das andere, das zivilisierte, europäisierte und amerikanisierte, das moderne und technisch fortgeschrittene, Atlantis ist. Und dort ist der Chief Salamander Diktator, der große Eroberer, Techniker und Soldat, der Dschingis-Khan der Molche, der Zerstörer von Kontinenten. Du, eine unerhörte Persönlichkeit.

(»Hör mal, ist er wirklich ein Molch?«)

(... Nein. Der Chief Salamander ist ein Mensch. Er heißt eigentlich Andreas Schultze und war im Weltkrieg irgendwo Feldwebel.)

»Aha!«

(Ja, ja. So geht es auf der Welt.) Also hier haben wir Atlantis und Lemurien. Die Einteilung hat geographische, administrative und kulturelle Gründe ...

»... und nationale. Vergiß die nationalen Gründe nicht! Die lemurischen Molche sprechen Pidgin English, während die Atlantis-Molche Basic English sprechen.«

Nun gut. Mit der Zeit dringen die Atlantis-Molche durch den ehemaligen Suezkanal in den Indischen Ozean vor.

»Naturgemäß. Der klassische Weg nach dem Osten.«

Richtig hingegen drängen die lemurischen Molche über das Kap der Guten Hoffnung nach den Westküsten des ehemaligen Afrikas. Sie behaupten nämlich, daß *ganz* Afrika zu Lemurien gehöre.

»Naturgemäß.«

Ihre Losung ist

Lemurien den Lemuren!

Fort mit den lästigen Ausländern!

Und dergleichen. Zwischen den Atlantis- und den lemurischen Molchen vertieft sich die Kluft des Mißtrauens und der uralten Feindschaft. Einer Feindschaft auf Leben und Tod.

»Das heißt, sie werden zu Nationen.«

Ja. Die Atlantis-Molche verachten die lemurischen und nennen sie dreckige Wilde. Die lemurischen hassen dafür die Atlantis-Molche fanatisch und sehen in ihnen Imperialisten, westliche Teufel und Verräter am alten, reinen, ursprünglichen Molchtum. Der Chief Salamander erzwingt Konzessionen an den lemurischen Küsten, angeblich im Interesse des Exports und der Zivilisation. Der ehrwürdige Greis, King Salamander, muß, wenn auch ungern, nachgeben. Er ist nämlich nicht so gut gerüstet. Irgendwo am Tigris, unweit des einstigen Bagdad geht es dann los. Eingeborene lemurische Molche überfallen eine Konzession der Atlantis-Molche und töten zwei Offiziere, angeblich einer nationalen Beleidigung wegen. Infolgedessen ...

»... kommt es zum Krieg. Naturgemäß.«

Ja, es kommt zum Weltkrieg der Molche gegen Molche.

»Im Namen der Kultur und des Rechts.«

Und im Namen des echten Molchtums. Im Namen nationaler Glorie und Größe. Losung: Wir oder sie! Die lemurischen Molche, mit malaiischen Krisen und Yoghadolchen bewaffnet, metzeln ohne Gnade die Eindringlinge aus Atlantis nieder; dafür leiten die fortgeschritteneren, europäisch gebildeten Atlantis-Molche chemische Gifte und tödliche Bakterienkulturen mit solchem kriegerischen Er-

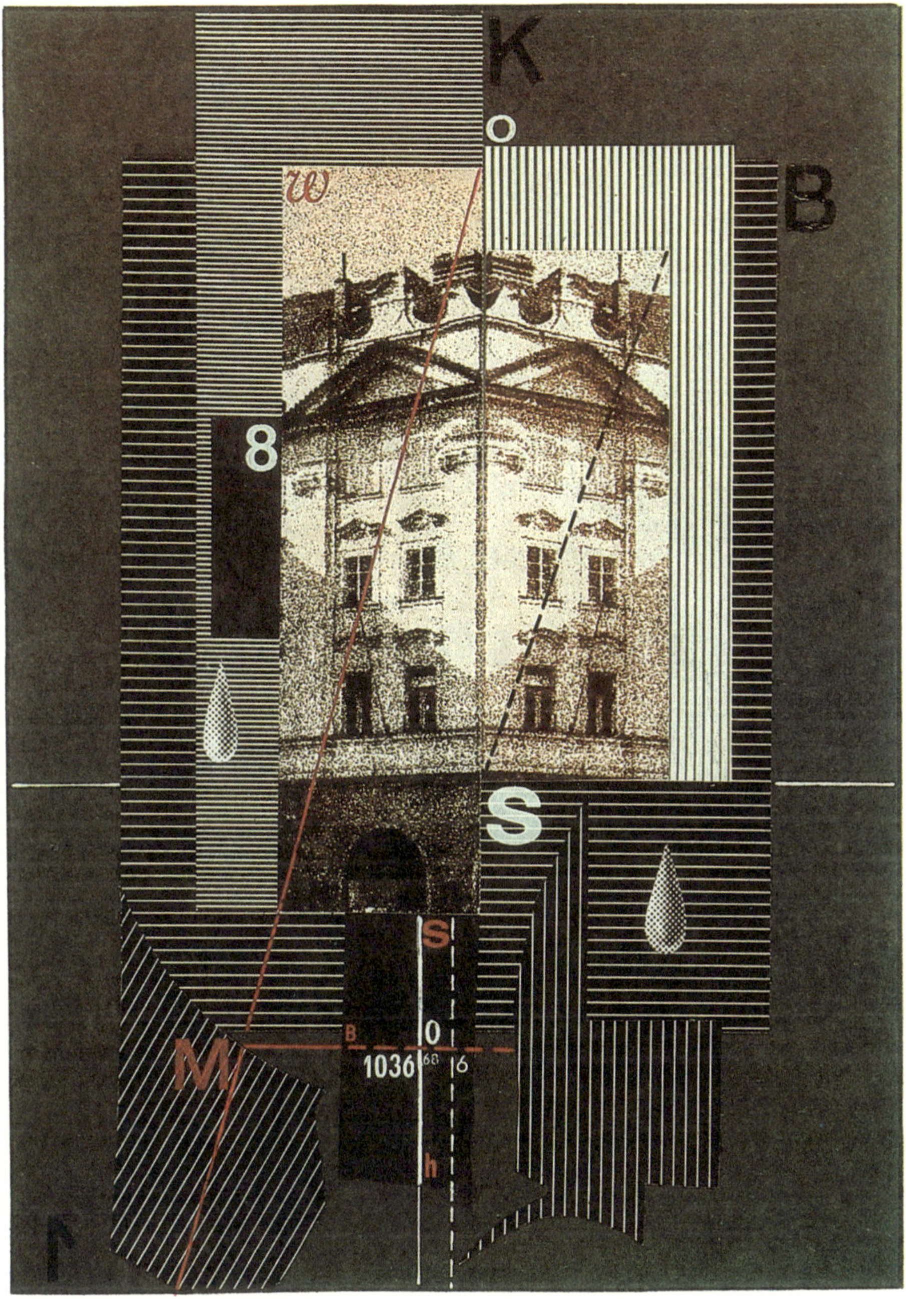

K
o
B
w
8
S
s
B
0
1036
68
6
M
h

C
X

folg in die lemurischen Meere, daß sie alle Weltozeane verseuchen. Das Meer wird von künstlich gezüchteter Kiemenpest infiziert. Und das ist das Ende, mein Lieber. Die Molche werden ausgerottet.

»Alle?«

Alle bis auf den letzten. Sie werden zu einer ausgestorbenen Art. Nur der alte Öninger Abdruck Andrias Scheuchzers bleibt erhalten.

»Und die Menschen?«

Die Menschen? Ach richtig, die Menschen! Nun, die kehren langsam aus den Bergen zu den Küsten zurück, die von den Kontinenten übriggeblieben sind. Aber der Ozean wird noch lange nach verwesten Molchen riechen. Die Kontinente wachsen allmählich durch die Anschwemmungen der Flüsse wieder an, das Meer weicht Schritt für Schritt zurück, und alles wird beinahe wie früher. Es entsteht eine neue Legende von einer Sintflut, die Gott über die sündigen Menschen gesandt habe. Es wird auch Überlieferungen geben von versunkenen, mythischen Ländern, die die Wiege der menschlichen Kultur gewesen seien. Vielleicht wird man auch von irgendeinem England oder Frankreich oder Deutschland fabeln . . .

»Und dann?«

. . . Weiter weiß ich nicht.

Karel Čapek, 1890–1938, zählt zu den bedeutendsten tschechischen Schriftstellern des 20. Jahrhunderts. Nach einem Philosophiestudium arbeitete er als Journalist und Dramaturg. Früh thematisierte er die Bedrohung durch Diktaturen, warnte vor Faschismus und Nationalismus und lehnte den Kommunismus ab. Er hinterlässt Erzählungen, Romane, Theaterstücke, Reiseberichte und Feuilletons.

Hans Ticha, geboren 1940, studierte an der Kunsthochschule Berlin-Weißensee. Seit 1970 arbeitet er als freischaffender Künstler, zunächst in der DDR, später in Mainz und heute in Maintal. Hans Ticha illustrierte bislang etwa 100 Bücher und ist eine feste Größe der deutschen Buchkultur. Für die Büchergilde illustrierte er Gedichtbände von Ernst Jandl, Erich Kästner, Joachim Ringelnatz, Kurt Tucholsky und Christian Morgenstern. Die Arbeit an der 1987 beim Aufbau Verlag und 1989 in der Büchergilde veröffentlichten Ausgabe von *Der Krieg mit den Molchen* erstreckte sich über ein Jahrzehnt.

Herausgegeben mit freundlicher Unterstützung
des Deutsch-Tschechischen Zukunftsfonds.
Kniha vychází za podpory Česko-německého fondu budoucnosti.

Die Originalausgabe *Válka s mloky* von Karel Čapek erschien 1936.
Die deutsche Übersetzung von Eliška Glaserová wurde erstmals im Jahr
1964 veröffentlicht.
Hans Ticha fertigte die Illustrationen für die 1987 im Aufbau-Verlag Berlin und
Weimar erschienene Ausgabe.
Die Typografie besorgten Hans Ticha und Peter Birmele.

Lizenzausgabe für die Büchergilde Gutenberg Verlagsgesellschaft mbH, Frankfurt
am Main, Wien und Zürich
Mit freundlicher Genehmigung des Aufbau Verlags, Berlin

Die Redigitalisierung wurde bei Fotosatz Amann in Memmingen durchgeführt.
Druck und Bindung besorgte Ebner & Spiegel in Ulm. Sie druckten vierfarbig im
FM-Raster auf das Papier Fly 02, 115g aus nachhaltiger Forstwirtschaft.
Die Herstellung lag in den Händen von Cosima Schneider, Frankfurt am Main.

3. Auflage, ISBN 978-3-7632-6896-2

Büchergilde Gutenberg, Stuttgarter Straße 25–29, 60329 Frankfurt am Main,
Tel 069-273908-0, info@buechergilde.de, www.buechergilde.de,
Facebook: Büchergilde